KB202523

전도자 코칭 노트
워크북

| 교회 전도팀과 개인전도훈련을 위한 최고의 책 |

전도자 코칭 노트
≽워크북≼

Evangelist coaching note work book

이지훈 지음

좋은땅

"전하지 않았더라면…"

아직도 잊을 수 없는 한 분이 있습니다. 전도하다가 만난 그분, 하나님께서 마치 그분을 영화 속 한 장면처럼 집중적으로 보게 하셨고 저는 그분에게 다가섰습니다. 성령께서 감동 주시는 대로 말을 건네었습니다. "어르신! 우리가 언젠가는 이 땅을 다 떠나가는데 마지막 준비를 잘해야 하지 않을까요?" 저를 지긋이 쳐다보면서 "나도 지금 그게 두려워…" "제가 마지막 준비를 잘하는 방법을 알려 드릴까요?" 하며 복음을 전하였습니다. 예수님을 영접할 수 있도록 성령께서 이끌어 가셨습니다. 그곳에 계신 식당 사장님은 주변에 있는 손님들에게 조용히 하라고 손짓하셨습니다. 영접기도까지 끝내고 나니 그분은 "내가 술만 끊으면 교회 갈 텐데 그게 잘 안되네요" 술 안 끊어도 교회 오셔도 된다고 말씀드려도 신도들에게 미안해서 안 된다고 합니다. 매주 그분을 만나며 복음을 전했습니다. 어떤 날은 식당에 안 계셔서 오늘은 안 나오셨나 보다 생각했는데 시장 사거리에서 멀리 쳐다보며 누굴 찾는 듯했습니다. 뒤에서 "아버님! 여기서 뭐하세요?" 하고 말을 건네니, "아이쿠! 깜짝이야! 내가 술을 마시고 있어서 목사님 보기 미안해서, 목사님이 어디쯤 계신가 하고 숨으려고 했는데 딱 걸려 버렸네~" 하며 웃으십니다. 그러면서 제 손을 꼭 잡으며 "목사님, 나에게 예수님 소개해 줘서 고맙습니데이~ 참 고맙습니데이~" 그렇게 대화를 나누며 헤어졌습니다. 여느 때와 다름없이 매주 전도하는데, 어느 날 식당에 그분이 보이지 않아서 사장님께 여쭤보니, 사장님은 "아무도 그분을 안 찾는데, 목사님만 찾네요. 그분이 며칠 전 심정지로 돌아가셨어요" 하며 사장님도 우셨고, 저도 울었습니다. 그런데 한 편으로 다행이다, 정말 다행이라는 생각이 들었습니다. 예수님을 영접하셨으니 말입니다. 결국 한 영혼을 천국 보내기 위해 저를 사용하신 것이었습니다. 만약 그때 그분에게 복음을 전하지 않았더라면….

"목사 새끼가 말길을 못 알아 처먹네"

2018년 교회를 개척한 곳은 일명 '산만디'라고 부르는 높은 지대였고, 사람들이 잘 다니지 않는 곳이었습니다. 4층 건물에 3층에 교회를 개척했고, 4층에는 절이 있었습니다. 복음을 전해야 하는 사명감을 가지고 절 있는 곳에 교회를 개척했습니다. 처음에는 아주 잘 지냈으나 코로나가 터진 이후로 절에 있는 신도는 떠나가고, 저희 교회는 더 뜨겁게 예배했습니다. 하루도 쉬지 않고 전도하니 하나님께서 정말 많은 영혼들을 보내 주셨습니다. 그런데 그럴수록 스님의 핍박은 심해졌습니다.

다른 사람들의 간증에서 들어 볼법한 일들이 저에게도 일어나고 있었습니다. 예배실 바로 위가 스님의 방이었는데, 평소 조용한 제가 찬양하고 기도하고 설교할 땐, 목소리가 아주 커집니다. 어느 날 스님이 불러서

4층에 올라가니, 저를 보자마자 큰 소리로 호통쳤습니다. "내가 산에서 수양하고 내려와서 소리에 민감한데, TV볼 때도 볼륨을 1, 2 정도만 놓고 보는데 지금은 볼륨을 크게 해도 잘 안 들리고, 태어나서 처음으로 이어폰을 샀다"고 합니다. 그런데 교회에서 자기가 아는 찬양이 들리면 자신도 모르게 따라 부르고, 설교할 때 신도들이 아멘! 그러면 자기도 모르게 아멘! 하고 있답니다. 그래서는 안 되겠다 싶어서 이제는 예배 시간에 아예 밖에 나간다고 합니다. 그런데 그것도 한두 번이지 이제는 갈 곳도 없다고 합니다. 죄송한 마음도 들었지만 감사한 마음이 더 컸습니다. 이참에 스님도 전도해야겠다는 강한 사명감이 생겼습니다.

이 영적 전쟁이 생각보다 심각해지고, 갈수록 공격이 심해졌습니다. 주일날 주일학교 차량운행을 하며 교회 도착할 때 쯤, 스님에게서 전화가 걸려왔습니다. 4층으로 올라오라고 합니다. 저를 보자마자 "조용히 인격적으로 말하니까 목사 새끼가 말길을 못 알아 처먹네!" 그러며 제 멱살을 잡고 벽으로 밀칩니다. 한참을 멱살 잡힌 채로 있었습니다. 그러다 10시 43분경에, 딱 한마디 말했습니다. "스님 저희 10시 45분부터 찬양 시작해야 하는데, 잠시 놓으시고 제가 예배 끝나고 다시 올라올 테니 그때 다시 시작하시죠" 스님이 빵 터져 웃습니다. 스님이 뭐라고 하든 저는 곧바로 예배드리러 내려왔습니다. 찬양하는데 얼마나 눈물이 나는지, 설교할 땐 또 얼마나 눈물이 나는지요. 이렇게 해서 목회를 할 수 있을까, 우리 성도들이 큰 소리로 기도하는 것도 눈치 보고 있으니 제 마음이 찢어질 것같이 아팠습니다. 그때부터 저는 부동산마다 찾아가고, 도움을 줄 만한 사람들을 찾아가고, 빈 건물마다 가 보았습니다. 그러나 하나도 도움 되지 않았습니다. 그런 절박함을 가진 채 교회에서 기도하자니 성도님들이 걱정할까 봐, 지하 주차장에서 핸들을 붙잡고 처절하게 기도했습니다. 주님! 이제 방법이 하나도 없습니다. 어떻게 해야 합니까? 그다음 날 하나님께서는 지금의 이 교회 장소를 만나게 하셨고, 우리의 기도보다 200% 이상 좋은 곳으로 옮겨 주셨습니다. 일주일도 걸리지 않았습니다. 우리가 의지해야 할 건 상황, 환경, 사람이 아닙니다. 지금도 신실하게 일하고 계시는 하나님을 바라보는 것입니다. 그 주님은 지금도 일하고 계십니다.

예수님께서 먼저 세상 속으로 들어가셨고, 우리를 복잡하고, 근심, 걱정, 염려, 전쟁이 가득한 세상 속으로 따라 들어오라고 하셨습니다. 왜일까요? 우리가 정말 살아내야 할 현장은 바로 그 세상이기 때문입니다. 요즘 우리 시대의 기독교인들이 교회가 좀 돌팔매질을 당하고 힘들다 보니까 성도로서 너무 위축되어 있는 것 같습니다. 그 담력과 용기는, 인간적인 어떤 상태에서 나오는 게 아닙니다. 복음의 능력을 믿는 성도들에게 주어지는 것입니다. 그런 용기가 있어야 합니다. 세상이 나를 보고 두려워 떨 만큼의 신앙인의 기백! 담대함! 거룩함이 있어야 합니다. 오늘날 기독교가 왜 힘이 없을까요? 예수님 위해서 목숨 걸 각오가 돼 있지 않기 때문입니다. 목숨을 건 사람한테는 욕먹는 거 아무것도 아닙니다. 예수님을 위해 목숨을 건 사람한테는 주변의 핍박은 아무것도 아닙니다. 그런데 문제는 우리가 그런 담대함이 없으니까, 세상이 교회에게, 우리에게 한 마디만 해도 흔들거리는 것입니다. 그런데 담대하게 목숨 건 증인이 되는 건 사람의 힘으로 안 됩니다. 성령의 힘으로만 가능합니다. 세계 복음화라는 위대한 비전을 인간이 이루는 게 아니라 성령이 끌고 가십니다. 증인이 된다는 것은 예수님 전하는 일인데, 성령이 임해야 예수님 전할 마음이 생기는 것입니다.

사도행전 1:8
오직 성령이 너희에게 임하시면 너희가 권능을 받고 예루살렘과 온 유대와 사마리아와 땅 끝까지 이르러 내 증인이 되리라 하시니라

성령이 임하면 권능을 받는다는 말이 헬라어로 두나미스(DUNAMIS)인데, 다이나마이트의 어근이 되는 말입니다. 폭발하는 능력입니다. 초자연적인 능력입니다. 땅에 사람은 도저히 이해할 수 없는 엄청난 기적의 능력입니다. 이 성령의 능력이 임하면 사람이 달라집니다. 똑같은 사람인데, 이제는 전도할 때 보면 완전 다른 사람처럼 능력 전도를 하게 됩니다. 두렵지 않습니다. 걱정하지 않습니다. 겟세마네에서 예수님 버리고 달아났던 제자들이 성령받고 변하는 거 보십시오. 똑같은 사람들이 어떻게 두 달도 안 돼서 이렇게 담대한 증인이 될까요? 성령이 임하면 세상이 줄 수 없는 담대함이 생기는 것입니다. 성령의 능력 없이 인간의 힘으로 전도하면 정말 힘듭니다. 짜증이 나고 원망스럽고, 부담스럽습니다. 그러나 성령이 임하면 큰일도 쉽게 합니다. 성령의 사람의 특징은 여유가 있다는 것입니다. 예수님은 제자들에게 성령의 능력을 받고 나면, 너희들은 나의 증인이 될 거라고 하셨습니다.

〈증인〉은 헬라어 마르튀스(μάρτυς)입니다. 목숨 걸고 죽을 수 있는 순교자란 뜻입니다. 자기 증언 때문에 목숨 걸 각오가 돼 있는 거예요. 여러

분 요즘 왜 힘이 없습니까? 다시 한번 말씀드립니다. 예수님 위해서 목숨 걸 각오가 돼 있지 않기 때문이에요. 힘이 없어서 기도 못 한다고요? 아닙니다. 기도 안하니까 힘이 없는 것입니다. 우리가 그런 담대함이 없으니까 세상에서 어떤 소리를 듣거나, 비방하면 흔들리고 위축되는 것입니다. 증인이 된다는 것은 예수님을 전하는 것입니다. 맛집 하나 발견하면 온 동네 다니면서 얘기하듯이, 예수님을 만나고, 성령을 받고 나면, 그는 시키지 않아도 증인이 될 것입니다

저는 전도하면서 몇 가지 키워드가 생겼습니다.
"같은 요일, 같은 시간, 같은 장소, 같은 사람" "믿을 수 있는 사람, 좋은 사람이 되자" "교회의 좋은 점들을 알리자" "한번 시작하면 끝까지 하자" "따뜻한 사람이 되자" "열매가 아니라 영혼에 초점을 맞추자" "이웃 교회와 아름다운 동역을 이루자" 그리고 "기회가 생기면 절대로 놓치지 말고 복음 전하자" 이 몇 가지가 전도를 꾸준하게 하고, 행복하게 만드는 비결입니다. 세상 사람들에게 칭찬받고, 하나님께서 기뻐하시는 전도자의 모습인 것 같습니다. 사람들은 대단한 걸 바라지 않습니다. 믿을 수 있는 사람, 신뢰할 수 있는 교회, 따뜻한 사람을 만나기 원합니다. 자세히 들여다보면 너무나 좋은 분들이고, 위로가 필요한 분들입니다. 예수님의 마음으로 위로해 주세요. 세상 사람들이 정말 보고 싶은 것은 '말'이 아니라, '삶'입니다. 예수 믿고 나서 달라진 우리들의 삶입니다. 말로 전하는 복음도 귀하지만 삶으로 살아내는 복음은 절대 거절하지 못합니다.

저는 수년간 〈전도팀활성화프로젝트팀〉을 구성해 교회를 찾아가며 전

도팀을 훈련시켰고, 전도팀이 없는 곳에는 전도팀을 세워가며 훈련을 해 왔습니다. 또한《전도자 코칭 노트》책을 집필하면서 개인이 전도하시는 분들에게도 도움이 되기 위해 힘써 왔습니다. 이번《전도자 코칭 노트 워크북》은 그동안 전도팀을 훈련하고, 개인전도 코칭을 하면서 가장 효과적으로 훈련할 수 있고, 꼭 필요한 부분들을 모았습니다.

개 교회들마다 전도팀을 훈련시키기 원하는 곳이 있는데, 이 책에서는 8주간의 프로그램을 만들었기에 그대로 따라 하면 훌륭한 전도팀이 되리라 생각합니다. 1년에 8주 3번을 추천합니다. 전도는 세미나 듣는 게 아닙니다. 전도는 몸에 배여야 합니다. 그러기 위해서는 훈련, 반복밖에 없습니다. 그리고 제가 전도하고 있는 전도 현장의 생생한 이야기도 담았기에 똑같은 상황에 지친 전도자들에게도 많은 도움이 되리라 생각합니다. 똑같이 전도일기를 써 보십시오. 영적인 일은 눈에 보이지 않지만 전도일기를 쓰면 하나님께서 일하심을 경험하게 됩니다. 전도는 책으로 배우는 게 아닙니다. 전도는 전도하면서 배우는 것입니다. 이 교재는 참고서이고, 실제 여러분의 전도를 이끌어 가시는 분은 성령님이십니다. 성령님을 의지하며 복음 전하십시오. 언제 어디서 무슨 일이 일어날지 모르기에 전도는 참 재미있고, 행복한 것입니다. 여러분 모두가 행복한 전도자가 되시기를 축복합니다. 주여! 이 땅의 모든 교회에게 다시 한번 복음의 능력을 회복시켜 주소서!

■ 추천사 ■

유연수 목사(학교법인 고려학원 이사장)

"매주 토요일마다 부산역광장에서 복음을 외치던 젊은이가 목사가 되어 교회를 개척하고, 날마다 복음을 전하고 있다" 이 얼마나 감사하고 고마운 일인가? 나 역시 고교 시절에 주님을 만나 복음으로 가슴이 불타 교복 입은 채로 주일마다 인근 시골 마을로 가서 북을 치고 아이들을 모아서 복음을 전하던 시절이 있기에 후배 목사님을 처음 만났을 때 고맙다는 인사부터 건넸다.

저자는 날마다 전도하면서 현장에서 경험하고 만났던 문제들을 모아 《전도자 코칭 노트 워크북》을 출간했다. 이 책은 전도하고자 하는 마음만 있으면 누구나 탁월한 전도자가 될 수 있는 길로 인도하는 전도자 지침서이다. 실제 전도자로서 경험한 모든 것을 낱낱이 기록하여 전도하면서 당면한 모든 문제와 대처 방법을 기록하고 있다. 인간관계 문제, 사람의 심리까지 다루고 있다. 어떻게 이런 생각까지 했는지 감탄할 정도로 세심하다. 그리고 더 감사한 것은 한 권의 책 안에 전도팀 훈련을 위한 8주 프로

그램과 개인이 1년 52주 동안 책으로 코칭받으며 전도할 수 있도록 구성되어 있다.

전도자를 세우기 위함 그리고 교회 전도팀의 활성화를 위한 저자의 눈물과 기도, 그 애절함이 그대로 녹아 있는 교재이다. 전도를 해야 한다는 것을 알지만 시작하지 못하는 성도들, 교회 전도팀 운영에 대한 고민이 있는 교회와 목회자들이 이 책을 꼭 읽어 보기를 권한다. 이 책 한 권이 손에 있다면 그동안 고민했던 전도에 관한 많은 문제를 해결할 것이다.

전도에 대한 이론과 실제에 관한 책들이 많이 나와 있지만, 이 책만큼 강력한 도전과 구체적으로 행동을 하게 하는 책은 드물다. 오늘도 여전히 전도지를 들고 동네를 누비는 저자의 기도와 눈물과 땀으로 만들어진 이 책이 코로나 이후의 한국 교회에 전도의 새바람을 불게 할 줄 믿고 강력히 추천한다.

박남규 목사(부산성시화운동본부장)

저는 속독을 합니다. 제법 두꺼운 책도 1시간 안에 1독이 가능합니다. 이지훈 목사님에게 책을 받고서 3시간 안에 3번을 읽었습니다. 다섯 가지의 느낌이 왔습니다.

첫 번째가 '쉽다'

아무리 좋은 책도 이해가 되지 않으면 아무 소용이 없습니다. 또 특정한 부류들만을 위한 책은 접근이 쉽지가 않습니다. 그러나 이 책은 누구든지 읽을 수 있고, 읽으면 아주 쉽게 이해가 됩니다.

두 번째가 '현장이다'

전도에 관한 설교를 잘하는, 특강을 잘하는, 동기부여를 잘하는 목회자는 많습니다. 그런데 의외로 전도의 현장성과 실제적 경험을 가진 목회자는 그리 많지 않습니다. 그러나 이 책은 저자의 전도 경험과 현장의 노하우가 담긴 실질적인 전도 매뉴얼 입니다.

세 번째가 '다양하다'

전도의 실제는 이론으로 무장된 사람이 누리는 현장의 축복입니다. 이론과 현장, 이 둘 중에 하나가 결핍이 되면 구령의 열매를 거두기가 어렵습니다. 이 책에는 심리적, 언어적, 기술적, 생활적, 이론적 상황에 대한 해결책이 담겨 있습니다.

네 번째가 '성경적이다'

전도 강사들 중에는 비성경적, 탈신학적, 반교회적 경향성을 가진 분들이 있습니다. 이른바 신비적, 주술적, 기복적, 반사회적, 영업적 성향의 강사들입니다. 그러나 이 책은 철저하게 성경과 교회에 중심을 둔 전도해설서입니다.

다섯 번째가 '몸부림이다'

한국 교회는 부흥의 시대를 지나 이동과 쇠퇴로 대변되는 그림자를 가지고 있습니다. 위기라는 말과 함께 다양한 대안들이 프로그램이라는 이름으로 소비되고 있습니다. 그러나 이 책은 세미나에서의 습득을 넘어서는 한 전도자의 몸부림이 알알이 박혀 있습니다.

저자의 그 몸부림의 희열과 가슴 벅찬 수고의 열매를 함께 누리고 싶습니다. 그 간절한 소망을 담아 전도하고 싶은 교회와 성도들에게 기쁜 마음으로 감히 추천하고자 합니다.

홍융희 목사(분홍목사, 성민교회)

이지훈 목사님은 매주 같은 요일, 같은 시간, 같은 장소, 같은 사람이라는 원칙을 가지고 전도 현장을 지켜 내는 실무 전도자이다. 나는 이지훈 목사님처럼 현장에서 불신자들에게 사랑받고 환대받는 전도자를 본 기억이 없다. 비가 오나 눈이 오나 전도의 현장을 떠나지 않고 살아가는 이지훈 목사님을 나는 이 시대 '전도의 불씨'라고 부르고 싶다.

또한 이지훈 목사님은 탁월한 전도자인 동시에 훌륭한 전도 강사이다. 우리 교회에서도 이지훈 목사님을 모셔서 8주간 '전도팀활성화프로젝트' 훈련을 받았는데 나와 교역자들부터 권사님, 집사님들에 이르기까지 모든 전도대원들이 전도에 눈을 뜨고 행복한 전도를 지금까지 계속 이어 가고 있다. 두렵고 힘든 전도에서 즐겁고 행복한 전도, 나가고 싶은 전도로 바뀌는 데 8주면 충분하다는 것이 정말 새롭고도 놀라운 일이었다.

다시 한번 우리 교회는 이지훈 목사님을 모시고 새로운 기수의 전도팀이 이 책으로 8주간 교육을 받을 생각에 기대감이 가득하다. 나는 이 책이 모든 성도들과 전도자들의 손에 쥐여져서 한국 교회가 올바른 전도에 눈을 뜨고 모든 성도들이 전도의 부채와 부담감에서 벗어나 복음 전도의 감격을 누리며 살아가게 되길 소망한다.

■ 추천사 ■

김관혁 목사(예수기쁨의교회)

《전도자 코칭 노트 워크북》은 전도팀 훈련을 위한 8주 프로그램과 함께 개인이 1년 52주 동안 코칭받으며 전도할 수 있도록 구성되었다. 전도자들에게 전도 로드맵을 제시함으로써 누구나 쉽게 전도할 수 있도록 친절하게 안내해 준다. 전도의 이론과 실제를 강의하고 훈련하며, 지금도 현장 전도를 계속하는 목회자이기에 가장 현장감 있고, 실제적인 도움을 주는 워크북이 될 것이다.

현재 〈전도팀활성화프로젝트〉 밴드에는 전국 300여 명의 목회자들이 가입하여 전도와 기도에 힘쓰고 있다. 전도활성화를 위하여 집중 전도 기간을 정하여 완주하는 교회들을 중심으로 꼭 필요한 전도 물품을 지원하고 있으며, 더 나아가 권역별로 '복음전도자 연합모임'과 '전도팀활성화프로젝트 일일 세미나'를 개최하여 하나님 나라를 확장하는 일에 앞장서고 있다.

저자는 "전도 훈련의 최고의 가치는 당장 눈에 보이는 열매가 아니라 하나님의 마음을 품은 열정의 전도자를 세우는 것"이라고 강조한다. 교회의 진정한 전도 부흥을 원한다면, 《전도자 코칭 노트 워크북》을 곁에 두고 반복하여 읽고 적용해 보기 바란다. 교회의 부흥과 함께 전도의 기쁨, 전도의 열매, 전도의 축복, 전도의 상급을 맛보게 될 것이다.

현장 전도 중심의 훈련

전도팀활성화 프로젝트

전도는 반드시
훈련이 필요하며,
현장이 중요합니다!

전도팀활성화프로젝트팀

[훈련문의]

부산본부 | 부산시 금정구 중앙대로 1944번길 29
　　　　　　 이지훈 목사(부곡순복음교회) 010-8255-3502
　　　　　　 이승현 목사(순복음산돌교회) 010-5582-8821

전북지부 | 전라북도 전주시 완산구 거마평로 88
　　　　　　 김동규 목사(전주소망교회) 010-9657-7070

경상지부 | 경남 양산시 물금읍 백호로 70
　　　　　　 김관혁 목사(예수기쁨의교회) 010-3254-8899

후원계좌 | 244-12-018056-9 부산은행 이지훈

전도팀활성화 프로젝트팀의
훈련은 다릅니다!

개인이나 단체가 특정 기관에 가서 받는 전도훈련이 아니라, 훈련된 목회자가 귀 교회에 방문하여 현장중심의 전도훈련하며, 전도팀 활성화를 돕고, 교회를 건강하게 세우고, 지역복음화에 앞장서고 있습니다.

※귀 교회에서 훈련하는 동안 부교역자라는 마음을 갖고 섬깁니다.

 ## 훈련목표

첫째, 전도자로 훈련시켜 생활속에서 복음을 전하게 하며

둘째, 훈련자로 무장시켜 또 다른 사람들을 훈련하는 양육하는 자가 되며

셋째, 전도팀 모임을 주도, 관리, 기획 등 지속적인 전도를 할 수 있게 하며

넷째, 지역교회 연합을 통하여 지역 복음화에 힘을 쏟으며

다섯째, 온 교회와 성도가 하나님 나라 확장을 위하여 한 마음으로 복음을 전한다.

❹ 피드백

❶ 찬양 및 기도회

8주

❸ 현장전도

❷ 전도코칭 강의

[소요시간]
2시간 30분 ~ 3시간

효과적인 전도팀 활성화를 위한 제안

183(1년 8주 3회)훈련

일회성으로 끝내는 것 보다, 연 3회 전도팀활성화프로젝트 진행으로 전도팀이 교회에 확실하게 안착하며 활성화를 이루게 됩니다.

[1단계] 훈련생 훈련(토양작업 – 많이 만나기, 관계형성하기 등)
[2단계] 리더가 학생을 이끄는 리더십 훈련 및 복음제시
[3단계] 전도팀 운영 훈련(전도축제, 전도팀원 모집, 전도기획 등)

훈련교재

전도자코칭노트 워크북 | 2023, 612p, 도서출판 좋은땅 | 판매가 20,000원

전도자코칭노트 워크북은, 저자가 현장에서 겪는 다양한 상황들에 대한 대처를 상세하게 기록하여 전도자들에게 실제적인 도움이 될 뿐만 아니라, 8주 전도팀 훈련 내용과 그 후 44주간(총 52주, 1년) 개인적으로 훈련하며 전도할 수 있도록 엮어져 있어서 전도자들에게 큰 유익이 됩니다.

전도훈련 시 제공됩니다

포스터(4장) 및 배너 현수막(1장) 제공

수료증(6회 이상 출석 시)

전도팀활성화프로젝트 사역

01 **교회 전도팀 훈련**
교회에 방문하여 교회 전도팀 훈련을 합니다.(8주)

02 **개인 전도자 훈련**
본 교회에 오셔서 전도훈련을 받습니다.

03 **전도용품지원**
전도활성화를 위해 매월 첫 주, 둘째 주(2주간) 전도하는 사진(또는 글)을 올린 분들에게 전도용품을 지원하고 있습니다. 현재 33차 진행(2023.12)

04 **전국 복음 전도자 연합모임**
전국에 있는 복음전도자 연합 모임을 구축하여, 전도사역을 공유하며 동역하고 있습니다. 연 1~2회 복음전도자 연합모임 개최하며, 전국 270여 명의 목회자가 함께 전도하고 있습니다. (2023.12)

책 판매 수익금과 훈련비용은 개척/미자립교회 전도용품지원을 위해 사용됩니다.

전도 십계명

Evangelism Ten Commandments

첫째, 전도는 열매에 집중하는 것이 아니라, 영혼에 집중하는 것입니다.

둘째, 전도는 책도 강의도 필요하지만, 더 중요한 건 현장에서 부딪히며
배우는 것입니다.

셋째, 전도는 어려운 공식도 아니고 복잡한 암기도 아닌, 사랑 그 자체입니다.

넷째, 전도는 일회성 이벤트가 아닌, 생활이고 삶입니다.

다섯째, 전도는 세상에서 가장 행복한 사역이고, 누구나 할 수 있는 사역입니다.

여섯째, 전도는 교회에 데려오는 것보다, 있는 그곳에서 예수님을 알고 믿게
하는 것입니다.

일곱째, 전도는 그리스도인으로서 평생해야 하는 사랑의 실천입니다.

여덟째, 전도는 하면 할수록 내가 하는 게 아니라 성령께서 하심을 깨닫는
것입니다.

아홉째, 전도는 나만 열심히 하는 게 아니라 모두가 함께해야 하며,
나와 같은 전도자를 만들어 내야 합니다.

열번째, 전도는 다른 영혼을 살리기 이전에 내가 사는 생명줄입니다.

글. 이지훈목사 (전도팀활성화프로젝트팀)

■ 목차 ■

전도자코칭 01 년   월   일

전도팀 코칭 01

전도자 코칭 노트 워크북
Evangelist coaching note work book

하나님 아버지의 마음

설경욱

〈찬양 후 중보기도〉

1. 하나님! 우리 교회 전도팀이 다시 전도의 열정이 불타오르게 하시고, 그 부흥의 출발이 오늘 모인 우리로부터 시작되게 하소서.

2. 하나님 아버지의 마음을 주셔서, 주님처럼 영혼을 바라보고 사랑하는 마음을 주소서.

내가 매일 기쁘게
I am Rejoicing Night and Day

H. Buffum / D. M. Shanks

1.내가 매일기쁘게순례 의길행 함은주의 팔이나를안보함이 요
2.전에 죄에빠져서평안 함이없 을때예수 십자가의공로힘입 어
3.나와 동행하시고모든 염려아 시니나는 숲의새와같이기쁘 다
4.세상 모든욕망과나의 모든정 욕은십자 가에이미못을박았 네

내가 주의큰복을받는 참된비 결은주의 영이함께함이 라
그발 아래엎드려참된 평화언 음은주의 영이함께함이 라
내가 기쁜맘으로주의 뜻을행 함은주의 영이함께함이 라
어둔 밤이지나고무거 운짐벗 으니주의 영이함께함이 라

성령 이 계시 네 할렐 루야함께하 시 네

좁은 길을걸 으며 밤낮 기뻐하 는것 주의 영이함께함 이 라

〈찬양 후 중보기도〉

3. 주님! 제 힘으로 복음전할 수 없습니다. 이 시간 저에게 성령의 능력
   을 부어 주소서!

1) 세 분 이상씩 찾아가서 허그 하시면서 축복해 주세요.

2) "당신은 위대한 전도자입니다"

3) ※ 남자는 남자끼리, 여자는 여자끼리 또는 남자/여자는 악수하며 축복하겠습니다.

하나님께서 당신을 통해

김영범

하나님께서 당신을통해 메마른땅에 샘물 나게하 시 기를

가난한영혼 목마른영혼 당신을통해 주사 랑알기 원 하네

전도에 대한 올바른 이해

전도를 하다 보면 소위 전도왕이라 불리는 분들처럼 몇 백 명, 몇 천 명을 전도할 수 없다. 그러나 우리의 삶 속에서 나의 믿음의 분량대로 전도를 시작한다면 하나님께서 역사하실 것이다. 물론 당장의 열매가 맺어지지 않아도 우리는 씨를 뿌리는 귀한 일을 하는 것이다.

왜냐하면 전도의 열매는 하나님께서 맺게 하시기 때문이다. 그렇지 않고 열매에만 집착하다 보면 낙심하고, 실망하기 쉽다. 열정도 식어 버린다. 당장의 결과가 없다 할지라도 씨 뿌리는 것 자체, 예수님을 전하는 것 자체가 중요한 것이다.

생각해 보라. 내가 지금 씨를 뿌린다고 해서 당장 열매를 거둘 수 있을까? 충분한 영양 공급과 시간이 필요하다. 어떤 나무는 몇십 년이 지나야 열매를 맺는 것도 있다. 그리고 내가 씨를 뿌렸다고 해서 내가 열매 맺는 것을 보는 것도 아니다. 나는 단순히 나에게 생명을 주신 주님을 전하는 것이고, 그 씨앗이 자라서 열매 맺도록 하나님은 또 다른 누군가를 사용하시기도 한다.

다시 말하면 내가 전도했지만 다른 누군가에게 열매를 맺힐 수도 있고, 우리 교회가 전도했지만 다른 교회에서 열매가 맺힐 수도 있다는 것이다. 이런 것을 잘 이해한다면 열매와 상관없이 전도 그 자체가 귀중하다. 그리고 전도를 즐길 수 있을 것이다. 전도는 개인이나 교회를 위한 전도가 아니라 하나님 나라를 위한 전도이다. 예수 믿고 구원받아 하나님의 자녀가 된다면 어떤 교회에 정착된들 어떠하겠는가. 모든 교회는 그리스도와 한 몸이기 때문이다.

이것만 잘 정립된다면 우리는 전도하면서 실족하거나, 그만두는 일은 없을 것이다. 열심히 전도하고 자라나게 하시는 분은 하나님이시라는 것을 믿기 때문이다. 교만하거나 자만할 이유도 없다. 어차피 전도의 핵심은 한 영혼 구원이지 우리 교회 등록하는 게 아니기 때문이다. 예수님을 믿는 것이 중요하다.

첫 만남 7초를 잡아라
– 초두효과(primacy effect)

"첫인상을 결정짓는 시간은 단 7초!"

심리학적으로는 처음 받은 정보와 마지막에 받은 정보, 이 두 가지가 매우 중요한 역할을 한다. 이렇게 처음 이미지에 영향을 받는 것을 '초두 효과(primacy effect)'라고 하며, 첫인상을 말한다.

처음 사람을 만날 때는 첫인상으로 그 사람을 판단한다. 그리고 그때 느낀 "괜찮은 사람 같다" "제멋대로인 사람 같다"와 같은 인상이 이후 전도에서 큰 영향을 미친다.

그렇다면 우리가 사람을 처음 만나 그 사람에 대해 판단을 내리기까지 어느 정도의 시간이 걸릴까? 30분? 1시간? 아니다. 약 7초에 불과하다.

좋은 예로, 대기업의 인사과 담당자는 면접을 할 때 면접자가 방에 들어와 입을 여는 짧은 시간 동안 그 사람이 괜찮은지 아닌지를 90%가량 판단

한다고 한다. 다시 말해 면접자가 문을 열고 들어와 인사를 한 다음 면접관에게 이름을 말할 정도의 시간이면 충분하다는 것이다.

전도자가 전도하러 나갈 때도 마찬가지다. 처음 만나는 사람이 대부분일 텐데, 전도 대상자에게 최대한 신뢰와 호감을 주어야 하며, 동시에 전도 대상자에게 내가 어떤 사람인지도 짧은 순간에 알릴 수 있어야 한다. 왜냐하면 사람들은 예수님을 만나기 전에 '나'라는 사람을 먼저 보고, 교회로 오기 때문이다.

'첫인상'은 그야말로 '얼핏 보는' 것이다. 그러므로 청결한 복장을 하고 있는지, 머리는 단정한지, 걸음걸이는 당당한지, 의자에 앉을 때 자세는 바른지, 이 같은 것들이 큰 영향을 미친다. 가장 기본적인 사항이지만, 처음에는 이것만으로 상대방을 판단할 수밖에 없다. 그러므로 기본적인 몸가짐과 매너를 우습게 봐서는 안 된다.

사람들은 흔히 '외모가 중요한 것이 아니다'라고 말하지만, 실제로 그 사람을 판단할 때는 겉모습이 중요한 역할을 한다.

가능한 많은 사람들을 만나라

전도는 탁상에서 이루어지는 게 아니다. 현장에서 이루어지는 게 전도다. 아무리 전도에 대한 열망을 갖고 전도를 해야 한다는 당위성을 이해해도 현장에서 경험이 적으면 전도는 힘들다. 대부분의 그리스도인들이 전도를 해야 하는 건 알지만 전도를 어려워한다. 그것은 현장 때문이다. 예전과 다르게 현대인의 삶은 복음을 받아들이기가 더 어려워졌다. 특히 우리나라의 사회, 문화적 환경은 전도하기가 힘든 상황이 되고 있다. 이것은 이미 유럽의 많은 나라들이 겪었던 모습이다. 우리나라가 경제적으로 살기 좋아지고 선진국 대열에 들어서면서 모든 것이 풍요롭게 되었다. 복지제도가 발전하면서 옛날과 비교할 수 없을 정도로 살기 좋아졌다. 1970~1980년대만 해도 먹고사는 것이 힘들었다. 자연히 그들에게는 신앙이 구심점이 될 수밖에 없었고 그런 면에서 신앙을 갖는 사람들이 많았다. 그래서 복음만 전해도 전도가 잘되었던 시기였다.

그러나 지금은 그렇지 않다. 외형적으로는 예수님 없어도 잘 살 수 있는 사회로 접어들었고 점차 복음을 받아들이기 힘든 환경이 되고 있다. 그러나 내적으로 깊게 들어가면, 오히려 복음을 전하기 좋은 상황이 되고 있다. 통계를 보면 우리나라의 자살률이 세계 1위이다. 자살률이 높다는 것은 내적으로 곤핍하고 만족이 없다는 것을 의미한다. 그래서 그들에게 더욱 복음이 필요하고, 복음만이 그들을 치료할 수 있다는 것이다.

그런 사람들을 어디서 만날까? 바로 삶의 현장에서 많이 만날 수 있다. 전도는 사람을 만나서 예수님을 전하는 일이다. 그러기 위해서는 일단 사람을 만나는 것이 중요하다. 때론 문서, SNS, 홍보, 봉사 등 간접적인 전도가 이루어진다 해도 결국 직접 사람들을 만나서 복음을 전하는 것만큼 확실한 방법은 없다. 인격적인 만남이기 때문에 가장 강력한 힘을 발휘한다. 그래서 얼마나 사람들을 많이 만나야 하는가에 따라 전도가 결정된다고 해도 과언이 아니다. 보험도 하나의 상품을 팔기 위해서 발품을 많이 판다. 발로 뛰어다니면서 직접 사람들을 만난다. 하나의 상품을 팔기 위해서도 그렇게 노력을 하는데, 가장 귀한 예수님을 소개하는 일을 위해서 우리는 더욱더 많은 사람들을 만나야 하지 않을까? 그런데 지금은 집에 찾아가서 사람들을 만나는 게 어렵다. 요즘은 거의 맞벌이를 하니까 집에 있는 사람들도 거의 없고 또 아파트는 보안 시스템이 설치되어 있어서 단지 안으로 들어가기도 힘들다. 뿐만 아니라 이단과 사이비의 활동, 교회에 대한 좋지 않은 이미지로 전도하기는 점점 더 힘들어진다. 그럼 어떻게 해야 할까?

그래서 생활 속에서 사람들을 만나서 전도하는 길 외에 다른 방법이 없다. 처음부터 좋은 관계를 맺는 건 쉽지 않다. 이것을 극복하기 위해서는 계속적인 만남을 통해 좋은 관계를 맺으면서, 그들에게 전도하는 방법을 찾아야 한다. 사람들을 많이 만나서 전도하다 보면, 나름대로 방법과 노하우가 생긴다. 아주 간단한 원리 같은데, 굉장히 중요하다. 계속하다 보면 된다는 것이다. 꾸준함이 능력인 것이다. 그래서 마음만 먹으면 누구든지 할 수 있다. 다만 전도는 열정을 갖고 사람들을 찾아 나서고 만나는 사람들에게 복음을 전하는 데까지 성령께서 이끌어 주셔야만 가능하다. 그래서 할 수 있는 한 많은 사람들을 만나야 한다. 그리고 지속적으로 전도해야 된다. 여러 가지 전도 방법이 있지만 직접 사람들을 대면하여 복음을 전하는 것 이상으로 좋은 방법은 없다. 현장에서 전도를 하다 보면, 복음의 능력이 얼마나 위대한지 복음의 능력을 직접 경험하게 될 것이다.

나만의 필살기 간증 준비하기

간증은 복음을 전할 때 아주 유용하게 사용된다. 간증을 통해서 반대 의견들을 미리 차단할 수도 있고, 간증을 통해서 복음을 듣고 싶은 욕망이 생기기도 한다. 복음을 효과적으로 전하기 위해서는 먼저 분명하고도 강력한 개인간증이 필요하다. 개인간증은 자신의 체험담이기 때문에 전하기가 쉽다. 간증할 때 주의할 점은 예수님의 만나기 이전의 삶을 강조하는 것이 아니라, 예수님을 믿고 변화된 구원에 초점이 맞춰져 있어야 한다. 또한 전도 대상자의 삶과 일치시켜야 한다. 전혀 동떨어져 있는 내용은 관심이 없다. 간증을 할 때는 구체적으로 말해야 하며, 믿지 않는 사람들이 잘 알아듣지 못하는 용어들은 피하는 게 좋다(할렐루야, 아멘 등). 그리고 개인간증은 3-5분 내외로 짧게 하는 것이 좋다. 우리의 목적은 간증이 아니라 복음 제시에 있기 때문이다.

간증을 나누기 전에 전도 대상자의 문제를 발견하라.

① 생의 목적과 의미 상실

② 기쁨과 행복, 웃음이 없음

③ 고독, 공허, 좌절감

④ 평안이 없음

⑤ 죽음에 대한 두려움, 공포

⑥ 삶에 대한 불만

⑦ 권태, 우울증, 자기 비하

⑧ 부부 문제, 자녀 문제

⑨ 습관적인 죄로 인한 죄의식

⑩ 음주 문제

간증을 나눌 때는 전도 대상자에 맞는 간증을 함으로써 도움이 된다. 자신이 경험하지 않은 문제를 상대가 갖고 있다면 그리고 그것을 어떻게 극복했는지도 알려 준다면 전도 대상자에게 큰 위로가 될 것이다. 그러나 간증의 핵심인, 그 문제의 해결은 오직 예수 그리스도께 있다는 것을 자연스럽게 알려 줘야 한다.

또한 간증을 나눌 때는 세 부분으로 나누어서 말해야 한다.

예수님을 만나기 전의 삶과 예수님을 믿게 된 동기 그리고 예수님을 믿고 나서 변화된 삶이다. 절대 설교하듯 해서는 안 되고, 가르치려 해서도 안 된다. 전도 대상자의 눈을 마주치면서 상대방의 흥미를 불러일으켜야 한다. 그렇다고 없는 것을 지어내서 말해서는 안 된다. 하나님께서 하신 일 외에는 말하지 말아야 한다. 그 간증의 주체가 '내'가 되어서는 안 된다. 그리고 간증을 마친 후에는 항상 기도하면서 성령께서 역사하시기를 기대해야 한다.

1. 예수님을 믿기 전의 삶

예수님을 믿기 전의 저는 죽음 자체와 죽는 것을 두려워했습니다….

2. 예수님을 믿게 된 경위

그 후 얼마 안 가서 친구가 전해 준 놀라운 소식을 듣고 저는 예수님을 믿게 되었습니다….

3. 예수님을 믿은 후의 변화된 삶

예수님을 믿고 나서 저는 지금이라도 이 세상을 떠난다면 천국에 갈 것을 확신합니다.

개인간증문	이름 ( )

손가락 전도법(소리 내어 5번 읽기)

1. 천국

천국이 있습니다. 돈, 공로, 착한 일로 갈 수 있는 곳이 아닙니다. 천국은 하나님께서 선물로 주셨습니다.

2. 인간

모든 인간은 죄인입니다. 죄인은 천국에 갈 수 없습니다.

3. 하나님

하나님은 사랑의 하나님이시지만 의로우신 분이셔서 우리의 죄를 벌하실 수밖에 없으십니다.

4. 예수님

예수님은 인간이신 동시에 하나님이십니다. 죄가 없으신 분이시지만 우리를 구원하시기 위해서 십자가에서 죽으시고 부활하시고, 다시 오시겠다고 약속하셨습니다.

5. 믿음

우리가 구원받기 위해서는 오직 예수님만 믿어야 합니다.

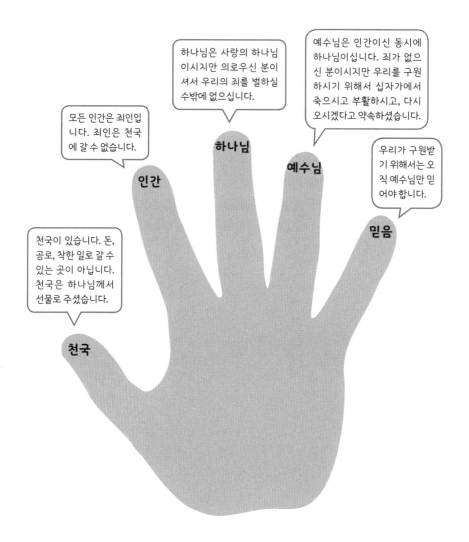

영접기도(소리 내어 5번 읽기)

예수님 저는 죄인입니다.

지금까지 저는 제 자신을 믿고 살아왔습니다.

저의 죄를 회개합니다.

예수님이 저의 죄 때문에 십자가에서 죽으시고, 부활하심으로 저의 모든 죄를 해결해 주심을 믿습니다.

지금 이 시간 마음의 문을 열고, 예수님을 나의 구주로 영접합니다.

이제부터 제가 하나님의 자녀로 살아가도록 인도해 주세요.

예수님 이름으로 기도드립니다. 아멘.

오늘의 미션

※ 전도에 대해 교회와 주변 환경이 다르고, 개인마다 상황이 다르기 때문에 그때그때 상황이 다르기에 훈련을 하면서 미션을 알려 드립니다.

전도 후 피드백

□ 함께 간 전도자는 누구누구인가?

□ 어느 장소에서 전도를 했는가?

□ 어떻게 전도를 시도했는가?

□ 결과 - 반응은 어떠했는가?

□ 전도하면서 느낀 점은?

전도는 이렇게 하는 거구나!

전도하면서 어떤 한 식당에 들어갔는데, 매주 보는 어르신이 눈에 들어왔습니다. 그런데 그 순간 성령께서 복음을 전하라는 감동을 주셔서 복음을 전했습니다.

"아버님, 요즘 많이 외로우시죠?" 저를 지긋이 쳐다보십니다. "우리가 언젠가는 다 이 땅을 떠나게 되어 있는데요. 마지막 준비를 잘해야 하지 않을까요? 천국과 지옥이 있는데, 아버님이 예수님을 믿으면 천국 가실 수 있어요. 예수님이 저와 아버님의 죄를 위해서 십자가에서 죽으시고, 부활하셨어요. 그 예수님을 믿기만 하면 천국 가실 수 있어요"

그렇게 간절한 마음으로 복음을 전하는데, 그곳 사장님은 주변에 있는 손님들에게 조용히 하라고 손짓을 하시고, 저에게는 계속하라며 분위기를 만들어 주셨습니다. 얘기가 끝날 때쯤에 사장님이 "그래~ 니, 목사님 말씀처럼 이제 여기서 술 먹지 말고, 목사님 따라 교회가라~" 그러자 아버님은 "아지매도 교회 가야지~" "나는 일 그만두면 교회 갈 거니까, 니 먼저

가 있어라~" 그러자, 그분이 고개를 끄덕이셨습니다.

마음이 참 따뜻해졌습니다. 그리고 "아~ 전도는 이렇게 하는 거구나!" 현장에서 전도를 또 하나 배웠습니다. 나의 노력과 열심도 필요하지만, 성령께서 주시는 강력한 사인, 메시지에 민감하게 반응하면, 성령께서 전도를 하신다는 것입니다.

이제 그분에게 매주 만날 때마다 복음을 전하려고 합니다.

시편 126:6
울며 씨를 뿌리러 나가는 자는 반드시 기쁨으로 그 곡식 단을 가지고 돌아오리로다

사도행전 1:8
오직 성령이 너희에게 임하시면 너희가 권능을 받고 예루살렘과 온 유대와 사마리아와 땅 끝까지 이르러 내 증인이 되리라 하시니라

그렇습니다. 전도는 내가 하는 것 같지만, 성령께서 하십니다. 그래서 전도하기 전 간절히 기도하면서 하나님 아버지의 마음을 품는 것이 중요합니다. 지금도 전도의 현장에 나가면, 예비된 영혼이 반드시 있습니다. 그리고 계속 전도하다 보면, 복음전할 수 있는 기회들이 만들어지고, 때가 되면 열매가 맺히는 것입니다.

◆ 나의 전도일기

□ 날 짜 :	□ 이름 :
□ 동행자 :	□ 장소 :

전도자코칭 02   년   월   일

전도팀 코칭 02

전도자 코칭 노트 워크북
Evangelist coaching note work book

주님 다시 오실 때까지

고형원

주 님다시오실 때 까-지 나- 는 이길을가리 라 좁은-

문 좁은- 길 나 의십자가지 고

나 의가는이길 끝 에-서 나- 는 주님을보리 라 영광-

의 내주- 님 나 를맞아주시 리

주님다시오실때까- 지 나는일어나 달려 가리라

주의영광온땅덮을- 때 나는일어나노래하 리

내 사모하는주 님-- 온세 상 구주시 라

내 사모하는주 님-- 영광의 왕이 시 라

〈찬양 후 중보기도〉

1. 주님! 저희에게 복음을 전하라는 사명을 주셨는데, 중간에 절대 포기 하지 않게 해 주시고, 8주간의 훈련 또한 끝까지 완주할 수 있게 하옵 소서.

2. 이 길은 저 혼자 갈 수도 없고, 가서도 안 되는 길인데, 옆에 있는 집 사님, 권사님들도 함께 복음을 위해 사는 동역자가 되도록 인도하옵 소서(옆 사람 손을 잡고 기도)

죄에서 자유를 얻게 함은
Would You be Free Your Burden of Sin?

L. E. Jones

1.죄에서자유를 얻게함은 보 혈의능력 주의보혈
2.육체의정욕을 이길힘은 보 혈의능력 주의보혈
3.눈보다더 희게 맑히는것 보 혈의능력 주의보혈
4.구주의복음을 전할제목 보 혈의능력 주의보혈

시험을이기고 승리하니 참 놀라운능력이로 다
정결한마음을 얻게하니 참 놀라운능력이로 다
부정한모든것 맑히시니 참 놀라운능력이로 다
날마다나에게 찬송주니 참 놀라운능력이로 다

주의 보 혈 능력있도다 주의 피 믿으오

주의 보 혈 그어린양의 매우 귀중한피로 다

〈찬양 후 중보기도〉

3. (   )지역의 악한 어둠에 세력이 떠나가고, 이단과 불신앙이 떠나가도
록 예수님의 보혈로 덮어주시고, 거룩한 (   )지역이 되게 하옵소서.

동역자 축복과 믿음의 선포

1) 세 분 이상씩 찾아가서 허그 하시면서 축복해 주세요.

2) "당신은 위대한 전도자입니다"

3) ※ 남자는 남자끼리, 여자는 여자끼리 또는 남자/여자는 악수하며 축복하겠습니다.

하나님께서 당신을 통해

김영범

하나님께서 당신을통해 메마른땅에 샘물 나게하 시 기를

가난한영혼 목마른영혼 당신을통해 주사 랑알기 원 하네

단순접촉효과(mere exposure)

전도를 하면서 만나는 사람들에게 신뢰를 받지 못한다면 우리의 전도는 아무런 열매도 기대할 수 없을 것이다. 전도하는 데 신뢰만큼 중요한 것이 또 어디 있을까?

그렇다면 어떻게 해야 신뢰를 얻을 수 있을까? 사람이란 자주 보면 볼수록 상대에 호의를 느낀다. 사회심리학에서는 이러한 현상을 단순접촉(mere exposure) 효과라고 부른다. 미국의 사회심리학자 자이언스(Robert Zajonc)는 다음과 같은 실험을 통하여 단순접촉이 상대방에 대한 호의도를 증진시킨다는 것을 분명하게 했다.

실험에서 사용된 재료는 미시간주립대학교의 졸업앨범에서 고른 12장의 사진이었다. 실험에 참가하는 학생들이 전혀 알지 못하는 인물을 찾느라 사진은 오래된 학교앨범으로부터 선정되었다.

사진을 1초당 2장 꼴로 학생들에게 보여 주었다. 사진을 보여 주는 횟수에 따라

0번, 2번, 5번, 10번, 25번의 5그룹으로 나뉘어져 각 조건별로 2장의 사진이 할당되었다. 사진을 86회 보여 준 후, 기억테스트라는 명목으로 각 사진을 얼마나 잘 기억하고 있는지가 측정되었다. 아울러 사진 속의 인물들에 대한 호의도에 대한 평가도 이루어졌다.

결과를 보면 많이 보여 준 사진일수록 호의도가 높다는 것을 알 수 있었다. 25번 보여 준 사진의 경우 한 번도 보여 주지 않았던 사진보다 호의도가 1.5배 이상 높았던 것이다. 사람마다 좋아하는 얼굴이 있는 법인데도 불구하고 많이 보았다는 단 한 가지 이유만으로 인물에 대한 호의도가 높아졌던 것이다.

사람이란 익숙한 것을 편안해한다. 사람은 몇 번이라도 얼굴을 본 사람에게 호의를 느낀다. 이러한 감정은 단순히 만나기만 해도 상승하므로, 전도 대상자와 자주 만나면 당신에 대한 고객의 호감은 더욱 높아진다. 따라서 우리는 전도할 때 상대방의 마음을 얻고 신뢰를 형성하고 싶다면 무조건 마주칠 기회를 많게 하는 것보다 좋은 것은 없다. 일단 호감을 얻으면 쉽게 신뢰관계를 구축할 수 있다.

잦은 만남을 통해 당신의 얼굴을 익히면 전도 대상자는 비로소 당신에게 느꼈던 경계심과 갈등을 해제할 것이다.

Tip 자이언스 효과의 특징 - 접촉시간보다는 접촉횟수가 중요, 짧게 여러 번 만나는 것이 중요

전도의 접촉점을 찾아라

전도를 하다 보면, 일방적으로 내 얘기만 할 때가 있다. 상대가 어떤 상황인지, 관심은 있는지 없는지에 대한 건 둘째고 내가 해야 할 말만 한다는 것이다. 요즘 전도하기가 쉽지 않은데 전략적으로 다가서기 위해서는 불신자들의 필요를 정확하게 파악할 수 있어야 한다. 그래서 전도는, 전도자가 아닌 전도 대상자 중심에서 전도의 출발점을 삼으면 자연히 그 사람에 맞는 맞춤형 접촉점을 발견하게 된다. 상대방을 잘 살펴보면 무엇을 그들에게 주어야 하고, 그들이 무엇을 갈망하는지, 자연스럽게 마음의 중심을 알게 된다. 그래서 전도에 있어서 접촉점이 매우 중요한 것이다. 생각해 보면 그 답은 멀리 있는 게 아니라, 상대방을 잘 살펴보면 그 안에 이미 답을 가지고 있다. 그런데 전도의 접촉점을 찾기 위해서는 모두 같은 형태로 접근해서는 안 된다. 각자 다른 상황을 이해하고 그들에게 맞는 맞춤형으로 접근해야 한다. 전도 대상자의 사회적, 문화적, 영적 눈높이를 맞추어서, 그들의 필요를 간파하고, 복음의 접촉점으로 삼는 것이 중요하다. 어떤 분은 '관심'을 필요로 하는 분이 있는 반면, 어떤 분은 '성경공부'가 필요한 분이 있고, 어떤 분은 '기독교에 대한 부정적인 사람들'도 있고… 여러 부류의 사람들이 이다. 그래서 맞춤형으로 접근해야 효과적이다.

그런데 이건 정해진 룰이 있는 게 아니라, 그때마다 다르게 변화하는 상대방의 움직임에 민감해야 하고, 영적 통찰력을 가지고, 성령의 인도하심을 받아야 가능하다. 현장에서의 오랜 경험과 훈련 등이 함께 어우러져 접촉점을 찾아야 한다. 지속적인 전도를 통해서 훈련을 통해서 접촉점을 잘 찾는다면 전도할 때 참 유용하게 쓰일 것이다. 어쩌면 전도에서 가장 어려운 일이 접촉점을 찾는 일일 것이다. 이것만 찾으면 대화하면서, 점차 마음의 문을 열고 복음을 전할 수 있을 것이다.

필자는 전도하면서 한 상가를 들렀는데, 1년 넘게 그 상가를 가면서 접촉점을 찾지 못해서 그냥 간단한 인사와 안부만 묻고 나왔었다. 그런데 어느 날 대화를 하다가 등산 간 얘기를 잠시 했는데, 이분이 눈을 크게 뜨면서 말하기 시작하는 것이다. 그러면서 그분이 우리나라뿐만 아니라 외국에 유명한 산까지 안 가본 곳이 없다며 자랑하셨다. 사진을 보여 주면서 얼마나 말씀을 잘하시는지 모른다. 그래서 그 후로 그분을 만날 땐, 항상 산 얘기를 한다. 그러면서 자연스레 복음을 전하고 있다.

우리는 전도하면서 수많은 사람들을 만난다. 성향도 다르고, 기질도 다르고… 접촉점을 찾는 게 쉽지 않다. 그렇다면 우리는 어떻게 접촉점을 찾을 수 있을까? 이건 전도자의 힘만으로 되는 게 아니라 전적으로 성령의 도우심이 필요하다. 예수님은 다양한 사람들을 만나면서 접촉점이 대상에 따라 각각 달랐다. 관원인 니고데모, 우물가의 여인, 부자 청년, 세리장 삭개오, 바리새인과 서기관들, 빌라도 총독 등, 복음 접촉점이 모두 달랐다. 이런 다양한 맞춤형 접촉점을 찾기 위해서는, 전도의 출발점이 매우 중요하다. 전도자가 아닌 전도 대상자에게서 전도의 출발점을 찾아야 한다. 흔히 유행하는 전도 방법을 가지고 전도를 해도 잘 안되는 이유가 여기에 있다. 전도왕들이 사용했던 방법들을 그대로 나에게 적용해서는 안 된다. 나와 그 전도왕들과는 다르기 때문이다. 그리고 교회, 지역 등 밭이 다르다. 이것을 인정하지 않고 그대로 방법을 가져오면 어색하고 오히려 실패의 방법이 될 수 있다.

접촉점은 전도자가 상대방을 얼마나 사랑하고 귀하게 여기느냐에 따라 결정된다. 전도 대상자를 깊게 사랑하며, 그를 위하여 오랫동안 기도해 보라. 기도하는 가운데 그에게 맞는 전도의 접촉점을 보여 달라고 기도하면, 하나님께서 지혜를 주실 것이다. 전도 대상자를 얼마나 사랑하고 귀하게 여기느냐가 중요하다.

전도하면서 왜 그렇게 두려워하는가

전도자는 그 사람이 있음으로 해서 주변이 변해야 된다. 나로 인해서 이 사람이 예수를 믿든지 아니면 나로 인해서 예수를 적당히 알던 사람들이 영적으로 깨어나야 한다. 그렇게 제대로 된 영적 영향력을 발휘하는 사람을 하나님이 "하늘의 별같이" 칭찬하시겠다는 것이다. 목사를 칭찬하시는 게 아니고 장로를 칭찬하시는 게 아니고 실제로 영적 영향력으로 사람을 변하게 한 사람을 하나님이 칭찬하시겠다고 했다. 하나님은 조직이나 건물이나 돈을 가지고 일하시는 것이 아니라 사람을 통해서 일하십니다. 망해 버린 나라 이스라엘에서도 다니엘 같은 사람 하나를 세워서 하늘의 별과 같이 빛나게 하셨다. 여러분도 그렇게 쓰임 받을 수 있다.

그래서 우리는 현재 있는 그 자리를 성실하게 지켜야 한다.

다니엘 12:13

너는 가서 마지막을 기다리라 이는 네가 평안히 쉬다가 끝날에는 네 몫을 누릴 것임이라

"너는 가서 마지막을 기다리라"는 뜻은 "마지막까지 너의 길을 성실하게 가라! 너의 임무를 끝까지 다하라! 네 수명이 다할 때까지! 하나님의 나팔 소리가 들릴 때까지! 네가 처한 현실에서 지금까지 하던 그대로 성실하게 살아가라는 것"이다. 그 길이 어렵고 힘든가?

63빌딩의 높은 빌딩에서 유리창 닦는 분들이 있는데 얼마나 무섭겠는가? 바람이 불면 건물 자체가 흔들리는데 무섭지 않냐고 물어봤더니 그분들이 땅만 내려다보지 않으면 안 무섭다고 한다. 그래서 그분들은 항상 하늘을 본다. 왜? 그러면 안 무섭다는 것이다. 땅은 거리감이 있어서 "멀다~!!"는 게 느껴지지만, 하늘은 멀다 가깝다 거리감이 없다. 그래서 하늘을 보면서 닦으니까 그 높은 데서도 공포가 없다는 것이다.

우리가 전도를 하면서도 왜 그렇게 걱정이 많고, 공포가 많고 두려움이 많은가? 땅을 너무 열심히 바라보기 때문이다. 하나님은 말씀하신다. 눈을 들어 하늘을 보라~ 예수를 보라고! 저 빛나는 천국을 사모하라고! 그 날은 축제 날이 될 것이다. 그 날을 바라보면서 복음 전해야 한다.

다니엘 12:9

그가 이르되 다니엘아 갈지어다

여기서 '갈지어다'를 한글 성경으로 보면 단순히 '가라'는 말처럼 들리는데, 이 말은 영어로 'Go your way' 곧 '네 길을 가라'는 의미입니다. 언젠가 다시 오실 주님을 고대하면서, 오늘 우리가 감당해야 할 삶의 길로 거침

없이 달려가라는 것입니다.

오늘이라는 현실 속에 열심히 우리에게 주어진 사명을 감당하라는 것
이다.

손가락 전도법(소리 내어 5번 읽기)

1. 천국

천국이 있습니다. 돈, 공로, 착한 일로 갈 수 있는 곳이 아닙니다. 천국은 하나님께서 선물로 주셨습니다.

2. 인간

모든 인간은 죄인입니다. 죄인은 천국에 갈 수 없습니다.

3. 하나님

하나님은 사랑의 하나님이시지만 의로우신 분이셔서 우리의 죄를 벌하실 수밖에 없으십니다.

4. 예수님

예수님은 인간이신 동시에 하나님이십니다.

죄가 없으신 분이시지만 우리를 구원하시기 위해서 십자가에서 죽으시고 부활하시고, 다시 오시겠다고 약속하셨습니다.

5. 믿음

우리가 구원받기 위해서는 오직 예수님만 믿어야 합니다.

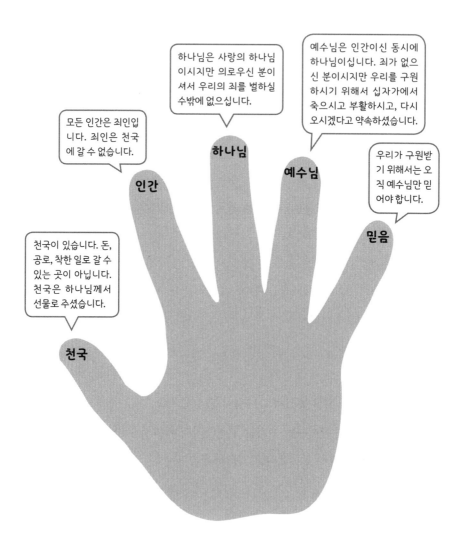

영접기도(소리 내어 5번 읽기)

예수님 저는 죄인입니다.

지금까지 저는 제 자신을 믿고 살아왔습니다.

저의 죄를 회개합니다.

예수님이 저의 죄 때문에 십자가에서 죽으시고, 부활하심으로 저의 모든 죄를 해결해 주심을 믿습니다.

지금 이 시간 마음의 문을 열고, 예수님을 나의 구주로 영접합니다.

이제부터 제가 하나님의 자녀로 살아가도록 인도해 주세요.

예수님 이름으로 기도드립니다. 아멘.

오늘의 미션

※ 전도에 대해 교회와 주변 환경이 다르고, 개인마다 상황이 다르기 때문에 그때그때 상황이 다르기에 훈련을 하면서 미션을 알려 드립니다.

전도 후 피드백

□ 함께 간 전도자는 누구누구인가?

□ 어느 장소에서 전도를 했는가?

□ 어떻게 전도를 시도했는가?

□ 결과 - 반응은 어떠했는가?

□ 전도하면서 느낀 점은?

첫 학교 전도 시작

몇 주 동안 학교 전도를 나가면서, 이런 방법, 저런 방법들을 동원해서 전도를 하다가, 어제 드디어 가장 좋은 장소, 가장 좋은 전도용품들을 선정해서, 학교 전도를 나갔습니다.

먼저는 그 장소가 오래된 슈퍼 옆이라서 슈퍼에서 파는 물건을 우리가 나눠 주면 슈퍼 사장님이 불편해할 수 있기에, 슈퍼에서 아이들이 좋아하는 초코빵을 구입하면서 전도하면서 나눠 주겠다고 양해를 구했습니다.

그랬더니 사장님은~ "여기서 하든지~ 저기서 하든지~ 마음껏 전도하세요~" 하며, 호의를 베풀어 주셨죠. 반응이 좋아서 사장님에게 저희 교회 소개를 하면서, 많은 대화를 나누었는데, 벌써 사장님과도 좋은 관계가 형성된 듯했습니다.

다시 전도 장소로 이동해서, 테이블을 설치하고, 배너 현수막도 설치하고, 미리 준비한 시원한 복숭아 아이스티까지 세팅했습니다. 아이들이 나올 시간이 되자~ 아이들이 몰리기 시작하는데~ 얼마나 많은 아이들이 좋아했는지 몰라요.

그런데 그때 처음 만난 아이에게 "너 몇 학년이니? 2학년이요~ 이름이 뭐니? 지훈이요~" "어? 나와 이름이 똑같네~ 성은 뭐니?" "이씨요~ 이지훈이에요~"

처음 만난 아이가 저와 이름이 똑같았습니다. 그 친구도 웃고, 저도 웃었습니다. 기념으로 사진도 함께 찍으며, 자연스럽게 연락처를 주고받았습니다. 그리고 몰려드는 아이들에게 복숭아 아이스티와 초코빵을 나눠 주면서, 이름을 묻고 얼굴을 익혀 갔습니다.

이제 첫 시작입니다. 전도는 좋은 밭을 만들어야, 뿌린 씨앗이 잘 자랄 수 있기에, 좋은 밭을 만들기 시작했습니다. 전도가 어렵다고만 말할 게 아니라, 밭을 점검해 봐야 합니다.

마가복음 4:20
좋은 땅에 뿌려졌다는 것은 곧 말씀을 듣고 받아 삼십 배나 육십 배나 백 배의 결실을 하는 자니라

말에도 순서가 있듯이 복음 전하는 것도 순서가 있습니다. 물론 성령께서 역사하시면 순서 같은 건 의미가 없겠지요. 우리 전도자는 아무리 짧은 대화라도 머릿속에 복음 전하는 기회를 잡아야 한다는 생각을 놓치면

안 됩니다. 이렇게 기도하면서 전도를 시작해 보십시오. 하나님은 순종하는 그 자리에서, 지금도 역사하고 계십니다.

◆ 나의 전도일기

<table>
<tr><td>□ 날 짜 :</td><td>□ 이름 :</td></tr>
<tr><td>□ 동행자 :</td><td>□ 장소 :</td></tr>
</table>

전도자코칭 03　　　　년　　　월　　　일

전도팀 코칭 03

전도자 코칭 노트 워크북
Evangelist coaching note work book

온 세상 위하여
Christt for the Wide World

H. B. Allen /
B. B. McKinney

〈찬양 후 중보기도〉

1. 주님! 제가 이제 복음을 위해 살기로 결단했는데, 벌써부터 영적 공격이 옵니다. 사람들 만나는 것이 두렵고, 이렇게 해서 될까? 라는 부정적인 생각도 들고, 전도를 내려놓고 싶을 정도로 힘들고, 어렵습니다. 그러나 주님! 살아도 주를 위해 살고 죽어도 주를 위해 죽기로 결단하였사오니, 이 마음 이 결단이 변하지 않도록 도와주십시오.

2. 옆에 있는 집사님, 권사님에게도 중간에 포기하지 않고 끝까지 함께 훈련받고 전도할 수 있도록 우리의 마음을 붙들어 주옵소서. (옆 사람 손을 잡고 기도)

성령이여 임하소서

설경욱

〈찬양 후 중보기도〉

3. 하나님! 아직도 이 □□ 지역에 예수님을 듣지도 알지도 못하는 사람들이 있습니다. 저희 교회를 통하여 이 지역에 모든 사람들이 예수님 믿게 하여주시고, 이 지역이 우리 교회로 인하여 복음의 역사가 다시금 일어나게 하여 주옵소서.

1) 세 분 이상씩 찾아가서 허깅 하시면서 축복해 주세요.

2) "당신은 위대한 전도자입니다"

3) ※ 남자는 남자끼리, 여자는 여자끼리 또는 남자/여자는 악수하며 축
복하겠습니다.

하나님께서 당신을 통해

김영범

하나님께서 당신을통해 메마른땅에 샘물 나게하시 기를

가난한영혼 목마른영혼 당신을통해 주사 랑알기 원 하네

전도는 설득이 아니라 관계

'설득'이란 무엇일까? 사전에서 찾아보면 "상대편이 이쪽 편의 이야기를 따르도록 여러 가지로 깨우쳐 말함"이라고 정의되어 있다. 정의에 따르면 설득이란 뭔가를 '말하는' 행위이다. 그래서일까? 설득이란 단어를 생각하면 강력한 어조로 호소하는 장면이 먼저 떠오른다. 스스로에게 물어보라. 전도를 하면서 누군가를 설득하려고 여러 가지 방법을 고민하지 않는가? 보편적으로 "예수 믿으면 복받습니다" "예수 믿으면 다 잘됩니다" 복음을 전하기보다는 사람들이 듣기 좋아하는 '복'만을 강조해서 오해를 사는 경우도 종종 있다.

그러나 실제 사람을 설득하는 일은 꼭 '말하기'가 아니다. 내 생각을 표현하는 일이 아니고, 상대방을 변하게 하는 행동이다. 설득은 내가 아니라 상대방을 위한 행위이다. 얼마나 논리적으로 말을 하느냐는 중요하지 않다.

아리스토텔레스는 설득과 관련해서 이렇게 정의했다.

"마음에 호소하는 것은 머리에 호소하는 것보다 강하다. 머리에 호소하면 사람들이 고개를 끄덕이게 할 수 있지만, 마음에 호소하면 사람들을 당장 움직일 수 있게 만든다"

머리가 아니라 마음에 호소하라는 말이다.

KFC 창립자 커넬 샌더스(harland David Sanders)도 비슷한 말을 남겼다.

"사람을 이해시키는 건 논리지만 결국 움직이게 만드는 건 감정과 이해관계다"

아리스토텔레스의 말과 같은 뜻이다. 이해하는 데 그치지 않고 행동하게 만들려면 감정이 있어야 한다.

하버드 정신의학부 교수인 다니엘 샤피로(Daniel Shapiro) 역시 '감정'에 초점을 둔다. 《원하는 것이 있다면 감정을 흔들어라》에서 그는 "긍정적 감정을 자극하라"고 얘기하며, 더불어 상대와 좋은 관계가 필수임을 강조한다.

설득은 논리가 아니라 감정이다. 마음을 움직이게 하고 행동하도록 하는 힘은 바로 감정에 있다. 여기서 또 한 가지 주목할 일이 있다. 마음을 움직이게 하는 행동은 서로 만났을 때 이루어진다는 사실이다. 얼굴을 봐야 하고 감정도 자극할 수 있다. 즉, 직접 만나야 한다.

그런데 한국 사회는 좀 다르다. 만남과 다르게 별도로 마음에 영향을 줄 수도 있다. 즉 사전에 이미 형성된 연줄과 관계에 따라 호감이 생길 수 있다는 뜻이다. 사회적 관계가 첫인상까지도 좌우한다는 것이다. 설득은 감정을 움직이는 일이다. 그리고 한국인의 감정은 '관계'에 의해 이미 만들어지기도 하다.

전도를 하면서 어떤 분식점에 들어갔는데 오랫동안 전도를 통해 좋은 관계가 형성되어 있었다. 그분은 교회를 못 오신다고 하셨지만 이 지역으로 동생이 이사 와서 교회를 찾고 있다며 나를 소개를 해 주었다. 이미 나와 저희 교회에 대해서 많은 얘기를 들었기에 동생 분을 만났을 때 자연스럽게 좋은 관계가 형성되어 있었다. 한국 사람들에게 전도할 때는 '관계'라는 큰 틀에서 출발해야 한다.

나는 오래전에 보험을 몇 개 들어놨었는데 이번에 몇 개를 정리하고 다른 보험을 들게 되었다. 물론 어느 정도의 손해를 감수하고 옮겼다. 해약을 할 때 상담사 직원이 "손해가 많을 텐데 신중하게 생각하고 결정해야 되지 않겠습니까?" 물었을 때 나는 아쉬움 없이 보험을 정리할 수 있었다. 그 이유는 그동안 나의 형편을 알고 많은 것을 지지해 주고, 도와주신 분을 위해선 그깟 손해는 하나도 아깝지 않았기 때문이다.

모든 일의 뒤에는 '관계'가 있다. 아무리 전도를 열심히 해도 결국 성령 하나님께서 역사하셔야 되는 것이고 내 입장에서 할 일은 전도 대상자와 좋은 '관계'를 형성해 놓는 것이다. 상담은 누구에게나 할 수 있지만 가입은 친한 사람을 찾는 것이 한국인의 보편적인 정서이다. 능력이 있고 없고는 이차적인 문제이다. 유능함도 좋지만 관계가 더 중요한 요소로 작용한다. 능력도 있어야 하지만 좋은 관계를 만드는 노력이 더 소중한 이유이다. 전도를 하기 위해서는 먼저 그들과 좋은 친구가 되어 주어라. 좋은 관계를 통해 복음 전할 수 있는 기회들이 만들어질 것이다.

관계 맺기의 출발
– 만남

좋은 관계를 맺기 위해 꼭 필요한 일이 무엇일까? 관심, 경청, 공감, 소통, 배려, 미소, 칭찬 등 여러 가지가 떠오르지만, 가장 중요한 요소를 한 가지 고르라면 '만남'이라고 할 수 있다.

처음 대면할 때 따뜻한 '미소'와 가벼운 '칭찬' 한마디는 상대방을 기분 좋게 한다. 사소해 보이지만 작은 행동 하나가 상대방에게 '배려'를 느끼게 한다. 지극히 개인적인 얘기를 늘어놓는데, '경청'하며 '공감'의 눈빛을 보낼 때 상대방 마음은 훈훈해진다. 좋은 일이다. 이 모든 행동이 관계를 증진시키는 데 도움을 준다.

여기서 주목할 점은 이런 행동들이 '만남' 속에서 이루어진다는 사실이다. 일단 만나야 미소라도 짓고, 상대방 장점을 칭찬할 수도 있다. 경청과 공감도 면전에 있을 때 가능하다. 따라서 사람을 만나는 일이 가장 중요하다. 세상 모든 관계는 '만남'에서 시작한다.

그런데 이 '만남'은 사실 쉽지가 않다. 현대인들은 누구나 바쁘다. 많은 일들이 있고, 그 바쁜 생활 속에서 시간을 내서 누군가를 만나기란 쉽지가 않다. 그래서 대안을 제시하는 것은 SNS를 통한 소통이다.

각종 온라인 매체를 이용하면 손쉽게 소통이 가능하다. 오프라인에서 보지 않아도 된다. 만나지 않아도 연락이 되니 편리해졌다. 그러나 친해지고 싶은 사람과는 자주 만나야 한다. 그것이 최선이다. 반복해서 만나면 호감을 얻을 수 있다.

오스트레일리아의 소설가 브라이스 코트니(Bryce Courtenay)는 이런 말을 남겼다. "작가로 성공하려면 '무거운 엉덩이를 가지라'" 차분히 앉아서 쓰는 일에 시간을 투자해야 글 쓰는 직업에서는 성공할 수 있다는 말이다. 이 말을 빗대어 나는 이렇게 말하고 싶다. 전도에서 성공하려면 '가벼운 발'을 가져야 한다고 말이다. 가볍게 다니며 많은 사람을 만날 수 있어야 한다.

전도자는 사람을 만나는 일에 주저함이 없어야 한다. 책상에 앉아 있기보다는 거리로 나가 누군가를 만나야 한다. 사람에게 시간을 투자해야 한다. 전도의 성공은 '가벼운 발'에서 시작한다.

사람을 만나는 일, 그것이 전도의 출발이다. 잦은 만남, 지속적인 만남이 바탕이 되어 있어야 한다. 밖으로 나가 사람을 만나는 것, 이것이 전도자가 기억해야 할 첫 번째 출발이다.

관계를 형성하고 싶으면 그냥 만나시기 바란다. 자주 연락하고 종종 찾아가라. 만남이 모든 관계의 출발점이다. 빈번하게 만나면 정도 쌓이고 친해진다. 시간이 지나면 복음도 자연스럽게 꺼낼 수 있다.

관계는 '가벼운 발'에서 시작한다. 친해지고 싶다면 먼저 다가서야 한다. 상대방이 당신을 좋아하기 바란다면 가서 만나라. 편하게! 자주!

복음이란 무엇인가?

천국에 대한 복음

마태복음 4:17

이때부터 예수께서 비로소 전파하여 이르시되 회개하라 천국이 가까이 왔느니라 하시더라

사도행전 1:3

그가 고난 받으신 후에 또한 그들에게 확실한 많은 증거로 친히 살아 계심을 나타내사 사십 일 동안 그들에게 보이시며 하나님 나라의 일을 말씀하시니라

하나님의 복음

요한복음 3:16

하나님이 세상을 이처럼 사랑하사 독생자를 주셨으니 이는 그를 믿는 자마다 멸망하지 않고 영생을 얻게 하려 하심이라

로마서 5:8

우리가 아직 죄인 되었을 때에 그리스도께서 우리를 위하여 죽으심으로 하나님께서 우리에 대한 자기의 사랑을 확증하셨느니라

예수 그리스도의 복음

사도행전 3:6

베드로가 이르되 은과 금은 내게 없거니와 내게 있는 이것을 네게 주노니 나사렛 예수 그리스도의 이름으로 일어나 걸으라 하고

요한복음 14:6

예수께서 이르시되 내가 곧 길이요 진리요 생명이니 나로 말미암지 않고는 아버지께로 올 자가 없느니라

모든 인간을 위한 복음

로마서 3:23

모든 사람이 죄를 범하였으매 하나님의 영광에 이르지 못하더니

히브리서 9:27

한번 죽는 것은 사람에게 정해진 것이요 그 후에는 심판이 있으리니

개인적으로 적용되어야 할 복음

요한복음 1:12

영접하는 자 곧 그 이름을 믿는 자들에게는 하나님의 자녀가 되는 권세를 주셨

으니

손가락 전도법(소리 내어 5번 읽기)

1. 천국

천국이 있습니다. 돈, 공로, 착한 일로 갈 수 있는 곳이 아닙니다. 천국은 하나님께서 선물로 주셨습니다.

2. 인간

모든 인간은 죄인입니다. 죄인은 천국에 갈 수 없습니다.

3. 하나님

하나님은 사랑의 하나님이시지만 의로우신 분이셔서 우리의 죄를 벌하실 수밖에 없으십니다.

4. 예수님

예수님은 인간이신 동시에 하나님이십니다.

죄가 없으신 분이시지만 우리를 구원하시기 위해서 십자가에서 죽으시고 부활하시고, 다시 오시겠다고 약속하셨습니다.

5. 믿음

우리가 구원받기 위해서는 오직 예수님만 믿어야 합니다.

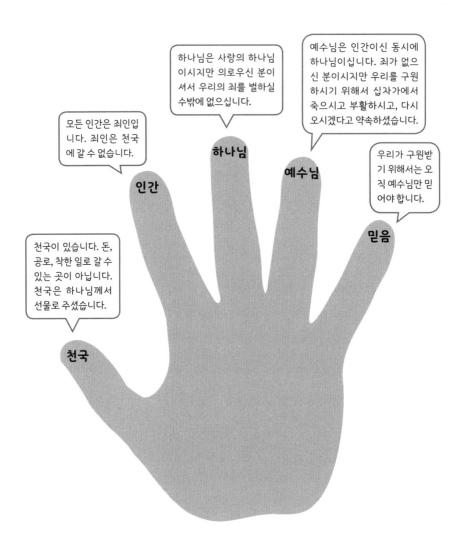

영접기도(소리 내어 5번 읽기)

예수님 저는 죄인입니다.

지금까지 저는 제 자신을 믿고 살아왔습니다.

저의 죄를 회개합니다.

예수님이 저의 죄 때문에 십자가에서 죽으시고, 부활하심으로 저의 모든 죄를 해결해 주심을 믿습니다.

지금 이 시간 마음의 문을 열고, 예수님을 나의 구주로 영접합니다.

이제부터 제가 하나님의 자녀로 살아가도록 인도해 주세요.

예수님 이름으로 기도드립니다. 아멘.

오늘의 미션

※ 전도에 대해 교회와 주변 환경이 다르고, 개인마다 상황이 다르기 때문에 그때그때 상황이 다르기에 훈련을 하면서 미션을 알려 드립니다.

전도 후 피드백

□ 함께 간 전도자는 누구누구인가?

□ 어느 장소에서 전도를 했는가?

□ 어떻게 전도를 시도했는가?

□ 결과 - 반응은 어떠했는가?

□ 전도하면서 느낀 점은?

정곡을 찌르는 말 한마디

매주 목요일 오후에는 다른 개척교회에 가서 함께 전도에 대한 이야기를 나누고 전도합니다. 그런데 한참 열심히 전도하다가 60대로 보이는 어르신을 만났는데 이렇게 말씀하셨습니다. "교회 안에서는 착한 척하면서, 밖에서는 못됐게 구는 사람들이 싫다"고 말이죠.

정말 제 자신을 돌아보게 하는 말이었습니다. 그러면서 전도용품도 받지 않고, 대화 자체를 하지 않으려고 했습니다. 복음의 능력이 없어서가 아니라 복음을 전하는 자의 삶이 얼마나 중요한지를 깨닫게 하는 장면입니다.

그래서 복음을 전하기 전, 좋은 밭을 만들고 좋은 관계를 형성하고 예수 그리스도의 사랑을 이웃들에게 먼저 흘려보내야 합니다. 다시 그분에게 왜 그렇게 생각하는지를 물어보았는데 저를 위아래로 쳐다보더니 "이 아저씨는 좀 착한 것 같네~" 하면서 마음을 여셨습니다.

이렇게 한 주 한 주 매주 전도하다 보니, 어느새 그분과 더 가까워지는 게 느껴집니다. 역시 매주 꾸준하게 전도하는 게 참 중요합니다. 여러분! 전도, 생각보다 어렵지 않습니다. 영혼을 사랑하는 마음으로 먼저 다가서면 반드시 성령께서 역사하십니다. 뜨거운 땡볕, 가장 뜨거운 시간에 전도를 나갔지만 시원한 생수로 전도하니 모두 좋아하셨습니다. 그들에게 반가운 생수처럼 정말 필요한 것이 바로 복음이기 때문에 오늘도 전도를 쉬지 않습니다.

요한복음 4:11-12

예수께서 대답하여 이르시되, 이 물을 마시는 자마다, 다시 목마르려니와, 내가 주는 물을 마시는 자는 영원히 목마르지 아니하리니, 내가 주는 물은 그 속에서 영생하도록 솟아나는 샘물이 되리라

아멘, 그렇습니다. 예수님은 여인에게 친절히 설명해 주십니다. 충고하거나 설교하지 않으셨습니다. 예수님은 사람들을 대하실 때 항상 사랑과 겸손으로 접근하셨습니다. 그리고 예수님은 더욱 따뜻하게 사마리아 여인을 대하셨습니다. 여인이 생각하는 생수는 물이었지만, 예수님은 구원을 말씀하신 것입니다. 사람들은 갈증에 목말라 생수를 받지만, 우리는 생수를 주면서 생명 되신 예수님을 전합니다. 바로 예수님만이 우리 영혼의 갈망을 해결할 유일한 구원자이시기 때문입니다.

◆ 나의 전도일기

전도팀 코칭 04

전도자 코칭 노트 워크북
Evangelist coaching note work book

오직 주의 사랑에 매여

고형원

〈찬양 후 중보기도〉

1. 주님! 주께서 주신 큰 사랑을 받았으면서도 복음전도에 소홀했던 저
   희를 용서해 주옵소서. 오늘도 담대히 복음을 전할 수 있도록 저에게
   주의 능력을 주시옵소서.

2. 옆에 계신 집사님, 권사님도 지치지 않도록 마음을 강하게 붙들어 주
   시고, 성령의 능력을 부어주시사 능력전도자가 되게 하여 주옵소서.
   (옆 사람 손을 잡고 기도)

익은 곡식 거둘 자가

Here am I, Send Me

L. N. Morris

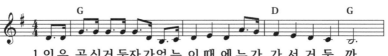

1.익은 곡식거둘자가없는 이 때 에 누가 가 서 거둘 까
2.주가 두루다니시며일꾼 부르 나따르 는 자 적 도 다
3.주가 나를부르시니언제 어디 나기뻐 가 서 일하 리

내가 어찌게 으르게앉아 있을까 어서 가 자 밭 으 로
보라 주의사랑하는익은 곡식을 어서 거 두 러 가 자
주가 명령내리실때능력 받아 서기뻐 거 두 리 로 다

보내 주 소 서 보내 주 소 서

제단 숯불내입술에대니 어찌주저할까주여 나를보내주소 서

〈찬양 후 중보기도〉

3. 하나님! 저희 교회가 복음을 위해 앞장서는 교회가 되고, 십자가 복음만을 증거하는 교회가 되며, 그 일을 위해 우리 교회 중직자들도 깨어나고, 전 성도가 십자가의 복음을 증거하는 교회가 되게 하소서. 주여! 우리 교회를 사용하소서!

동역자 축복과 믿음의 선포

1) 세 분 이상씩 찾아가서 허깅 하시면서 축복해 주세요.

2) "당신은 위대한 전도자입니다"

3) ※ 남자는 남자끼리, 여자는 여자끼리 또는 남자/여자는 악수하며 축복하겠습니다.

하나님께서 당신을 통해

김영범

하나님께서 당신을통해 메마른땅에 샘물 나게하시 기를

가난한영혼 목마른영혼 당신을통해 주사 랑알기 원 하네

전도와 함께 준비되어야 하는 것
– keeping power

전도만큼 중요한 것은 기도이고 성령의 역사이다. 자, 그렇다면 그다음에 무엇을 준비해야 할까? 우리는 전도에만 너무 치중한 나머지 그저 전도 대상자가 교회에 한 번이라도 오기만을 바라고 기대한다. 그렇게 전도해서 전도 대상자가 교회에 나왔다고 가정하자. 그런데 정작 교회에서는 그 새신자를 맞이할 준비가 하나도 되어 있지 않다면 이 새신자가 교회 와서 받는 느낌은 어떨까? 다음 주에도 나올까? 아니면 나오지 않을까?

전도만큼 중요한 것이 그릇이다. 그것을 다른 말로 머무르게 하는 힘 (keeping power)이라고 할 수 있다. 어른 한 분이 교회 처음 오셨는데, 30분을 머물 수 있게 하는 힘, 여러분의 교회는 무엇을 준비하고 있는가? 청년 또는 청소년, 유초등부 아이들이 교회에 초대되어 왔는데, 30분을 편안하게 머물 수 있게 만드는 그릇이 준비되어 있는가?

누가복음에 보면 마리아와 마르다 이야기가 나온다. 마르다는 음식 준비에 바빠서 예수님에 대한 관심을 가지지 못했다. 가장 중요한 것을 놓친 것이다. 이러한 일은 오늘날 많은 교회에서도 똑같이 일어나고 있다. 교회에 가니 전도한 사람은 교회 일로 바쁘고, 새신자는 혼자 우두커니 앉아 있다가 어색해서 조용히 빠져나간다. 새신자를 정착시키기 위해서는 무엇보다 그들에게 많은 관심을 갖고 교회에서 그들을 맞이하고 정착할 수 있도록 초점을 맞춰야 한다.

우리 교회에서 새신자들이 예배와 기도를 드리는 데 방해하는 요소는 무엇일까? 새신자들이 소외감을 느끼는 이유가 무엇일까? 기존 성도들이 너무 바쁘고 여유가 없으면 새신자는 정착하기 어렵다. 사랑과 우정을 함께 쌓을 수 있는 시간들이 절대적으로 필요하다.

플레빌 이클레이 교수에 의하면 교회성장과 전도는 교회의 '머무르게 하는 힘(keeping power)'에 달려 있다고 한다. 머무르게 하는 힘은 바로 우정과 친절이다. 그 교회에 정착하는 새신자들의 대부분은 회심 전에 이미 6명 이상의 신자를 친구로 가지고 있다. 주님을 영접했는데도 교회에 정착하지 못하는 새신자들은 대체로 친구가 거의 없거나 한두 명에 불과하다는 것이다. 새신자를 아웃사이더(소외자)가 아닌 인사이더(소속자)로 받아들이는 실제적 지침에는 다음과 같은 것이 있다.

① 자신들끼리만 아는 농담이나 은어를 피하라.
② 손님이나 늦는 사람을 위해 여유 있는 좌석을 준비하라.
③ 그룹을 나눌 때 친한 사람들끼리만 모이게 하지 말고 인위적으로 섞어서 나누라.

④ 소그룹이 시리즈 성경공부를 할 때는 항상 이전 것을 간단하게 복습하는 시간을 가지라.

⑤ 그룹의 일부분에게만 해당하는 계획이나 행사를 피하라.

⑥ 본인들의 의사와 관계없이 기도를 시키거나 성경을 읽게 하지 말라.

⑦ 새신자들의 필요를 채우는 토론을 전개하라.

⑧ 30~40명 되는 너무 큰 그룹에 소속시키지 말라.

⑨ 다양한 소그룹을 만들어서 취미가 같은 그룹으로 만들라.

계속하는 기술을 발휘하면
큰 성과를 낳는다

일찍 일어나기, 저축하기, 다이어트 등 계속하면 크게 도움이 된다는 것을 알면서도 오래 지속하기가 어렵다는 사람이 의외로 많다. 카톨릭 신자이지만 계속 전도를 하니까 마음이 열리고 감사헌금도 하시고 기도 부탁까지 하셨다. 그만큼 계속하는 게 참 중요하다. 그럼 어떻게 하면 계속하는 습관을 가질 수 있을까? 그러기 위해서는 습관을 가져야 한다. 필자 교회의 집사님이 부산 정관에서 유도관을 운영하시는데 지난주에 나에게 이런 말을 했다. "목사님~ 이 기술은 머리로 알아서는 안 되고 몸이 기억하고 반응해야 합니다. 그러기 위해서는 반복하는 훈련밖에 없습니다. 계속하면서 기술을 익히고, 그 습관이 몸에 익혀야 합니다" 어떤 일을 계속해서 습관으로 만드는 과정에는 정해진 단계가 있다. 3가지 단계인데 ① 결심하고 시작한다 ② 시련을 극복한다 ③ 매너리즘을 타파한다.

전도를 계속해서 습관을 만들기 위한 **첫 번째 단계는 결심하고 시작**하는 것인데. 사실 처음 시작하는 것이 가장 어렵다. 예를 들어 다이어트라면 "좀 더 멋진 몸매를 갖고 싶다"라는 목표도 좋고 "건강해져야겠다"는 목표도 좋다. 중요한 것은 충분히 내가 매력을 느낄 수 있어야 한다는 것이다. 이처럼 전도에 대한 목표는 "열매보다는 전파하는 게 중요하다" "하나님 앞에 섰을 때 그래도 전도하다 왔다고 말씀드려야지" 등 어떤 것이든 목표를 세우고 시작하는 것이다. 그리고 계속 전도하다 보면 생기는 그런 열매들을 떠올려 보면서 구체적인 목표를 정하면 된다. 외적인 동기는 일회성에 지나지 않을 때가 있다. 그러나 내적인 동기는 오래 지속된다. 아이들에게 공부 열심히 하면 핸드폰 바꿔 줄게, 시험성적 오르면 컴퓨터 사줄게 등 외적인 동기는 오래가지 못하지만, 내적인 동기는 하나님 앞에서 우리가 감당해야 할 사명, 하나님의 사랑에 초점을 맞추는 것이다.

두 번째는 첫 번째 시련을 극복한다.

무사히 시작했다면 머지않아 찾아오는 것이 '첫 번째 시련'이다. 다이어트라면 처음 며칠간은 밥을 굶어야 하고, 운동을 해야 하는 노력을 하는데, 어느 순간 유혹이 찾아온다. 그래서 다이어트는 내일부터, 맛있게 먹으면 0칼로리, 오늘만 운동 쉬자 등의 유혹이 많다. 그래서 중요한 건 반드시 이런 시련이 있다는 것을 기억하고 극복해야 한다. 마찬가지로 전도에 있어서도 오늘만 쉬자, 피곤하니까 쉬자, 추우니까 쉬자 등 시련들이 있다. 이것을 극복해야 전도를 계속할 수 있다.

자, 이 시련을 무사히 극복했다면, 한동안은 평탄하겠지만 얼마 안 있어 "싫증"이 찾아온다. **세 번째가 매너리즘이다.** 처음에는 의욕이 넘쳐서 다이어트를 시작하지만, 별로 변화가 느껴지지 않으니까 싫증이 찾아온다. 전도도 마찬가지다. 변화가 눈에 보이지 않고 열매가 없으니까 싫증이 나는 것이다. 그래서 마지막 세 번째로 극복해야 할 대상은 이런 매너리즘, 싫증을 극복해야 한다. 여기서 발목 잡히지 않는다면 습관 만들기의 성공은 바로 눈앞에 있는 것이다.

전도자의 사명

마태복음 28:18-20

18. 예수께서 나아와 말씀하여 이르시되 하늘과 땅의 모든 권세를 내게 주셨으니

19. 그러므로 너희는 가서 모든 민족을 제자로 삼아 아버지와 아들과 성령의 이름으로 세례를 베풀고

20. 내가 너희에게 분부한 모든 것을 가르쳐 지키게 하라 볼지어다 내가 세상 끝날까지 너희와 항상 함께 있으리라 하시니라

마가복음 16:15-16

15. 또 이르시되 너희는 온 천하에 다니며 만민에게 복음을 전파하라

16. 믿고 세례를 받는 사람은 구원을 얻을 것이요 믿지 않는 사람은 정죄를 받으리라

마가복음 1:38-39

38. 이르시되 우리가 다른 가까운 마을들로 가자 거기서도 전도하리니 내가 이를 위하여 왔노라 하시고

39. 이에 온 갈릴리에 다니시며 그들의 여러 회당에서 전도하시고 또 귀신들을 내쫓으시더라

사도행전 1:8

오직 성령이 너희에게 임하시면 너희가 권능을 받고 예루살렘과 온 유대와 사마리아와 땅 끝까지 이르러 내 증인이 되리라 하시니라

사도행전 20:23-24

23. 오직 성령이 각 성에서 내게 증언하여 결박과 환난이 나를 기다린다 하시나
24. 내가 달려갈 길과 주 예수께 받은 사명 곧 하나님의 은혜의 복음을 증언하는 일을 마치려 함에는 나의 생명조차 조금도 귀한 것으로 여기지 아니하노라

예레미야 20:9

내가 다시는 여호와를 선포하지 아니하며 그의 이름으로 말하지 아니하리라 하면 나의 마음이 불붙는 것 같아서 골수에 사무치니 답답하여 견딜 수 없나이다

로마서 1:16-17

16. 내가 복음을 부끄러워하지 아니하노니 이 복음은 모든 믿는 자에게 구원을 주시는 하나님의 능력이 됨이라 먼저는 유대인에게요 그리고 헬라인에게로다
17. 복음에는 하나님의 의가 나타나서 믿음으로 믿음에 이르게 하나니 기록된 바 오직 의인은 믿음으로 말미암아 살리라 함과 같으니라

디모데후서 4:2-5

2. 너는 말씀을 전파하라 때를 얻든지 못 얻든지 항상 힘쓰라 범사에 오래 참음과 가르침으로 경책하며 경계하며 권하라

3. 때가 이르리니 사람이 바른 교훈을 받지 아니하며 귀가 가려워서 자기의 사욕을 따를 스승을 많이 두고

4. 또 그 귀를 진리에서 돌이켜 허탄한 이야기를 따르리라

5. 그러나 너는 모든 일에 신중하여 고난을 받으며 전도자의 일을 하며 네 직무를 다하라

로마서 10:14-15

14. 그런즉 그들이 믿지 아니하는 이를 어찌 부르리요 듣지도 못한 이를 어찌 믿으리요 전파하는 자가 없이 어찌 들으리요

15. 보내심을 받지 아니하였으면 어찌 전파하리요 기록된 바 아름답도다 좋은 소식을 전하는 자들의 발이여 함과 같으니라

손가락 전도법(소리 내어 5번 읽기)

1. 천국

천국이 있습니다. 돈, 공로, 착한 일로 갈 수 있는 곳이 아닙니다. 천국은 하나님께서 선물로 주셨습니다.

2. 인간

모든 인간은 죄인입니다. 죄인은 천국에 갈 수 없습니다.

3. 하나님

하나님은 사랑의 하나님이시지만 의로우신 분이셔서 우리의 죄를 벌하실 수밖에 없으십니다.

4. 예수님

예수님은 인간이신 동시에 하나님이십니다.

죄가 없으신 분이시지만 우리를 구원하시기 위해서 십자가에서 죽으시고 부활하시고, 다시 오시겠다고 약속하셨습니다.

5. 믿음

우리가 구원받기 위해서는 오직 예수님만 믿어야 합니다.

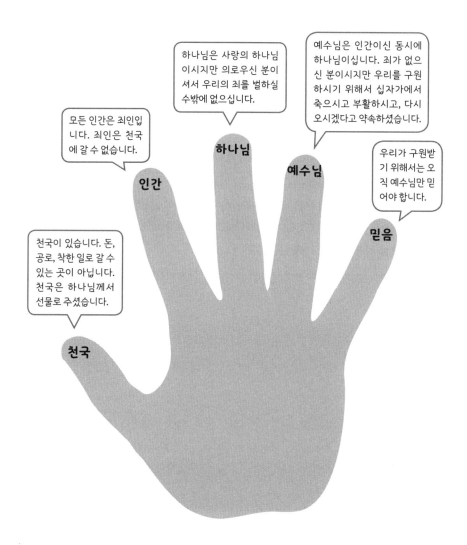

영접기도(소리 내어 5번 읽기)

예수님 저는 죄인입니다.

지금까지 저는 제 자신을 믿고 살아왔습니다.

저의 죄를 회개합니다.

예수님이 저의 죄 때문에 십자가에서 죽으시고, 부활하심으로 저의 모든 죄를 해결해 주심을 믿습니다.

지금 이 시간 마음의 문을 열고, 예수님을 나의 구주로 영접합니다.

이제부터 제가 하나님의 자녀로 살아가도록 인도해 주세요.

예수님 이름으로 기도드립니다. 아멘.

오늘의 미션

※ 전도에 대해 교회와 주변 환경이 다르고, 개인마다 상황이 다르기 때문에 그때그때 상황이 다르기에 훈련을 하면서 미션을 알려 드립니다.

전도 후 피드백

□ 함께 간 전도자는 누구누구인가?

□ 어느 장소에서 전도를 했는가?

□ 어떻게 전도를 시도했는가?

□ 결과 - 반응은 어떠했는가?

□ 전도하면서 느낀 점은?

뜨거운 날씨에도 복음입니다

오늘 너무 날씨가 뜨거웠습니다. 제 얼굴도 함께 전도 나간 집사님도, 얼굴이 빨갛게 달아올랐습니다. 온몸은 땀범벅이 되었고 점점 몸에 힘은 빠져갔습니다. 그런데도 뭐가 그리도 좋은지 밝게 웃으며 예수님을 전했습니다. 만나는 분들마다, "목사님~ 이런 날은 좀 쉬세요~"라고 말하면서도 반갑게 맞이해 주십니다.

4년을 넘게 늘 한결같이 같은 요일, 같은 시간에 한 주도 빠지지 않고 전도를 하다 보니 그 시간에 저희를 기다리고 계신 분들이 계십니다. 오늘도 그분들에게 복음을 전하고 기도해 드리고, 상담도 해 드렸습니다.

또 어떤 분은 "목사님~ 저 가게에 현수막을 목사님이 만들어 주셨다면서요? 저희도 부탁드려도 될까요?" 조심스레 부탁하셨습니다. "그럼요~ 제가 해드릴게요" 그리고는 연락처를 주고받으면서 아주 좋은 관계가 형성되었습니다.

그분은 "목사님께 뭘 해드려야 하나?"라고 했지만, 저는 그 기회를 놓치지 않고 "사장님~ 나중에 시간되실 때, 저희 교회 한 번 오세요~" 하면서, "이왕이면 예수님을 믿으면 더 좋습니다~"라고 말씀드렸습니다. 그러자 기분 좋게~ "네~ 목사님"이라고 대답하셨죠. 이처럼 전도 대상자들의 필요를 채워 주면서 복음을 전했습니다.

이 시장에 옷가게 하시는 사장님이 지난주에 드디어 저희 교회 오셨는데 바로 등록하셨습니다. 뜨거운 날씨에도 변함없이 전도를 하니 하나님의 때에 결국 열매가 맺혔습니다. 오늘 전도 가서 그 사장님께 지난 주일 교회 와서 예배드렸는데 어땠는지 여쭈어보니 너무 좋았다고 합니다. 참 감사했습니다.

오늘 정말 날이 너무 뜨거웠습니다. 그런데도 기다리고 있는 영혼을 만나서 복음을 전하니, 날씨는 별로 중요하지 않았습니다. 여전히 행복했습니다. 그래서 또 전도합니다.

고린도전서 9:16
내가 복음을 전할지라도 자랑할 것이 없음은 내가 부득불 할 일임이라 만일 복음을 전하지 아니하면 내게 화가 있을 것이로다

아멘, 그렇습니다. 사도 바울은 여기서 복음 전도를 "부득불 할 일"이라고 고백합니다. 즉, 사도바울은 전도를 피해 갈 수 없는 거룩한 의무로 인식하고 있습니다. 왜 그럴까요? 나 한 사람의 구원으로 머물러야 할 사건

이 아니었기 때문입니다. 구원받은 나를 통해 또 다른 사람이 복음을 듣고 구원받는 것! 그것이 바로 하나님의 기대였기 때문입니다.

◆ 나의 전도일기

□ 날 짜 :	□ 이름 :
□ 동행자 :	□ 장소 :

전도자코칭 05

년　　월　　일

전도팀 코칭 05

전도자 코칭 노트 워크북
Evangelist coaching note work book

아무 것도 두려워 말라

현석주

아무 - 것 도 두려워 - 말라   주 나의하나님이 지켜주시네 -

놀라지마라 -   겁내지마라 -   주님나를 지켜주시네 -

내 맘이힘에겨워 지칠지라 도   주님나를 지켜주시 네

세 상의험한풍파 몰아칠때도   주님나를 지켜주시 네   -

주 님은 나의 산 성   주 님은 나의 요 새

주 님은 나의 소 망   나의힘이 되신여호 와

〈찬양 후 중보기도〉

1. 주님! 복음 전하는 것은 담대한 선포인데, 부족한 제 자신이 자꾸 보여 복음전할 때 두려움이 있습니다. 이 두려움을 제거하여 주시고 담대한 복음 증거자가 되게 하여 주옵소서.

2. 옆에 계신 집사님, 권사님에게도 담대한 복음 증거로 풍성한 열매를 거두며, 예비된 영혼을 만나게 하여 주옵소서. (옆 사람 손을 잡고 기도)

새벽부터 우리
※전도송으로 개사한 곡
Sowing in the Morning

K. Shaw / G. A. Minor

1.주님명령따라　죽어가는영혼　힘을다하여서　복음전하리
2.많은사람주께　인도하는자는　하늘에서별과　같이빛나리
3.강권하여주님　내집채우라는　말씀순종하여　찾아나가세
4.오직성령께서　능력주심으로　땅끝까지모두　증인되었네

죽어가는영혼　주께인도하 여　하나님의자녀　되게합시다
생명되신주님　구원되신주 님　오직예수님만　믿게합시다
알곡초청잔치　동참함으로 서　우리모두주님　기쁨됩시다
우리주님께서　칭찬하시리 니　하늘나라상급　모두받겠네

나가봅시다　찾아봅시다　모셔오자영혼　주께인도해

( )월( )일 ( )월( )일 우리모두주께 영광돌리세 아 멘!

〈찬양 후 중보기도〉

3. 하나님! 이 훈련을 통하여 우리 교회가 새롭게 일어나기 원합니다. 우리 교회에 이 성전이 차고도 넘칠 수 있도록 영혼을 보내 주시고, 부흥을 주시옵소서.

1) 세 분 이상씩 찾아가서 허깅 하시면서 축복해 주세요.

2) "당신은 위대한 전도자입니다"

3) ※ 남자는 남자끼리, 여자는 여자끼리 또는 남자/여자는 악수하며 축복하겠습니다.

하나님께서 당신을 통해

김영범

하나님께서 당신을통해 메마른땅에 샘물 나게하시 기를

가난한영혼 목마른영혼 당신을통해 주사 랑알기 원 하네

질문능력 기르기

전도 시에는 반드시 불신자들의 **필요**(needs)를 찾아야 한다. 물론 복음은 **선포**(kerygma)이다. 그러나 우리는 지금 좋은 관계를 형성하여 복음을 전하고자 한다. 보통 전도자들은 친근감을 느끼게 하려고 내가 어디에 사는지, 무엇을 좋아하는지, 출신지역은 어디인지 등 아주 가까운 사이가 아니면 잘 모를 것 같은 이야기들을 한다.

그리고 아직은 관심도 없는 교회 이야기 심지어는 교회 역사까지 말하기도 한다. 그리고 교회를 꼭 나와야 된다며, 왜 예수님을 믿어야 하는지를 간곡하게 호소를 하고는 '아, 오늘 전도 잘했다'라고 생각하면서 흐뭇해한다.

그런데 여러분이 얘기하는 동안 불신자들은 '오늘 점심은 뭐 먹지?' '오늘 장사가 왜 이렇게 안 되지?' '빨리 좀 갔으면 좋겠다'라는 생각을 하고 있다. 당사자들은 지금 우리가 전하는 복음에는 전혀 관심이 없기 때문이다. 전도는 나 혼자 일방적으로 계속 이야기하는 자리가 아니다. 적어도 상대방이 잘 듣고 이해하고 있는지 또는 간단한 질문들을 통해서 상대방의 실상을 파악할 수 있어야 한다. 무엇에 관심이 있는지, 왜 교회를 안 나가는지, 전도를 할 때 장애요소는 무엇인지 자연스럽게 알 수 있어야 한다.

그렇다면 이러한 질문능력을 기르기 위해서는 어떻게 하면 좋을까? 이 질문에 대한 답은 어린아이에게서 찾을 수 있다. 아이들은 어른들보다 질문을 더 잘한다. 모든 것에 호기심이 많아서 알고 싶은 것도 많다. 커뮤니케이션도 매우 능숙하다. 이 아이들을 통해서 우리는 많은 것을 배울 수 있다.

예를 들어, 아이들이 장난감을 갖고 싶어 할 때 이 아이는 아무것도 두려워하지 않는다. 안 된다고 말할 걸 뻔히 알면서도 전혀 동요하지 않는다. 장난감을 곧장 사 주면 "엄마, 아빠 최고!"라고 한다. 장난감을 사 주지 않으면, "왜 안 사 주는데?" "언제 사 줄 건데?" 심지어 우리 아이는 집 안 곳곳에 A4용지로 '장난감 사 주세요'라고 붙여 놨었다. 화장실을 가도, 식탁에 앉아도, 침대에 누워도 온통 장난감 사 달라는 종이가 있다. 갖고 싶은 것을 손에 넣을 때까지 포기할 줄을 모른다. 이처럼 전도자는 아이들의 배짱과 호기심을 모델로 삼아야 한다. "안 돼"라고 거절당하기 전에 질문을 하는 것이다.

"교회를 안 나가는 특별한 이유라도 있으세요?" "교회를 어떻게 생각하세요?"라고 물어보기 바란다. 즉 반대할 만한 것이 느껴진다면 반대로 질문을 해 보는 거다. 마치 어린 아이가 천진난만하게 물어보듯이 질문하는 것이다. 그렇게 하면 무엇 때문에 교회 가기를 주저하고 있는지 그 이유를 알 수 있고, 무엇을 어떻게 대처해야 하는지를 구체적으로 파악할 수가 있다. 천진난만한 질문법을 배울 수 있도록 아이들과 함께 놀아 보는 것은 어떨까?

예수님의 탄생(마1:18-25)

이스라엘 사람들에게 있어서 정혼은 우리의 약혼과 결혼이 반씩 섞인 의미이다. 정혼한 사람들은 서로 남편과 아내로 불리며 부부로서의 권리를 이행할 수 있다. 그러나 아직 결혼식이 마쳐질 때까지는 잠자리를 함께 하지 않는다. 그것이 유일하게 다른 점이다. 그러니까 현대의 약혼과는 개념이 조금 다르다. 이들의 정혼 기간에 마리아가 잉태된 것이 나타났다.

이 일에 대하여 모세의 율법은 매우 단호하다. 이런 경우 여자는 돌에 맞아 죽게 되어 있었다. 하지만 요셉은 특별한 남자였다. 하나님은 정말 사람을 잘 택하셨다. 사람을 택하시는 일에 있어서 우리 하나님은 실수가 없으신다. 마리아의 경우도 마찬가지이다. 그녀는 신실했고, 믿음의 여자였다. 그녀 자신에게 엄청난 부담과 고난이 따를 것을 알면서도 그녀는 "주의 여종이오니 말씀대로 내게 이루어지이다"라고 했다. 그녀는 믿음과 순종의 여인이었다. 요셉 역시 우리 하나님의 탁월하신 선택이었다. 요셉은 일을 얼마든지 그르칠 수도 있었다. 하지만 그는 깊이 고민하고 하나님의 영광을 위하여 모든 선택을 했다.

요셉의 꿈에 천사가 나타났다. 비극적인 사태를 막기 위해서 천사가 나타난 것이다. 그리고 마리아의 잉태 사실에 대하여 설명했다. '예수'라는 이름은 '여호와+슈아'로 '나의 구원이 되시는 여호와'라는 의미이다. 그러므로 이 이름의 의미는 '구세주(Savior)'인 것이다.

손가락 전도법(소리 내어 5번 읽기)

1. 천국

천국이 있습니다. 돈, 공로, 착한 일로 갈 수 있는 곳이 아닙니다. 천국은 하나님께서 선물로 주셨습니다.

2. 인간

모든 인간은 죄인입니다. 죄인은 천국에 갈 수 없습니다.

3. 하나님

하나님은 사랑의 하나님이시지만 의로우신 분이셔서 우리의 죄를 벌하실 수밖에 없으십니다.

4. 예수님

예수님은 인간이신 동시에 하나님이십니다.

죄가 없으신 분이시지만 우리를 구원하시기 위해서 십자가에서 죽으시고 부활하시고, 다시 오시겠다고 약속하셨습니다.

5. 믿음

우리가 구원받기 위해서는 오직 예수님만 믿어야 합니다.

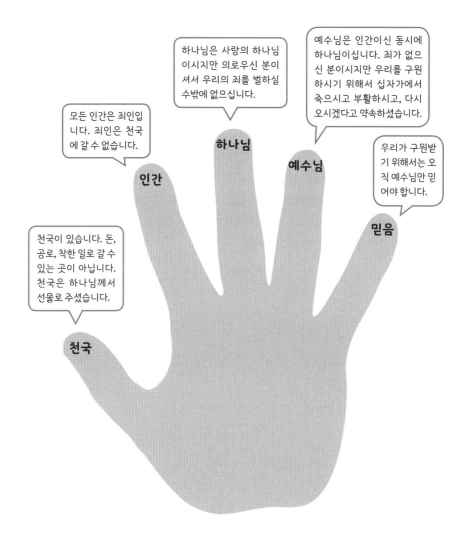

예수님 저는 죄인입니다.

지금까지 저는 제 자신을 믿고 살아왔습니다.

저의 죄를 회개합니다.

예수님이 저의 죄 때문에 십자가에서 죽으시고, 부활하심으로 저의 모든 죄를 해결해 주심을 믿습니다.

지금 이 시간 마음의 문을 열고, 예수님을 나의 구주로 영접합니다.

이제부터 제가 하나님의 자녀로 살아가도록 인도해 주세요.

예수님 이름으로 기도드립니다. 아멘.

오늘의 미션

※ 전도에 대해 교회와 주변 환경이 다르고, 개인마다 상황이 다르기 때문에 그때그때 상황이 다르기에 훈련을 하면서 미션을 알려 드립니다.

전도 후 피드백

□ 함께 간 전도자는 누구누구인가?

□ 어느 장소에서 전도를 했는가?

□ 어떻게 전도를 시도했는가?

□ 결과 - 반응은 어떠했는가?

□ 전도하면서 느낀 점은?

불신자를 통해 듣는 말들은 전도에 대한 정확한 방향을 잡게 합니다

전도하면서 만난 분이 계십니다. 교회에 대한 안 좋은 편견을 갖고 계신 분이라 불과 몇 달 전까지만 해도 그 식당에 들어오는 것조차 못 오게 했던 분입니다. 그런데 꾸준한 전도가 결국 그분의 마음을 열게 했고 결정적으로 그분이 어깨 수술해서 한 달 정도 문을 닫았다가 열었을 때 제가 진심으로 걱정하는 모습을 보고 감동을 받았다고 합니다. 그 후로 저는 그 식당을 자유롭게 들어가서 안부를 묻고, 복음을 전하고 있습니다.

이분이 "교회서 참 좋은 일 많이 한다고, 내가 지금 교회는 못가도 언젠가는 교회 갈게요"라고 하십니다. 그리고 "목사님은 이 사람 저 사람 찾아가면서 아픈 데는 없냐, 다친 곳은 괜찮냐, 힘들진 않으세요?"라고 묻는 모습에, 시장 사람들이 감동을 받았다고 합니다.

실제로 이곳을 5년 가까이 매주 전도하다 보니 그분들의 가정 형편, 건강까지, 많은 부분들을 알게 되었고 챙기게 되고 기도하게 되었습니다.

전도는 복음을 전하는 가장 중요한 본질이 있지만, 전도를 통해 교회에 대한 안 좋은 편견을 깨고 기독교에 대한 오해도 풀고 좋은 관계를 형성하는 도구인 것 같습니다. 그래서 전도는 지식이 아니라 현장이 가장 중요합니다. 저는 오늘 그분을 통해, 우리 교회를 어떻게 생각하는지 그리고 어떻게 전도해야 하는지 방향을 잡는 중요한 계기가 된 것 같습니다. 이처럼 불신자를 통해 듣는 말들은 전도에 대한 정확한 방향을 잡게 합니다.

로마서 1:16

내가 복음을 부끄러워하지 아니하노니, 이 복음은 모든 믿는 자에게 구원을 주시는 하나님의 능력이 됨이라

◆ 나의 전도일기

| □ 날 짜 : | □ 이름 : |
| □ 동행자 : | □ 장소 : |

전도팀 코칭 06

전도자 코칭 노트 워크북
Evangelist coaching note work book

내일 일은 난 몰라요

Ira. Stanphill

〈찬양 후 중보기도〉

1. 주님! 갈수록 약해져 가는 저의 마음을 붙들어 주시고, 불과 같은 성령이여 내 맘에 항상 계셔서 천국 가는 그날까지 복음 전도자로 살게 하여 주옵소서.

2. 옆에 계신 집사님, 권사님에게도 성령님 충만히 임하여 주옵소서! 능력 전도자가 되게 하소서! 영혼의 열매를 맺게 하소서! (옆 사람 손을 잡고 기도)

빛의 사자들이여

Heralds of light, speed away

J. E. Lewis

1.빛의 사자들이여어서 가 서 어둠을물리치 고
2.선한 역사위하여힘을 내 라 주 함께하시 겠 네
3.주님 부탁하신말 순종 하 여 이 진리전파하 라
4.동서 남북어디나땅끝 까 지 주 님만의지하 고

주 의 진리모르는백성 에 게 복 음의빛 비춰 라
주 의 넓은사랑을전파 하 여 복 음의빛 비춰 라
산 과 바다건너가힘을 다 해 복 음의빛 비춰 라
어 두 워서못보는백성 에 게 복 음의빛 비춰 라

빛의 사자 들이 여 복음 의빛 비춰 라

죄로어둔밤 밝게비춰라 빛의 사자 들이 여

〈찬양 후 중보기도〉

3. 하나님! 우리 교회에 다음 훈련에 많은 성도들이 동참하게 해 주셔서, 전도팀이 활성화되게 하시고, 많은 영혼의 열매를 거두는 교회가 되게 하소서.

동역자 축복과 믿음의 선포

1) 세 분 이상씩 찾아가서 허깅 하시면서 축복해 주세요.

2) "당신은 위대한 전도자입니다"

3) ※ 남자는 남자끼리, 여자는 여자끼리 또는 남자/여자는 악수하며 축복하겠습니다.

하나님께서 당신을 통해

김영범

하나님께서 당신을통해 메마른땅에 샘물 나게하시 기를

가난한영혼 목마른영혼 당신을통해 주사 랑알기 원 하네

한국인의 특성
- 우리성(weness)

영적인 것은 눈에 보이지 않는다. 우리가 전하는 예수님도 눈에 보이지 않는다. 물론 복음을 전할 때 공기나 바람처럼 눈에 보이지 않지만 우리가 숨 쉬는 것과 나무가 흔들리는 것을 보고 알 수 있다고 말한다. 그러나 불신자들은 이 복음의 놀라운 능력을 도무지 믿지를 못한다. 그래서 이것 역시 우리의 노력과 상관없이 성령의 역사가 중요한 이유이다.

불신자로 하여금 이 복음을 듣게 만드는 것은 너무나 중요하다. 여러 가지 방법들을 사용하지만 눈에 보이지 않는 예수님을 전한다는 것은 쉬운 일이 아니다. 그래서 전도자의 삶이 중요하다. 전도자를 믿을 수 있으면 복음도 믿을 수 있다고 생각한다. '저분이 믿는 예수님이라면 나도 믿고 싶다'고 말이다.

전도자에게 있어서 필요한 덕목으로는 '신뢰'를 강조하는 이유가 여기에 있다. 눈에 보이지 않는 예수 그리스도를 전하기 위해서는 우선적으로 전도자를 신뢰할 수 있어야 한다. 교회 오는 새신자들에게도 예수님은 안 보이지만 우리의 삶을 통해서 예수님의 모습을 보여 줄 수 있어야 한다. 그들은 예수님을 만나기 전에 가장 먼저 사람을 만나기 때문이다.

시장 전도에 나가서 족발집에 들렀는데 자주 가다 보니 어느 정도 친분도 생겼다. 이런저런 얘기를 나누다가 자연스레 고향 얘기도 나왔다. 그분의 고향은 충무(통영)였다. 나는 학창시절을 거제도에서 보냈다. 거제도와 통영까지는 30분 정도의 거리였다. 아주 오래된 얘기지만 사장님은 국민학교 때 노래를 잘해서 거제대교 개통할 때 합창을 했었다고 한다. "저도 거제도가 시골이라 은행 가려면 충무(통영)에 가야 했어요. 알고 보니 가까운 데 사셨네요"라고 얘기했더니 "아이고~ 그렇네. 같은 고향 사람이었네. 왠지 남 같지 않네~"라고 한다. '고향'이라는 연결고리 하나가 우리를 가깝게 만들었다. 만난 지 얼마 안 된 사이이지만 거리감은 이내 사라졌다. 친밀감이 형성된 것이다. 그러더니 대뜸 "내 교회 한번 갈게!!" 그러는 것이다.

"한국 사람들은 처음 만나는 사람들에게 너무나도 자연스럽게 호구 조사를 한다. 우연히 길거리에서 마주친 사람이 아니라면 모든 만남에는 구체적인 이유와 목적이 있고 그 이유에 따라서 서로의 공적인 관계가 결정된다. 하지만 한국 사람들은 공적인 관계로는 만족하지 못한다. 그래서 초등학교에서부터 대학교까지, 태어난 곳에서부터 살았던 동네까지, 가족관계는 어떻게 되는지, 사돈의 친구의 친구까지 파헤쳐서 어떻게든 사적인 관계를 찾아내고자 한다. 그래야 진정으로 서로를 알게 되었고 통했다는 느낌에 만족감을 느낀다. 그런 거대한 네트워크 속에서 상대방과 자신만의 고유한 연결성을 찾는 데서 한국 사람들은 '우리성(weness)'

을 경험하며, 편안함을 느끼는 것이다"

― 허태균, 《어쩌다 한국인》, 중앙북스, 2016, 134쪽

허태균 교수의 지적처럼 한국인은 '우리' 속에서 편안함을 느낀다. 특별한 이유가 없다. '같은 집단 출신'이라는 사실을 알면 그냥 편안해진다. 희한하다. 아무 근거가 없다. 난생 처음 보는 사람이라도 같은 지역, 같은 학교 출신이라는 이유만으로 동질감을 느낀다.

족발집 사장님이 "왠지 남 같지 않다"라는 말, 우리는 그런 표현을 종종 한다. 한국인은 '우리' 속에서 사람을 찾아야 한다. 서양인들이 보편적인 기준에서 사람을 대한다면 한국인들은 같은 집단의 사람들을 편애한다. '우리'는 울타리 속에서 편안한 관계를 맺는다.

전도자는 끊임없이 새로운 사람을 만나야 하고, 관계를 형성해 나가야 한다. 새로운 사람을 찾았을 때 우리는 공통 관심사가 무엇인지를 찾아야 한다.

예수님의 죽으심(마27:27-50)

이제 예수님은 완전히 총독의 군병들에게 넘겨졌다. 온 군대가 모여 왔고, 예수님은 그들 가운데 일종의 장난감처럼 되어 버리셨다. 그들은 무엇이든 자기들이 원하는 대로 그분에게 할 수 있는 특권을 받은 것이다.

마태복음 27:28-29

28. 그의 옷을 벗기고 홍포를 입히며

29. 가시관을 엮어 그 머리에 씌우고 갈대를 그 오른손에 들리고 그 앞에서 무릎을 꿇고 희롱하여 이르되 유대인의 왕이여 평안할지어다 하며

그들은 예수님께 정말 두려운 일을 했다. 아마 그들이 예수님이 누구신지를 나중에라도 뵙게 된다면 그들은 쥐구멍이라도 찾으려 할 것이다.

마태복음 27:30

그에게 침 뱉고 갈대를 빼앗아 그의 머리를 치더라

그 군병들은 예수님을 십자가에 못 박기까지 예수님을 그들의 오락거리로 삼았다. 어차피 십자가에서 죽음을 맞이할 것이 기정사실화된 이상, 그의 육체를 분리시킨다 하더라도 별 의미가 없었을 것이다. 예수님의 몸은 너무 상하셔서 그가 예수님인지 전혀 알아볼 수 없을 정도가 되어 버렸을지도 모른다. 이것도 이사야의 예언의 성취이다.

이사야 52:14

전에는 그의 모양이 타인보다 상하였고 그의 모습이 사람들보다 상하였으므로 많은 사람이 그에 대하여 놀랐거니와

제자들이 부활하신 주님을 즉시 알아보지 못했던 이유도 이와 맥락을 같이하는 것이 아닐까? 어떻든 예수님은 너무 상하신 나머지 십자가를 지고 가시는 것도 불가능할 정도가 되었다.

마태복음 27:31-32

31. 희롱을 다 한 후 홍포를 벗기고 도로 그의 옷을 입혀 십자가에 못 박으려고 끌고 나가니라
32. 나가다가 시몬이란 구레네 사람을 만나매 그에게 예수의 십자가를 억지로 지워 가게 하였더라

마태복음 27:33

골고다 즉 해골의 곳이라는 곳에 이르러

이 장소는 'Gordon's Calvary'라고 불리기도 한다. 이는 Gordon 장군이 그 자리가 바로 십자가가 세워졌던 장소라고 규정했기 때문인데, 이곳은 해골을 모으는 곳이기도 했고, 또한 그 산의 모습이 해골처럼 보여서 붙여진 이름이기도 했다.

마태복음 27:34

쓸개 탄 포도주를 예수께 주어 마시게 하려 하였더니 예수께서 맛보시고 마시고자 하지 아니하시더라

예수님은 최소한의 마취제마저 거부하셨다. 이것은 시편의 예언의 성취이다.

시편 69:21

그들이 쓸개를 나의 음식물로 주며 목마를 때에는 초를 마시게 하였사오니

또한 이어지는 구절도 시편의 성취이다.

마태복음 27:35-36

35. 그들이 예수를 십자가에 못 박은 후에 그 옷을 제비 뽑아 나누고
36. 거기 앉아 지키더라

시편 22:18

내 겉옷을 나누며 속옷을 제비 뽑나이다

그리고 예수님의 죄패가 쓰였다.

마태복음 27:37-40

37. 그 머리 위에 이는 유대인의 왕 예수라 쓴 죄패를 붙였더라

38. 이때에 예수와 함께 강도 둘이 십자가에 못 박히니 하나는 우편에, 하나는
좌편에 있더라

39. 지나가는 자들은 자기 머리를 흔들며 예수를 모욕하여

40. 이르되 성전을 헐고 사흘에 짓는 자여 네가 만일 하나님의 아들이어든 자기
를 구원하고 십자가에서 내려오라 하며

여기 40절에서 "네가 만일 하나님의 아들이어든…"이라는 구절을 눈여
겨보라. 이미 군중들 속에서는 예수님이 하나님의 아들이라는 사실에 대
해서 부정적인 생각이 일어나고 있다. 우리는 사람들이 예수님을 십자가
에 못 박았으면 그들의 목적을 달성했을 것이라고 생각한다. 하지만 그들
은 예수님을 십자가에 달아 놓고, 그 밑에 서서 계속 예수님을 조롱하며
모욕하고 있다.

마태복음 27:41-42

41. 그와 같이 대제사장들도 서기관들과 장로들과 함께 희롱하여 이르되

42. 그가 남은 구원하였으되 자기는 구원할 수 없도다 그가 이스라엘의 왕이로
다 지금 십자가에서 내려올지어다 그리하면 우리가 믿겠노라

그렇다. 예수님은 많은 이들을 구원하셨다. 그러나 자신은 구원할 수

없다. 예수님이 자신을 구하려면 인류의 구속은 끝장이기 때문이다.

마태복음 27:43

그가 하나님을 신뢰하니 하나님이 원하시면 이제 그를 구원하실지라 그의 말이 나는 하나님의 아들이라 하였도다 하며

이제는 예수님이 선포하셨던 진리마저 그들의 조롱거리가 되고 있다.

마태복음 27:44

함께 십자가에 못 박힌 강도들도 이와 같이 욕하더라

이 강도들이 바라바와 함께 강도짓을 하다 잡힌 사람들이라면 그들은 정말 분노할 만했다.

마태복음 27:45

제육시로부터 온 땅에 어둠이 임하여 제구시까지 계속되더니

예수님은 오전 아홉시에 십자가에 달리셔서 정오까지 인간들에게 갖은 모욕과 수치를 당하셨다. 그러나 정오가 되자, 이 십자가는 갑자기 인류의 죄를 지시고 화목제의 제물로 죽으실 예수 그리스도의 마지막 생의 행로가 되기 시작했다.

마태복음 27:46

제구시쯤에 예수께서 크게 소리 질러 이르시되 엘리 엘리 라마 사박다니 하시니 이는 곧 나의 하나님, 나의 하나님, 어찌하여 나를 버리셨나이까 하는 뜻이라

우리는 이 질문을 시편 22편에서 찾아볼 수 있으며 동시에 그 질문에 대한 대답도 거기에서 발견할 수 있다.

시편 22:1-2

1. 내 하나님이여 내 하나님이여 어찌 나를 버리셨나이까 어찌 나를 멀리 하여 돕지 아니하시오며 내 신음 소리를 듣지 아니하시나이까
2. 내 하나님이여 내가 낮에도 부르짖고 밤에도 잠잠하지 아니하오나 응답하지 아니하시나이다

그리고 다음 절을 보면 대답이 나온다.

시편 22:3

이스라엘의 찬송 중에 계시는 주여 주는 거룩하시니이다

그렇다. 하나님의 거룩하심 때문이다. 우리의 죄는 하나님의 거룩하심 앞에서 용납되지 않는다. 그러니 예수님이 우리의 구주가 되시려면 우리의 자리에서 죽으셔야 했던 것이다.

마태복음 27:47-48

47. 거기 섰던 자 중 어떤 이들이 듣고 이르되 이 사람이 엘리야를 부른다 하고

48. 그 중의 한 사람이 곧 달려가서 해면을 가져다가 신 포도주에 적시어 갈대에 꿰어 마시게 하거늘

다시 시편 69편 21절의 성취이다.

마태복음 27:49-50

49. 그 남은 사람들이 이르되 가만 두라 엘리야가 와서 그를 구원하나 보자 하더라

50. 예수께서 다시 크게 소리 지르시고 영혼이 떠나시니라

여기 "영혼이 떠나시다"라는 구절이 영어성경에서는 "He yielded up the ghost"이다. 이 말은 곧 He dismissed His spirit이라는 개념으로 예수님이 의도적으로 그의 영을 떠나 보내셨다는 것이다.

손가락 전도법(소리 내어 5번 읽기)

1. 천국

천국이 있습니다. 돈, 공로, 착한 일로 갈 수 있는 곳이 아닙니다. 천국은 하나님께서 선물로 주셨습니다.

2. 인간

모든 인간은 죄인입니다. 죄인은 천국에 갈 수 없습니다.

3. 하나님

하나님은 사랑의 하나님이시지만 의로우신 분이셔서 우리의 죄를 벌하실 수밖에 없으십니다.

4. 예수님

예수님은 인간이신 동시에 하나님이십니다.

죄가 없으신 분이시지만 우리를 구원하시기 위해서 십자가에서 죽으시고 부활하시고, 다시 오시겠다고 약속하셨습니다.

5. 믿음

우리가 구원받기 위해서는 오직 예수님만 믿어야 합니다.

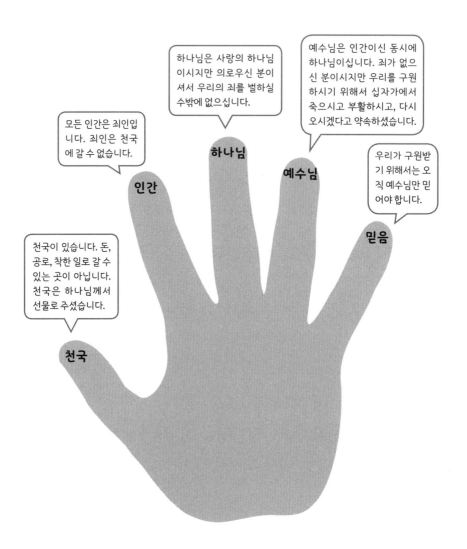

영접기도(소리 내어 5번 읽기)

예수님 저는 죄인입니다.

지금까지 저는 제 자신을 믿고 살아왔습니다.

저의 죄를 회개합니다.

예수님이 저의 죄 때문에 십자가에서 죽으시고, 부활하심으로 저의 모든 죄를 해결해 주심을 믿습니다.

지금 이 시간 마음의 문을 열고, 예수님을 나의 구주로 영접합니다.

이제부터 제가 하나님의 자녀로 살아가도록 인도해 주세요.

예수님 이름으로 기도드립니다. 아멘.

오늘의 미션

※ 전도에 대해 교회와 주변 환경이 다르고, 개인마다 상황이 다르기 때문에 그때그때 상황이 다르기에 훈련을 하면서 미션을 알려 드립니다.

전도 후 피드백

□ 함께 간 전도자는 누구누구인가?

□ 어느 장소에서 전도를 했는가?

□ 어떻게 전도를 시도했는가?

□ 결과 - 반응은 어떠했는가?

□ 전도하면서 느낀 점은?

슬픔이 가득 찬 분이 의자를 박차며 반겨주셨습니다.

매주 수요일에는 교회 주변 상가를 돌며 전도를 합니다. 참 다양한 분들을 만나는데 오늘은 특별히 가슴이 미어지는 듯한 아픔과 기쁨이 교차하는 일이 있었습니다. 한 식당에 들어가려는데 그 식당 사장님이 테이블에 앉아서 화장지를 조각조각 뜯으며 천장을 보고 한숨을 쉬고… 힘들어하시는 게 보였습니다. 들어갈까 말까 망설이다가 한참 뒤에 들어갔는데 사장님이 저를 보자마자 의자를 박차고 일어나면서 저를 반기는 것입니다. 좀 전에 한숨 쉬던 모습은 온데간데없고 밝게 웃으면서 이 더운데도 전도나왔냐고 고생이 많다고 나도 교회 한 번 간다는 게 장사를 하다 보니 잘 안되네~ 하시면서 오히려 위로하고 격려해 주셨습니다.

그래서 저는 "어머님~ 요즘 장사가 안돼서 많이 힘드시죠? 어머님만 그런 게 아니라 제가 전도하면서 이 지역을 다 가는데 다른 분들도 힘들대요. 조금만 더 힘내세요. 제가 기도하고 있어요"

눈시울을 붉히며 고맙다고… 제가 인사드리고 그곳 식당을 나가는데, 문 밖에까지 따라 나오시며 90도로 허리 숙여 인사를 하십니다. 저는 성령께서 그분의 마음을 만지시기를 간절히 기도했습니다. 아직은 마음이 완전히 다 열리지 않아서 복음을 온전하게 전하지는 못했지만 그분을 위해 기도하고 있습니다. 언젠가 하나님의 때에 그분을 인도해 주심을 믿습니다. 그분에게 정말 필요한 분은 예수님, 그분에게 정말 위로자 되신 하나님이 필요하기 때문입니다.

고린도후서 1:4

우리의 모든 환난 중에서 우리를 위로하사, 우리로 하여금 하나님께 받는 위로로써 모든 환난 중에 있는 자들을, 능히 위로하게 하시는 이시로다

◆ 나의 전도일기

전도팀 코칭 07

전도자 코칭 노트 워크북
Evangelist coaching note work book

사명

이권희

주님이 홀로가 신그길 나도따 라가 오
모든물 과피를 흘리신 그길을나도- 가오

험한산 도나는 괜찮소 바다끝 이라도나는 괜찮소
죽어가 는저들 을위해 나를버 리길바 라오

아버지 나를보내주 오 나는달 려가겠 소
세상이 나를미워해 도 나는사 랑하겠 소
생명을 버리면서까 지 나를사 랑한당 신

목 숨도아끼지 않겠소 나를보 내주오
세 상을구원할 십자가 나도따 라가오
이 작은나를받 아주오 나도사 랑하오

〈찬양 후 중보기도〉

1. 주님! 이제야 복음을 어떻게 전해야 하는지, 왜 전해야 하는지 조금
   알 것 같습니다. 이 마음이 약해지지 않도록 저를 붙들어 주시고, 저
   뿐만 아니라 다른 성도들에게도 이 훈련을 받을 수 있도록 저들을 인
   도하여 주옵소서.

2. 옆에 계신 집사님, 권사님에게도 주님 오실 그날까지 이 마음 변치
   않고 십자가의 복음을 전하며 살도록 인도하옵소서. (옆 사람 손을
   잡고 기도)

마지막 날에

이천

마 지-막- 날--에- 내-가-

나의-영-으로 모-든- 백성

에 게- 부-어- 주리 라- - -

자녀들 은 예 언할-것이요 청년들 은 환-상-을보고

아비들 은 꿈 을꾸- -리라 주의영임-하 -면-

1. D7

2. D7

-면- 성 령 - 이 여 -

임 - 하소 서 - 성 령 - 이

여 - 우리 에 게 임하소 서 -

〈찬양 후 중보기도〉

3. 하나님! 우리 교회에 성령의 역사가 날마다 나타나는 교회가 되게 하소서. 담임 목사님에게 성령의 충만함을 교회에는 성령의 능력을 우리 교회가 좋은 소문이 나서 지역사회를 살리는 중요한 교회가 되게 하소서.

동역자 축복과 믿음의 선포

1) 세 분 이상씩 찾아가서 허깅 하시면서 축복해 주세요.

2) "당신은 위대한 전도자입니다"

3) ※ 남자는 남자끼리, 여자는 여자끼리 또는 남자/여자는 악수하며 축복하겠습니다.

하나님께서 당신을 통해

김영범

하나님께서 당신을통해 메마른땅에 샘물 나게하 시 기를

가난한영혼 목마른영혼 당신을통해 주사 랑알기 원 하네

슬럼프가 찾아올 때

슬럼프는 누구에게나 찾아오는 일이다. 전도를 열심히 했는데 열매가 없어서 힘들 때도 있고, 단순히 전도를 하기 싫은 날도 있다. 구분해서 살펴보고자 한다.

열심히 전도해도 열매가 맺히지 않을 때는 가장 먼저 전도의 동기를 생각해 봐야 한다. 내가 지금 왜 전도를 하고 있는지, 전도하기 전에 기도는 얼마나 했으며, 내가 전심으로 성령을 의지하며 기쁨으로 전도하고 있는지 살펴보시기 바란다. 그리고 전도 대상자는 잘 돌아보고 좋은 관계를 유지하고 있는지도 체크해 봐야 한다. 이때 부족한 점이 보이면 보완해야 한다. 그것이 지속적인 훈련이 필요한 이유다.

전도를 나가서 새로운 사람들을 만나는 건 쉬운 일이 아니다. 낯선 사람을 만나는 일은 누구나 불편하다. 따뜻하지 않은 시선과 익숙하지 않은 분위기는 새로운 사람을 찾아가서 전도하기 싫게 만든다. 그러나 그게 바로 전도다. 이전 믿음의 선배님들은 문전박대를 당하고도, 핍박을 당하고, 조롱을 당하고, 목숨의 위협이 있어도 끝까지 믿음을 잃지 않고 복음을 전했기에 지금의 우리가 예수님을 믿을 수 있는 것이다. 그런 사람들을 만나서 거절감도 겪어 보고, 기독교에 대한 신랄한 비판도 들어보고, 그들을 위해 울며 기도하고 간절한 마음으로 그들에게 복음을 호소하다 보면 그때 식었던 열정이 다시 뜨거워지고 영혼을 향한 사랑이 다시 뜨거워진다. 그리고 부족했던 성경지식을 보완하고 더 뜨겁게 기도할 수 있다.

그리고 열심히 기도하고 전도했음에도 불구하고 열매가 맺히지 않는다면, 그때는 스스로를 격려해야 한다. 열매는 사람의 노력으로 맺히는 것이 아니라 전적인 하나님의 뜻에 달려 있기 때문이다. 세상의 일은 노력이 있으면 결과는 반드시 나온다. 그러나 주의 일에 있어서는 우리는 순종하고 하나님께서 일하시는 것이다.

가끔은 전도하기 싫은 날도 있다. 컨디션이 좋지 않거나 비가 오는 날은 밖에 나가서 전도하기가 싫다. 이런 저런 핑계 대고 그냥 집에서 쉬고 싶어진다. 그러나 전도는 하나님과의 약속이고 전도 대상자들과의 약속이다. 어떤 상황이라도 전도하기로 한 날이라면 움직여야 한다.

나는 정말 전도하기 싫은 날은 전도지만 챙겨들고서 집집마다 우편함에 꽂는다. 그러면서 스스로 협상을 한다. '오늘은 이 전도지만 우편함에 넣고 가겠다'라며 나 자신과 타협을 한다. 그런데 재밌는 것은 그렇게 전도지를 우편함에 넣다 보면 장기결석자들을 만나거나 교회 성도들을 만나고, 생각지도 못한 분들에게서 전화가 온다는 것이다.

지난번에 혼자서 전도지를 돌리고 있는데 교회학교 아이를 만나서 얼마나 반가운지 음료수를 사주면서 이런저런 얘기를 나누었다. 그런데 그때 다시 전도할 의욕이 생겨서 한참을 전도하다 갔다. 전도하다 보면 전도 훈련을 받고 싶다는 문의도 들어오고, 반가운 분들을 만나기도 한다. 그러다 보니 사라졌던 열정이 금방 돌아오는 것을 경험하게 된다. 어느 구름에 비가 올지 모른다. 전도를 계속하다 보면 하나님께서 함께하고 계심을 경험하게 된다.

가끔 슬럼프가 찾아와도 전도를 멈추지 마라. 심하게 지쳐 있을 때는 잠깐 쉬라. 그리고 다시 전도하러 사람들 속으로 들어가라. 계속해서 전도 대상자들을 만날 때 나를 통해 일하시는 하나님의 놀라운 계획들을 발견하게 될 것이다.

사마리아 여인(요4:1-26)

요한복음 4장에서 예수님은 다양한 사람들을 섬기신다. 죄악된 사마리아 여인, 그의 제자들, 사마리아 여인의 전도를 받고 예수를 믿은 많은 사마리아 사람들 그리고 왕의 신하를 예수님은 만나셨고, 또한 그들의 필요를 채워 주셨다. 예수님은 여러분이 어떤 분이시든지 상관치 않으신다. 다만 여러분이 진정한 마음으로 주님께 오기만 한다면 여러분 모두를 받아 주시고, 또한 여러분의 필요를 채워 주실 것이다. 예수님을 따라 예수님이 만나셨던 그 소중한 사람들을 우리 함께 만나 보자.

요한복음 4:1-2

1. 예수께서 제자를 삼고 세례를 베푸시는 것이 요한보다 많다 하는 말을 바리새인들이 들은 줄을 주께서 아신지라

2. (예수께서 친히 세례를 베푸신 것이 아니요 제자들이 베푼 것이라)

요한복음 3장의 마지막 부분에서 세례 요한의 제자들이 예수님의 사역에 대하여 질투심을 가지는 모습을 보았다. 바리새인들도 은근히 예수님

과 세례 요한의 사역에 충돌을 가져오려는 시도를 보이기 시작하자, 예수님은 유대를 떠나서 갈릴리로 이동하셨다. 세례 요한은 예수님의 사역의 성공을 위하여 "그는 흥하여야 하겠고 나는 쇠하여야 하리라"고 했는데, 예수님은 세례 요한의 사역과 당신의 사역이 부딪치는 것을 보자 즉시 유다를 떠나신 것이다. 우리는 예수님과 세례 요한 사이의 이 아름다운 배려를 배워야 한다.

이제 예수님은 유대 땅을 떠나서서 그의 선교 본부가 있었던 가버나움으로 가신다. 그런데 이 여정에서도 예수님은 아버지의 뜻을 이루시기 위하여 노정을 선택하신 것이다.

요한복음 4:3-4

3. 유대를 떠나사 다시 갈릴리로 가실새

4. 사마리아를 통과하여야 하겠는지라

예수님은 사마리아로 지나가셔야만 했다. 왜일까? 예수님 당시에 유대에서 갈릴리로 가는 길은 세 가지가 이용되고 있었다고 한다. 그 첫 번째는 요단 강변을 따라 올라가는 것이다. 두 번째는 요단강을 건너 베레아 땅을 거쳐서 가는 길이다. 그리고 마지막은 사마리아를 직접 지나가는 길이다. 물론 사마리아를 직접 지나가는 것이 가장 빠른 길이겠지만 정통 유대인들은 사마리아 사람들을 싫어했기 때문에 그 길을 이용하지 않았다. 요단 강변을 따라 올라가는 길마저도 사마리아 변방을 지나가는 길이기 때문에 때로는 요단강을 건너서 베레아 지방을 통과하여 오히려 이방인들의 지역을 지나 갈릴리로 가는 루트를 사용하곤 했다. B.C. 722년 앗수르에 의하여 북쪽 이스라엘 열 지파가 몰락함으로써 그들은 이방인들과 뒤섞인 혼혈족이 되었기 때문에 유대인들은 그들을 이방인들보다 더 싫어했던 것이다.

그러나 유대인이신 예수님은 유대인들이 그토록 싫어하는 그 루트로 지나가셔야만 했다는 것이다. 그 이유는 물론 거기에서 만나셔야 할 사람이 있었기 때문이다. 바로 그 여인을 만나시는 것이 하나님의 뜻이었던 것이다. 그 여인이 우리 예수님께는 유대인의 전통을 지키는 일이나, 사람들에게 욕을 먹는 것을 감수하는 문제보다도 훨씬 더 중요한 일이었던 것이다. 이것이 바로 사람을 사랑하시는 우리 예수님의 모습이다. 예수님은 나와 여러분도 그렇게 사랑하신다.

요한복음 4:5

사마리아에 있는 수가라 하는 동네에 이르시니 야곱이 그 아들 요셉에게 준 땅이 가깝고

수가성은 요셉의 무덤에서 가깝다고 한다. 그리고 수가성의 북서쪽에 그리심 산이 있었으며, 사마리아인들의 회당은 그리심 산의 언덕에 자리 잡고 있었다고 한다. 그리고 수가성 남쪽에 바로 사마리아 여인이 예수님을 만났던 우물이 있었다.

요한복음 4:6

거기 또 야곱의 우물이 있더라 예수께서 길 가시다가 피곤하여 우물 곁에 그대로 앉으시니 때가 여섯 시쯤 되었더라

여기서 제육시라는 시간은 유대인의 시간으로 지금의 낮 12시, 즉 정오에 해당되는 시간이다. 이곳은 광야지대이며 해는 머리 위에 있고, 매우 사람을 지치게 하는 시간일 것이다. 그래서 예수님은 행로에 지치셨다.

예수님은 완전한 인간으로 이 땅에 오셨다. 말은 쉽지만 이 말이 얼마나 의미가 깊은 것인지 생각해 보자. 여기 "우리 가운데 거하신다(indwelt among us)"고 했을 때, 'indwelt'는 헬라어로 '에스케노센'이며 그 의미는 '천막을 친다(pitch a tent)'이다. 영원하신 하나님께서 이 땅에 오신 것이다. 우리 가운데 그의 육체의 텐트 안에 거하신다는 뜻이다. 저 높고 높은 별을 넘어 이 낮고 낮은 땅 위에 육신을 입고 오신 하나님께서 지금 우물가에서 한 가련한 여인을 만나기 위하여 정오의 태양 아래 피곤한 몸을 가지고 앉아 계신 것이다. 예수님은 그렇게 여러분을 만나시려고 여러분 곁에 계신다.

손가락 전도법(소리 내어 5번 읽기)

1. 천국

천국이 있습니다. 돈, 공로, 착한 일로 갈 수 있는 곳이 아닙니다. 천국은 하나님께서 선물로 주셨습니다.

2. 인간

모든 인간은 죄인입니다. 죄인은 천국에 갈 수 없습니다.

3. 하나님

하나님은 사랑의 하나님이시지만 의로우신 분이셔서 우리의 죄를 벌하실 수밖에 없으십니다.

4. 예수님

예수님은 인간이신 동시에 하나님이십니다.

죄가 없으신 분이시지만 우리를 구원하시기 위해서 십자가에서 죽으시고 부활하시고, 다시 오시겠다고 약속하셨습니다.

5. 믿음

우리가 구원받기 위해서는 오직 예수님만 믿어야 합니다.

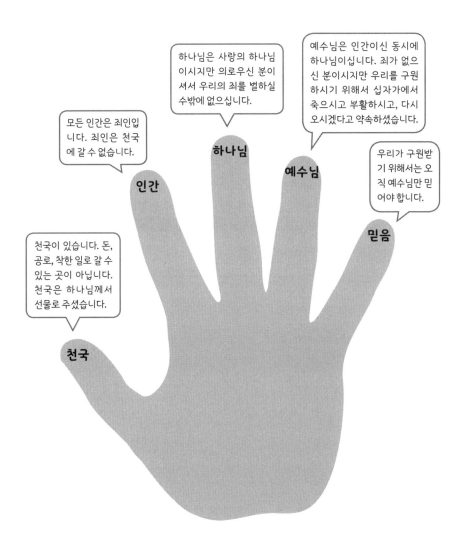

영접기도(소리 내어 5번 읽기)

예수님 저는 죄인입니다.

지금까지 저는 제 자신을 믿고 살아왔습니다.

저의 죄를 회개합니다.

예수님이 저의 죄 때문에 십자가에서 죽으시고, 부활하심으로 저의 모든 죄를 해결해 주심을 믿습니다.

지금 이 시간 마음의 문을 열고, 예수님을 나의 구주로 영접합니다.

이제부터 제가 하나님의 자녀로 살아가도록 인도해 주세요.

예수님 이름으로 기도드립니다. 아멘.

오늘의 미션

※ 전도에 대해 교회와 주변 환경이 다르고, 개인마다 상황이 다르기 때문에 그때그때 상황이 다르기에 훈련을 하면서 미션을 알려 드립니다.

전도 후 피드백

□ 함께 간 전도자는 누구누구인가?

□ 어느 장소에서 전도를 했는가?

□ 어떻게 전도를 시도했는가?

□ 결과 - 반응은 어떠했는가?

□ 전도하면서 느낀 점은?

같은 말이라도 '아' 다르고 '어' 다르다는 말이 있습니다.

같은 말이라도 '아' 다르고 '어' 다르다는 말이 있습니다. 저희 교회 주변에 전도할 때는 아직 관계가 깊이 형성되지 않았기에 전도용품을 가지고 나갈 때마다 특별히 신경 쓰고 있습니다. 그러다 보니 전도용품을 받으시는 분들 대부분이 "교회에서 별걸 다 주네?"라는 반응을 보였고, 전도용품에 대해서 설명할 때가 많았던 것 같습니다.

그런데 교회를 개척하면서부터 지금까지, 약 6년간 매주 전도 나간 그 시장은, 오랜 신뢰관계로 인해 어떤 전도용품을 가지고 나가도, 다른 설명이 필요 없었습니다. 그저 "성탄선물이에요~" 하면서 드렸는데, 모두가 활짝 웃었습니다. 어떤 분은 "내가 성탄 선물을 얼마 만에 받아보는 건지 모르겠다"며 좋아하셨습니다.

똑같은 전도용품이지만 어떻게 말하느냐에 따라서 상황들이 달라졌습니다. 그리고 성탄절의 주인공은 예수님이신 거 잊지 마세요~ 예수님이 우리를 위해 이 땅에 오셨다는 말도 잊지 않았습니다. 이처럼 전도는 하면 할수록 쉬워지는 것 같습니다. 아니, 더 정확하게 말하면 전도는 하면 할수록 행복해지는 것 같습니다. 정말 주님의 나라가 이 지역에 이루어지는 게 느껴지기 때문입니다.

추운 날씨, 장사도 잘 안되는 어려움 속에도, 저희들이 방문하면 활~짝 웃습니다. 이런저런 얘기들을 들어 주고 항상 복음으로 결론을 짓습니다. 반겨 주는 분들, 전도자인 우리의 방문으로 힘을 내시는 분들, 그리고 복음의 능력! 그러니 전도를 안 나갈 수 없습니다. 전도는 또 다른 영혼을 살리기 전에 '나'를 살리는 복음이기 때문입니다.

시편 119:50
이 말씀은 나의 고난 중의 위로라 주의 말씀이 나를 살리셨기 때문이니이다

이 땅에 우리를 위해 오신 예수님을 알리고 증거하시기 바랍니다. 직장에서, 학교에서, 믿지 않는 사람들이 나를 봤을 때 "아~ 예수 믿는 사람들은 역시 다르구나!"라고 보여 주는 것도 전도일 것입니다.

◆ 나의 전도일기

□ 날 짜 :	□ 이름 :
□ 동행자 :	□ 장소 :

전도팀 코칭 08

전도자 코칭 노트 워크북
Evangelist coaching note work book

부름 받아 나선 이 몸

Call'd of God, We Honor the Call

이호운 / 이유선

1.부름받아 나선이몸 어디든지 가오리다
2.아골골짝 빈들에도 복음들고 가오리다
3.존귀영광 모든권세 주님홀로 받으소서

괴로우나 즐거우나 주만따라 가오리니
소돔같은 거리에도 사랑안고 찾아가서
멸시천대 십자가는 제가지고 가오리다

어느누가 막으리까 죽음인들 막으리까
종의몸에 지닌것도 아낌없이 드리리다
이름없이 빛도없이 감사하며 섬기리다

어느누가 막으리까 죽음인들 막으리까
종의몸에 지닌것도 아낌없이 드리리다
이름없이 빛도없이 감사하며 섬기리다 아멘

〈찬양 후 중보기도〉

1. 주님! 전도를 통하여 이번에 VIP초청주일에 오시기로 한 분들이 계십니다. 성령께서 그 마음을 만져 주셔서 꼭 올 수 있도록 역사하여 주옵소서.

2. 하나님께서 귀한 동역자들을 세워 주셨사오니, 이번에 함께 훈련받은 집사님, 권사님 모두가 함께 이 복음을 위해 살아가게 하여 주옵소서. (옆 사람 손을 잡고 기도)

할 수 있다 하면 된다 ※전도송으로 개사한 곡

윤용섭

할 수 있 다 하면된 다　해 보 - 자

믿 는 자에 게 능치못함이　없 으 리 라

내 집과 이웃　복음전할때　건질 영혼많도 다
모 이면 기도　나가면전도　주님의복음전도 자
○ ○○ 지역　한영혼알곡　추수해주님께드 려

핑 계말 고　두려워말고　예 수복음전하- 자
기 쁨으로　주의성- 전　강 권하여채우- 자
할 렐루 야　할렐루- 야　천 국축제열렸- 다

오직기도로　오직전도로　할수있다해 보 자
믿음충- 만　성령충- 만　할수있다해 보 자
천군천사들　나팔불면서　환영하며부 른 다

건강한성도　건강한교회　기적이일어난 다 아멘!!

〈찬양 후 중보기도〉

3. 하나님! 우리 교회가 영혼을 살리는 교회가 되게 해 주셔서 감사합니다. 앞으로도 복음전도에 더욱더 힘쓰는 교회가 되게 하시고, 더 많은 성도들이 이 훈련을 통하여 전도에 두려움이 사라지고 날마다 복음전하는 아름다운 발걸음이 되게 해 주옵소서.

동역자 축복과 믿음의 선포

1) 세 분 이상씩 찾아가서 허깅 하시면서 축복해 주세요.

2) "당신은 위대한 전도자입니다"

3) ※ 남자는 남자끼리, 여자는 여자끼리 또는 남자/여자는 악수하며 축
   복하겠습니다.

하나님께서 당신을 통해

김영범

하나님께서 당신을통해 메마른땅에 샘물 나게하 시 기를

가난한영혼 목마른영혼 당신을통해 주사 랑알기 원 하네

전도자에게 있어야 할 필수 요소
– 열정(passion)

자기 일을 사랑하는 사람은 남녀노소를 불문하고 호감을 준다. 그리고 첫인상은 그 사람이 어떤 직업인지에 따라 즉 교회에서 나왔다고 하면 거절부터 하는 사람도 있겠지만 이후 매력은 그 사람이 보여 주는 태도와 열정이 결정한다.

교회에서 나왔다고 하면 좋은 반응을 보이는 사람이 있는가 하면 안색이 차갑게 변하는 사람들도 있다. 그러나 기억해야 할 건 모두가 차갑게 반응하거나 모두가 거절하지 않는다는 것이다. 어떤 반응이든 이제부터는 우리의 자세와 열의에 달려 있기 때문이다. 어떤 일에 몰입하는 사람은 멋있다. 마음속으로부터 존중하는 마음이 생긴다. 자기 일에 신념을 가지고 빠져 있는 사람은 매력 있다.

나는 교회를 개척하고 가장 먼저 전도계획을 세웠고, 전도 장소를 물색하던 중 교회 근처 ○○시장 앞을 전도 장소로 결정했다. 어느 곳에서 어떻게 전도해야 할지 모르지만 현장이 답이기에 전도용품을 싣고 나갔다.

역시 나가 보니 어떻게 전도해야 할지 계획이 세워졌다. 장소가 중요한 건 한 번 결정하면 평생 한다는 각오로 해야 하기 때문이다.

그렇게 시장전도 계획을 세우고 한 번도 빠지지 않았다. 매주 금요일, 오후 1시! 혹시나 빠져야 한다면 아침 일찍 가거나, 그 전날 미리 가서 전도를 했다. 비가 와도 나가고, 태풍이 와도 전도하고, 폭염주의보가 내려도, 한파가 찾아와도 전도를 나갔다. 그랬더니 이제 시장 상인들이 인정하는 교회가 되었고, 주위에 좋은 소문이 나는 교회가 되었다. 왜 그럴까? 복음 이전에 인간 이지훈으로서의 성실함을 인정받았다는 것이다.

8월 휴가철이라 함께 전도하러 나갈 사람이 없어서 혼자 전도를 나갔다. 전도용품을 차에 싣고, 시장에 가서 준비를 해야 하는데 '혼자'라는 생각에 많이 망설여졌다. 그러나 하나님께서 나가라는 감동을 주셔서 믿음으로 전도를 나갔다. 전도 장소에 도착하니 어떤 아주머니 한 분이 그 자리에 계셨다.

"목사님! 어서 오세요. 제가 전도용품 지키고 있을 테니까 주차하고 오이소~"
"네 감사합니다"

주차하러 가면서 '어떻게 저분이 그 자리에서 나를 기다리고 있지?' 생각하며 주차해 놓고 얼른 전도 장소로 돌아왔다. 세팅을 끝내고 기도 후에 전도를 나갔다. 이 당시 시원한 복숭아 아이스티를 종이컵에 담아서 전도를 했는데, 쟁반에 2단을 쌓아서 전도를 나갔다. 그런데 돌아와 보니 종이컵에 음료가 따라져 있었다. 도대체 누가 이렇게 해 놓았지? 주변을 둘러보아도 나와 눈을 마주치는 사람이 없었다. 또다시 전도를 나갔다가 돌아왔는데, 또 똑같이 음료가 따라져 있었다. 그래서 이번에는 전도를 하다가 중간에 돌아왔는데, 아니 글쎄 승려복 입은 아주머니께서 음료를 따르고 있는 게 아닌가? 멀리서 보고 있는데 모습이 참 희한했다. 교회 현수막 앞에서 음료를 따르고 있는 회색의 승려복 입으신 분이라니….

"어머님!(저는 친근하게 다가서기 위해 이렇게 부릅니다.) 어머님이 음료를 따르고 계셨군요!"
"아니, 와 목사님 혼자 나오셨어요?"
"전도사님도 휴가 가시고, 같이 올 분이 없어서 오늘 혼자 나오게 되었어요"
"고마 쉬시지 와 또 나와서 고생하는교. 내가 교회는 못 따라가도 전도하는 건 도와줄 테니까 어서 전도하러 가이소"
감사의 말씀을 전하면서 한결 가벼운 마음으로 전도를 하고 왔다.

전도를 다 끝나갈 때쯤 음료가 10잔 정도 남았는데, 그날따라 아무도 받지 않고 거절하는 것이다. 이번에는 맞은편 과일집 아주머니가 오시더니 "목사님, 주이소! 공짜로 주는 건데 왜 안 먹고 지랄이야~" 하시며 지나가는 분들에게 "아지매 오이소! 아지매 오이소!" "이건 부곡순복음교회서 공짜로 주는 거고, 여기는 담임목사님이시니까 마시고 교회 한 번 가이소!" 그러면서 나머지 10잔도 다 나눠 드렸다.

교회로 돌아와 주차를 하고 전도용품을 들고 계단을 올라가면서 발을 헛디뎌서 넘어지고 전도용품들도 깨졌는데, 마음이 참 행복했다. 전도는 나 혼자 가는 게 아니라 성령님이 함께하신다는 것을 다시 한번 깨닫게 되었다. 그리고 또 한 가지는 나의 그 열정이 그들의 마음을 움직였다는 것이다.

혼자 전도 나갈 수 있는 용기가 어디서 났을까? 첫 번째는 하나님 아버지의 마음을 깨닫게 해 주셨고 두 번째는 순종하는 마음을 주셔서 가능했다. 그 순종의 결과가 사람들에게는 '열정'으로 비쳐졌기 때문이다.

이제는 그 시장에 가면 가족처럼 반겨 준다. 교회를 가려면 부곡순복음 교회 가라면서 대신 전도도 해 준다. 그분들이 말을 한다. "이지훈 목사님은 태풍이 와도 전도 나온 목사님이시라고, 아무리 말려도 안 된다"고. 목사님의 성실함과 열정이 좋았다고 한다. 자기가 맡은 일에 떳떳하고 당당할 때 사람들은 그를 존중한다. 자기 일을 사랑하는 사람이 아름답게 보인다. 그게 복음이다. 복음은 말이 아니라 삶으로 보여 주는 것이다.

전도자에게 있어서 열정은 선택이 아니라 필수이다. 그래서 열정 있는 전도자들을 보면 부럽기도 하고, 그 열정이 있어서 지금까지 전도를 할 수 있었구나 하는 생각을 한다. 그래서 나에게도 열정을 달라고 기도한다.

그런데 그 열정이 어떻게 하면 생길까?
부모가 자녀를 사랑하면 무엇이든 할 수 있다. 수영을 못함에도 불구하고 겁 없이 아이를 구하려고 바다에 뛰어드는 이유는 무엇일까? 그것은 부모가 자녀를 사랑하기 때문이다. 열정은 사랑이 만든다. 다시 말하면 열정이 없는 것은 사랑이 없기 때문이다. 우리는 여러 가지 이유로 그 사랑을 잃어버렸다. 주님과의 첫사랑을 잃어버리면 열정이 식는다. 그러나 나를 구원하신 그 사랑에 사로잡히면 나도 모르게 열정이 살아난다.

전도의 열정을 갖고 싶은가?

그러면 나를 구원하신 십자가의 사랑을 경험하라. 내가 처음 예수님을 믿어서 행복했을 때를 기억해 보라. 지금까지 나를 지켜 주시고, 오늘도 여전히 나를 사랑하시는 하나님의 사랑에 감사한다면 영혼을 구하는 열정이 일어날 것이다. 전도의 열정은 하나님이 주시는 것이다. 전도의 열정을 달라고 간절히 기도하는 것이 중요하다.

삭개오(눅19:1-10)

삭개오의 구원에 관한 장면이며 여기에서 누가는 "예수님은 잃어버린 자를 찾아 구원하러 오신 분"이심을 선포하고 있다. 사실 삭개오라는 이름의 뜻은 '의로운 사람(righteous one)'이라는 의미를 갖고 있다. 그러나 삭개오는 자신의 이름과는 전혀 딴판의 삶을 산 사람이었다.

당시 세리들은 단순히 세금을 걷는 자들이라는 관점에서만 미움을 받은 것이 아니다. 그들은 이방인들을 위하여 일하는 사람들이었으므로 유대인들의 관점에서 말할 수 없는 죄인들이었다. 게다가 이들은 정한 세금 외에도 더 많은 세금을 사람들에게 부과하여 늑탈하는 합법적인 강도 노릇을 하는 자들이었다.

흥미로운 것은 누가복음 3장에서 세례 요한이 세례를 베풀 때에 회개하며 세례를 받으러 많은 부류의 사람들이 요한에게 나왔다. 그때 다양한 종류의 사람들에게 요한은 각각 그들이 어떻게 회개에 합당한 열매를 맺어야 하는지 가르쳤다. 예컨대 옷이 두 벌 있다면 옷이 없는 자에게 나누어 주고, 먹을 것이 있는 자도 그렇게 하라고 했고, 군인들의 경우는 사람에게서 강탈하지 말며 거짓으로 고발하지 말고 받는 급료를 족한 줄로 알라고 했다. 그리고 그중 세리들에게 대해서는 "부과된 것 외에는 거두지 말라"고 했다. 이것이 그들의 문제였던 것이다.

어린아이처럼 되지 않으면 하늘나라에 갈 수 없다고 말씀하신 예수님의 가르치심을 배웠다. 그런데 여기 삭개오가 어린아이처럼 되었다.

누가복음 19:2-4

2. 삭개오라 이름하는 자가 있으니 세리장이요 또한 부자라

3. 그가 예수께서 어떠한 사람인가 하여 보고자 하되 키가 작고 사람이 많아 할 수 없어

4. 앞으로 달려가서 보기 위하여 돌무화과나무에 올라가니 이는 예수께서 그리로 지나가시게 됨이러라

우리가 잘 아는 대로 고대 동양에서는 성인 남자가 뛰는 것은 일반적인 관례가 아니었다. 더구나 부유한 공직의 관원이 뛰는 것은 아주 부끄러운 일이요 점잖지 못한, 소위 방정맞은 사람으로 불리기 십상인 것이다. 게다가 삭개오는 나무 위에까지 올라갔다. 무슨 신기한 것을 보면 사람들 사이를 뚫고 들어가서 맨 앞에 앉아 지켜본다든지, 혹은 나무 위에 올라가서 거기에서 벌어지는 일을 더 자세히 본다든지 하는 것은 어린아이들이나 하는 짓이었다. 요한 칼빈은 "궁금증(Curiosity)과 단순성(Simplicity)은 믿음을 위한 일종의 준비 작업이다"라고 했다. 삭개오의 경우 이것은

진리였다. 왜 이 많은 군중들이 모였는가? 저들이 따르고 있는 나사렛 예수라는 분은 어떤 분이신가? 혹시 이분에 대하여 내가 중요한 것을 놓치고 있지는 않은가? 우리 예수님은 어린아이 같지 않으면 천국에 들어갈 수 없다고 하셨다.

누가복음 18:17
내가 진실로 너희에게 이르노니 누구든지 하나님의 나라를 어린 아이와 같이 받아들이지 않는 자는 결단코 거기 들어가지 못하리라 하시니라

우리는 어린 아이들처럼 순수한 마음으로 열심히 주님께 나아가야 한다. 사실 자신이 성공적인 삶을 산다고 생각하는 사람들일수록 그들의 자만심과 점잖음 때문에 주님을 믿는 일에서 엄청난 방해를 받게 되는 것이다. 삭개오의 이와 같은 적극적인 행동은 그에게 세 가지 놀라운 변화를 초래했다.

우선 그는 진리를 찾는 사람이었는데 구주 예수님에 의하여 찾아진 사람이 되었다. 우리 예수님은 "찾으라 그러면 얻을 것이라"고 하셨다. 예수님의 약속은 이루어졌다. 삭개오가 어린아이처럼 자신을 낮추어 가면서 진리를 찾고자 했을 때 그는 얻은 것이다. 하지만 그의 노력으로 얻은 것은 아니다. 예수님이 그를 불러주신 것이다. 그래서 우리는 삭개오가 찾는 사람에서 찾아진 사람이 되었다고 하는 것이다.

그러나 흥미로운 사실은 어떻게 삭개오의 마음속에 이렇게 예수님을

찾는 갈망함이 생기게 되었느냐 하는 것이다. 혹시 같은 세리였다가 예수님의 제자가 된 레위 즉 마태가 삭개오의 친구였던 것은 아닐까? 기억하는가? 누가복음 5장 27-39절에서 세리였던 레위가 예수님의 제자가 될 때 친구들을 초대해서 잔치를 벌였던 것을 기억하는가? 혹시 삭개오도 그때 초대되었던 것은 아닐까? 그때 그 자리에서 예수님의 말씀을 들었던 것은 아닐까? 혹시 레위가 남몰래 삭개오를 위하여 중보기도를 해 왔던 것은 아닐까? 혹시 삭개오는 부에 싫증이 나서 뭔가 새로운 것에 대한 목마름을 가지고 있었던 것은 아닐까? 우리는 이런 질문들에 대하여 대답할 수 없다. 그러나 우리는 우리 구주께서 자신의 새로운 시작을 향한 갈망함으로 주님을 찾는 죄인들을 찾아주시는 분이심을 인하여 기뻐할 수 있다.

여기에서 가장 즐거운 일은 주객전도(主客顚倒)이다. 예수님은 스스로 삭개오의 집에 자신을 초대하셨다. 그리고 삭개오는 기쁨으로 예수님을 영접했다. 누가복음에서 이 '즐거움(Joy)'은 아주 중요한 주제이다. 누가는 이 단어를 20회 이상 사용했다. 그러니까 매 장마다 한 번은 이 단어가 언급된 것이다. 주님과의 진정한 만남, 그리고 진정한 구원은 우리에게 많은 기쁨을 가져오는 것이다.

그다음 삭개오는 아주 작은 사람이었으나 거인이 되었다.

누가복음 19:7-8

7. 뭇 사람이 보고 수군거려 이르되 저가 죄인의 집에 유하러 들어갔도다 하더라

8. 삭개오가 서서 주께 여짜오되 주여 보시옵소서 내 소유의 절반을 가난한 자

들에게 주겠사오며 만일 누구의 것을 속여 빼앗은 일이 있으면 네 갑절이나 갚겠나이다

키가 작은 것이 삭개오의 잘못은 아니지만 어떻든 그 결함으로 그는 군중들 너머로 예수님을 볼 수 없었다. 하지만 그는 자신의 위신을 내려놓고 나무 위로 올라감으로써 그 결함을 극복했다. 영적인 관점에서 본다면 키가 작다는 것은 우리들 모두의 문제이다.

로마서 3:23
모든 사람이 죄를 범하였으매 하나님의 영광에 이르지 못하더니

죄인 된 우리들 모두는 하나님의 높은 수준을 측량할 수 없을 만큼 작은 존재들이다. 그러므로 우리는 모두 천국에 들어가기엔 너무 키가 작은 사람들인 것이다. 하지만 비극은 이 세상의 너무나 많은 죄인들이 자신들이 거인인 줄 알고 있다는 것이다.

그들은 다만 인간적인 수준에서 자신들을 평가한다. 돈, 지위, 권세, 명예… 하지만 이런 것들로 사람들 중에 높임을 받는 것은 하나님 앞에 미움을 받는 것이라고 하셨다.
비극은 그들이 영적으로 파산(bankrupt) 상태인데 자신들이 부자인 줄 알고 있다는 것이다. 삭개오에게는 그 부가 너무나 소중한 것이었다. 그에게 부마저 없다면 그는 너무나 불쌍한 사람이었을 것이다. 그러나 이제 삭개오는 진정한 부를 찾았다. 예수 그리스도는 우리의 부요함이 되시는

분이시다. 그래서 이제 삭개오는 자신이 생명처럼 간직해 오던 부를 포기하기 시작한다. 사실 자신의 재산 절반을 가난한 자들에게 나누어 주고, 또 자신이 토색했던 부분들을 네 배로 갚는다면 그에게 얼마나 재산이 남겠는가? 하지만 그는 기꺼이 이 일을 할 수 있었다. 그는 거인이 되었다. 그는 외인의 자리에서 아브라함의 자손이 되었다.

손가락 전도법(소리 내어 5번 읽기)

1. 천국

천국이 있습니다. 돈, 공로, 착한 일로 갈 수 있는 곳이 아닙니다. 천국은 하나님께서 선물로 주셨습니다.

2. 인간

모든 인간은 죄인입니다. 죄인은 천국에 갈 수 없습니다.

3. 하나님

하나님은 사랑의 하나님이시지만 의로우신 분이셔서 우리의 죄를 벌하실 수밖에 없으십니다.

4. 예수님

예수님은 인간이신 동시에 하나님이십니다.

죄가 없으신 분이시지만 우리를 구원하시기 위해서 십자가에서 죽으시고 부활하시고, 다시 오시겠다고 약속하셨습니다.

5. 믿음

우리가 구원받기 위해서는 오직 예수님만 믿어야 합니다.

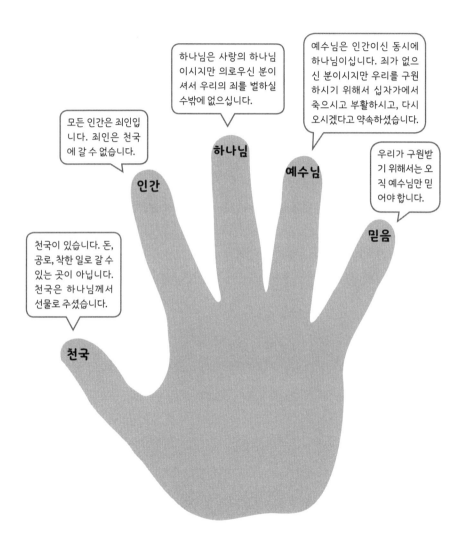

모든 인간은 죄인입니다. 죄인은 천국에 갈 수 없습니다.

하나님은 사랑의 하나님이시지만 의로우신 분이셔서 우리의 죄를 벌하실 수밖에 없으십니다.

예수님은 인간이신 동시에 하나님이십니다. 죄가 없으신 분이시지만 우리를 구원하시기 위해서 십자가에서 죽으시고 부활하시고, 다시 오시겠다고 약속하셨습니다.

우리가 구원받기 위해서는 오직 예수님만 믿어야 합니다.

천국이 있습니다. 돈, 공로, 착한 일로 갈 수 있는 곳이 아닙니다. 천국은 하나님께서 선물로 주셨습니다.

인간

하나님

예수님

믿음

천국

예수님 저는 죄인입니다.

지금까지 저는 제 자신을 믿고 살아왔습니다.

저의 죄를 회개합니다.

예수님이 저의 죄 때문에 십자가에서 죽으시고, 부활하심으로 저의 모든 죄를 해결해 주심을 믿습니다.

지금 이 시간 마음의 문을 열고, 예수님을 나의 구주로 영접합니다.

이제부터 제가 하나님의 자녀로 살아가도록 인도해 주세요.

예수님 이름으로 기도드립니다. 아멘.

오늘의 미션

※ 전도에 대해 교회와 주변 환경이 다르고, 개인마다 상황이 다르기 때문에 그때그때 상황이 다르기에 훈련을 하면서 미션을 알려 드립니다.

전도 후 피드백

□ 함께 간 전도자는 누구누구인가?

□ 어느 장소에서 전도를 했는가?

□ 어떻게 전도를 시도했는가?

□ 결과 - 반응은 어떠했는가?

□ 전도하면서 느낀 점은?

좋은 이웃이 많아지는 '전도'

전도의 지경을 넓히면서, 늘 그랬듯이 매주 똑같은 요일과 시간을 지키면서 전도를 나가고 있습니다. 정말 신기할 정도로 반응이 똑같이 나타납니다. 낯선 사람을 경계하는 눈빛, 그러나 매주 변함없이 상가를 돌며 따듯하게 인사하다 보니, 이제는 우리를 알아보는 분, 기다리는 분들이 있고, 제법 친해져서 이것저것 챙겨 주시는 분들도 계십니다. 그렇게 좋은 이웃이 많아지니 전도하는 것이 당연히 쉽고 재미있겠지요.

오늘은 사장님과 친해진 한 카페에 들렀는데, 그 카페는 거점장소로 삼고 있습니다. 카페에 들어가니 손님들이 계셨는데, 전도용품들을 드리니 누구냐면서, 어디서 주는지, 왜 주는지 묻습니다. 카페 사장님은 저희가 누군지 너무나 잘 알기에, 어디서 왔는지, 어떤 교회인지, 예배 시간은 언제인지를 손님에게 다 말씀해 주십니다.

그러면서 제가 마지막에 "아버님~ 교회 한번 놀러 오세요~" 그랬는데, 또 다른 분에게 혼났습니다. "아니, 교회를 놀러 가면 됩니까? 예배드리러 가야지!" "아이쿠~ 맞습니다. 어머님! 제가 그 말을 하고 싶었는데 어머님이 대신 해 주시네요~ 감사합니다. 혹시 어머님 교회 다니세요?" 다닌다고 합니다. 그때 카페 사장님이 저를 향해 "이분은 부곡순복음교회 담임목사님이세요" 하니, 저를 다시 한번 쳐다보면서 목사님이 젊으시네요, 이렇게 전도하는 게 쉽지 않은데~ 하시면서 교회에 대해 물어보셨습니다.

화기애애한 분위기 속에서, 제가 미처 하지 못한 말들은 다른 손님을 통해서 하게 하시는 하나님! 참 좋으신 분이죠? 오늘도 복음입니다.

빌립보서 1:18
그러면 무엇이냐 겉치레로 하나 참으로 하나 무슨 방도로 하든지 전파되는 것은 그리스도니 이로써 나는 기뻐하고 또한 기뻐하리라

◆ 나의 전도일기

□ 날 짜 :	□ 이름 :
□ 동행자 :	□ 장소 :

좋은 밭은 사랑으로
만들어야 한다

전도자 코칭 노트 워크북
Evangelist coaching note work book

전도하기 위해서는
좋은 밭을 만들어야 한다.

필자는 얼마 전에 "자산어보"라는 영화를 보았다. 거기서 이런 대화가 있다. "씨만 중하고 밭 귀한 줄 모른다. 씨만 뿌리면 뭐하냐고? 밭이 안 좋으면 씨가 싹을 못 트고, 흙이 안 좋으면 싹이 터도 크지 못한다"는 대사였다. 우리가 지금 전도하면서 점검해 봐야 할 것은 어쩌면 그 장소, 그 밭이 좋은 밭으로 기경이 되어 있는지를 점검해 볼 필요가 있다. 전도가 어렵다고만 말할 게 아니라, 밭을 점검해 봐야 한다는 것이다. 마가복음 4장 20절 "좋은 땅에 뿌려졌다는 것은 곧 말씀을 듣고 받아 삼십 배나 육십 배나 백 배의 결실을 하는 자니라" 그래서 좋은 밭을 만드는 작업이 필요하다. 우리가 근육이 뭉쳐있는데 계속 운동을 하면 몸에 문제가 생기듯이 말이다. 그러면 어떻게 해야 될까? 근육을 풀어줘야 한다. 뭉친 근육을 풀어야 운동을 해도 무리가 안 된다. 억지로 운동하면 무리가 생긴다. 마찬가지로 전도 대상자와 전도자와의 뭉쳐 있는 근육이 있다면 풀어줘야 전도를 할 수 있다는 것이다. 그래서 그 출발을 이렇게 해 보자. 가장 먼저는 상냥하게 인사를 하고 가능하다면 일상적인 대화를 시도해 보는 것이다. 그리고 대화를 나누다 보면 여러 가지 정보를 얻을 수 있는데 그것을 꼭 메모해 뒀다가 전도하면서 잘 활용해 보는 것이다. 거기에는 반드시 공감이라는 것을 해 주면 좋다.

모든 것은 복음 전하기 위한 단계이다. 말에도 순서가 있듯이, 복음 전하는 것도 순서가 있다. 물론 성령께서 역사하시면 순서 같은 건 의미가 없을 것이다. 우리 전도자는 아무리 짧은 대화라도 머릿속에 복음 전하는 기회를 잡아야 한다는 생각을 놓치면 안 된다. 그런데 사실 대화를 하다 보면 우리 마음대로 그 대화가 흘러가지 않을 때도 있고 돌발상황도 있다. 그럴 땐 어떻게 해야 될까? 우선 대화를 시작하기 전 자신의 생각과 확고한 의지를 인식하고 있어야 된다. "결론은 복음이다"라는 식으로 말이다. 대화에 임할 때도 내가 어떤 기준도 갖고 있지 않다면 얘기치 못한 상황은 우리를 더 당황하게 만들 것이고 생각지도 못했던 방향으로 대화는 흘러갈 수 있다. 그래서 대화 전에 복음을 인식하고 대화 하느냐, 그냥 대화하느냐는 큰 차이가 있다. 그렇게 해서 자연스럽게 복음으로 이어갈 수 있게 하는 것이다. 물론 모든 대화에서 가능한 건 아니다. 씨앗을 심으려면 먼저 땅을 비옥하게 만들어 놓아야 하니까 그렇다.

복음이라는 씨앗을 심으려면 좋은 밭이 준비되어 있어야 한다. 필자도 전도하면서 복음을 전하기 위한 준비 작업을 많이 한다. 조급하게 서두르지 않는다. 필자 같은 경우는 변함없이 그리고 꾸준히 전도하다 보니까 전도 대상자들이 먼저 말을 걸어온다. 복음 전하기 정말 좋은 밭이 만들어진 것이다. 우리는 그때까지 충분히 기도하면서 기다려야 한다.

전도는 사랑으로 하는 것이다

과거의 전도를 보면, 사실 전도자의 삶이 그렇게 중요하지 않았다. 그래서 그때는 누구든지 복음을 전하면 전도가 되었다. 한국 교회 초창기의 모습이 사람들에게 좋게 보였기 때문에 가능했던 것이다. 그리고 나라의 지도자들이 대부분 크리스천이었고 정치, 사회, 문화적으로 교회의 역할이 컸었다. 또한 복음이 생소한 때였기에 전도지와 복음 제시만으로도 전도가 가능했다. 그래서 과거에는 "누가 말하느냐"보다 "무슨 주제인가"에 더 관심이 많았다. 다시 말하면 메신저보다 메시지가 중요했다. 그래서 그때는 많은 사람들이 교회를 좋아했고 여름성경학교 때만 해도 교회가 북적거릴 만큼 많은 아이들이 교회를 찾아왔었다. 그런데 지금은 어떨까? 시대가 참 많이 변했다. 사람들이 좋아하는 가치관, 추구하는 것들이 많이 변했다. 예를 들면 과거에는 주일에 돈을 쓰거나, 주일을 지키지 않으면 정말 큰일 나는 줄 알았다. 그러나 지금은 그렇지 않다.

그리고 요즘은 교회에 대한 부정적인 시각이 참 많아졌다. 어느 정도 간단한 복음과 예수님에 대해서 많은 사람들이 들었다. 그래서 지금은 복음 내용(message)보다 전도자의 삶(messenger)이 어떠한가가 중요하다. 다시 말하면 믿을 수 있는 사람인지, 좋은 사람인지가 더 중요한 역할을 하고 있다. 아직도 복음을 듣지 못한 사람들이 주위에 많지만, 그리스도인의 삶과 교회의 모습이 전도에 있어서 매우 중요하다. 복음을 거부하고 교회에 나오지 않는 이유 중에 많은 비중을 차지하는 것은 세상에 미친 그리스도인들의 삶과 교회에 대해 실망한 경우가 많다. 예수 믿는 사람들에게 배신을 당한 것도 있다. 세상 사람들은 그리스도인의 삶을 본다는 것을 절대 잊으면 안 된다. 세상 사람들이 우리의 전도용품 뭘 갖고 왔냐를 보는 게 아니라, 정말 알고 싶고, 보고 싶은 것은 "그렇게 좋다고 말하는 예수! 당신들은 그 예수 믿고 무엇이 달라졌습니까?" "당신은 예수를 믿고 삶의 어떤 변화를 경험하셨습니까?"이다. 전도자가 예수님을 만나서 달라진 모습을 보여준다면 전도의 문은 확실히 열릴 것이다. 그럼 어떻게 전도하면 될까?

우리는 그동안 전도하면서 전도 대상자를 정복하고 굴복시키는 형태가 많았다. 전도를 전투 개념으로 이해하면서 생기 오해다. 전도를 영적 전쟁이라고 한다. 그러나 이건 사탄과의 전쟁이고 싸움이지 사람과의 싸움이 아니다. 영적 전쟁을 육적 전쟁으로 이해하다 보니, 무례함이 생기는 것이다. 전도 대상자를 굴복시켜야 하는 대상으로 접근하면 안 된다. 전도는 사랑을 하는 것이다. 그렇다면 방법도 사랑으로 해야 된다. 친절하게 예의를 가지고 접근해야 함에도 불구하고 마치 믿지 않는 사람들을 사탄처럼 생각하고 과격하게 예수 안 믿으면 저주를 받는다는 식의 말을 쉽게 내던질 때가 있다. 전도자는 기도하면서 영적 싸움에서 이기기 위해 사탄과 전쟁하는 자세가 필요한 건 맞다. 그러나 사람을 대할 때는 그런 자세나 용어를 사용하는 것은 오히려 거부감을 일으킬 수 있다. 사람들은 좋은 친구를 만나고 싶어 한다. 예수님을 전한다고 하는 것은 세상에서 가장 좋은 친구 한 분을 소개하는 것이다. 그렇다면 먼저 전도 대상자와 전도자가 가정 먼저 친구를 맺는 것에서 출발해야 하지 않을까? 어떻게? 사랑으로 말이다.

성경의 전도법

당장에 쓸 수 있는 전도 방법만 찾는다면 우리는 쉽게 한계에 부딪히고 포기하게 될 것이다. 중요한 것은 나만의 전도 방법을 터득하고 열정을 가지고 지속적으로 할 수 있느냐에 달려 있다. 전도 방법에만 집중하다 보면 자칫 복음이 약해질 수 있고, 왜곡될 수도 있다. 그래서 실제 경험된 것이 다시 성경적으로 정리가 되어 바르게 적용하는 과정이 필요하다. 물론 전도 방법을 배우고 복음을 전달하는 데 어느 정도 참고하는 것은 필요하다. 그러나 그 방법보다는 예수 그리스도를 소개하고 그분을 만나게 하는 원리를 터득하는 것이 중요하다.

언제나 내 마음에 있는 것이 흘러나오기 마련이다. 성경의 스토리를 풍성하게 마음에 담으면 성령께서 할 말을 친히 알려 주실 것이다. 우선 성경에서의 전도법을 살펴보고 연구해 보자.

첫째, 예수님의 개인전도

수가성의 사마리아 여인을 만나서 전도한 과정이다. 요한복음 4장에 소개되고 있는데, 개인적으로 만나 복음을 전하시며 대화를 통해 전도하셨다.

둘째, 예수님의 관계 전도

예수님이 사도 바울을 찾아서 다메섹에서 만난 전도이다. 아나니아에게 이끌려 전도되고, 사도로 자라가는 과정이다. 이것은 하나님께서 직접 이끄신 전도법이다.

셋째, 예수님의 짝 전도

예수님이 열두 제자와 칠십 인을 둘씩 짝 지어 보내는 전도이다. 사람을 만나고 집을 들어갈 때 어떻게 해야 하는지 등에 대한 전도 훈련을 소개하고 있다.

넷째, 안드레의 가족 전도

가까운 형제 베드로를 전도한 방법인데, "와 보라" 말하면서 가족을 예수님께로 인도했다.

다섯째, 빌립의 개인 전도

빌립이 에티오피아 내시를 전도한 개인 전도인데, 한 사람의 전도가 결국 아프리카 복음의 기초를 다졌다.

여섯째, 바울과 실라의 어려움 가운데서 전도

바울과 실라가 옥에서 간수를 전도한 과정이다. 어려움을 당했는데 오히려 전도의 기회가 되었다.

일곱째, 고넬료의 초청 전도법

고넬료가 온 가족과 친구들을 초청해서 베드로의 설교를 들으면서 전도하여 세례를 받은 과정이다.

가장 먼저 성경에서의 전도법을 찾아보고 연구하며 지혜를 구하는 것이 좋은 방법이다. 그리고 우선은 많이 만나야 한다. 계속 전도하다 보면 나만의 전도 방법이 자연스럽게 터득이 된다. 전도된 경우를 보면 정성에 감동해서 교회에 나오고 예수님을 믿게 되었다는 비율이 가장 많다. 그다음은 전도자의 간절한 마음에 미안해서 또는 어려움을 당해서 교회 온 경우들이 있다. 이제는 길거리 전도가 점점 힘들어서 생활 전도가 중요시되고 있다. 말이 아니라 생활로 보여 주라는 의미이다.

성경적 기초를
튼튼히 하여
친밀도를 높이자

전도자 코칭 노트 워크북
Evangelist coaching note work book

성경적 기초를 튼튼히 하자

그리스도인이라면 누구나 전도를 해야 한다는 것을 알고 있다. 교회들마다 전도에 많은 힘을 쏟고 있다. 그러나 전도는 그렇게 만만치가 않다. 인터넷 검색창에도 주로 검색하는 문구가 "어떻게 하면 전도를 잘할 수 있을까?"를 많이 검색한다.

그래서 많은 사람들이 전도 훈련, 전도 세미나, 전도 간증들을 듣거나 전도왕이 쓴 책을 읽고 따라 해 보기도 한다. 그런데 막상 해 보니 잘 안되는 경우가 많았다. 나 또한 그랬다. 그것은 전도자 개인의 주관적 경험이기 때문에 그렇다. 개인의 상황과 교회의 상황, 특징이 다르기 때문에 일괄적으로 모든 것을 적용하기란 어렵다.

그것이 나에게 전달되기 위해서는 먼저 성경적인 전도에 대한 생각부터 정리가 되어야 한다. 성경에서 말하고 있는 전도의 원리가 체계적으로 정리가 되고 나서 전도를 시작해야 한다. 그렇지 않고서 즉각적으로 사용할 수 있는 전도의 방법, 전도용품, 전도팁, 전도왕의 간증을 듣는다면 얼마

가지 못해서 그만두게 될 것이다. 왜냐하면 그들이 말하고 있는 방법들이 우리 교회에 적용되지 않고, 나에게도 잘 맞지 않을뿐더러 하나님께서는 다르게 역사하시기 때문이다. 방법에 매달리면 늘 이런 일이 반복된다.

전도는 어느 것 하나에만 집착하면 안 된다. 개인전도도 필요하고, 2인 1조가 되어서 전도를 하고, 공동체 안에서도 전도할 수 있어야 하며, 노방전도, 관계전도, SNS전도, 방송사역 등 서로 유기적이며 통합적으로 이루어질 때 전도의 효과를 거둘 수 있을 것이다.

무엇보다 중요한 것은 개교회별로 자신과 교회에 맞는 전도 방법이 정리된다면 도중에 그만두지 않고 평생 전도자로 살아갈 수 있을 것이다.

전도의 출발은 '방법'이 아니라 전도에 대한 성경적인 기초를 튼튼히 하는 데 있다.

전도보다 친밀감이 먼저다

사람 사이에 벌어지는 모든 일에는 '관계'가 작용한다. 전도도 마찬가지이다. 본격적인 전도에 앞서 상호 우호적인 관계를 만드는 일이 먼저다. 신뢰가 생겨야 전도도 부드럽게 진행되고 좋은 결과도 얻을 수 있다.

의사와 환자의 관계를 뜻하는 '라포(rapport)'라는 말이 있다. 아픈 사람이 의사를 찾아가 진료를 시작하면 의사와 환자 사이에는 특수한 관계가 자연스럽게 만들어진다. 서로 믿고 의지하려는 마음이 생기며 친밀감을 느낀다. 이렇게 의사와 환자 사이에는 서로를 신뢰하는 단단한 '라포'가 형성된다.

이때 우리가 알아야 할 중요한 사실은 라포 형성에 따라 예후가 크게 달라진다는 점이다. 연구 결과에 따르면, 환자와 의사 사이에 유대감이 생성되어 있으면 치료 결과가 더 좋게 나온다고 한다. 전도에 있어서도 상호 '관계'가 그 결과에 영향을 미친다는 것이다.

서양 사람들은 필요에 의해 사람들을 만나고 물건 구매를 고려한다면, 우리는 친분이 있는 곳에서 구매를 생각하고 필요한 이유를 찾아낸다. 그들은 필요하면 구매하지만, 우리는 친해지면 구매한다고 할까? 한국에서는 친분 쌓기를 통한 친밀하고 우호적인 관계형성이 전도보다 우선되어야 한다.

　특별한 이유 없이 만나 친분을 쌓는 시간이 그 무엇보다 강력한 전도 도구가 된다. 그러므로 한국적 문화와 사람들의 특성을 알아야 한다. 전도하기 전 친분부터 쌓아야 한다.

편안한 것이 마음을 열게 한다

복음을 전하기 위해서는 〈좋은 관계〉를 형성해 가는 게 참 중요하다. 다시 말하면, 친구 만들기를 잘해야 한다. 좋은 관계가 형성되면 마음이 열리고 마음이 열리면 복음을 제대로 잘 전할 수 있다. 그래서 상대방의 마음을 여는 게 참 중요하다. 바로 이 편안함이 사람의 마음을 여는 열쇠이다. 혹시 이런 말 들어 봤는가? "말은 못해도 대화는 잘할 수 있다?" 실제로는 말은 잘 못하면서도 사람들의 마음의 문을 열고 원하는 결과를 얻어내는 사람들이 주변에 많다. 필자가 아는 목사님은 설교하실 때 말을 조금 더듬고 전달력이 조금 부족하다는 평을 자주 듣는다고 한다. 그래서 주변에서는 "아니, 목사님이 설교할 때 왜 이렇게 말을 못하지?"라는 말을 듣곤 한다. 그러나 사석에서 만나면 모든 교역자, 성도는 물론 아이들까지 모두 이 목사님을 찾는다고 한다. 이 목사님이 잘생기거나 탁월한 영적인 능력이 있는 것도 아닌데, 그저 성도들을 만나면 진심으로 안부를 물어 주고 걱정해 주는 편안한 분위기를 가진 목사님이었다. 그 목사님을 찾는 분들을 보면 말을 잘하는 것은 아니지만 사람들이 편안해할 수 있는 분위기를 만들고 성도님들의 말을 충분히 경청하고 감동하기 때문이다.

《나는 튀고 싶지 않다》라는 책을 쓴 방송인 이금희 씨는 편안한 분위기를 좋아한다고 한다. 이금희 씨가 인터뷰하는 것을 분석한 기사를 보면 상대의 말을 온몸으로 경청하는 듯한 표정, 상대의 기쁜 감정, 슬픈 감정을 그대로 받아들여 공감하고 있기 때문이라고 한다. 그래서 출연자들 중 상황이 어려운 분들이 출연하여 눈물 흘리면 이금희 씨도 눈가가 젖어 있는 것을 볼 수 있다. 이러한 모습에 출연자들은 더욱 자신을 알아주고 동감하는 이금희 씨에게 누구나 마음을 다 터놓고 말하고 싶은 충동을 느끼고 자신의 이야기를 풀어 가게 한다고 한다.

그렇다면 편안함으로 대화를 이끌려면 어떻게 하면 좋을까? 이숙영 아나운서가 권하는 대화의 기술을 참고해 보자.

1. 먼저 말하지 말고 들으라.
2. 눈을 마주치고 정성껏 귀를 기울이라.
3. 웃는 얼굴로 맞장구치라.
4. 겸손을 무기로 삼아 상대방의 마음을 열라.
5. 적절한 칭찬으로 상대방을 무장 해제시키라.
6. 나를 제물로 삼아 상대방을 웃기라.
7. 대화 중 모르는 것은 모른다고 하라.
8. 가까운 사이일수록 존중하라.
9. 중언부언하지 말고 요점만 말하라.
10. 책과 신문을 통해 다양한 목소리를 만들라.

이 10가지를 잘 기억하면서, 편안한 분위기 속에서 대화를 하고, 마음이 열릴 때 복음을 전하면 훨씬 더 효과적으로 전도할 수 있을 것이다.

호감을 부르는 비법

전도자 코칭 노트 워크북
Evangelist coaching note work book

호감을 부르는 5가지 비법

무엇이 사람에 대한 호감을 결정할까? 첫인상은 외모와 분위기, 평판을 통해 형성되지만 이후 감정에 영향을 미치는 요소는 무엇일까? 앞서 좋은 관계를 만들기 위한 첫 번째 조건은 많이 만나는 것이라고 했다. 그렇다면 만났을 때 어떤 행동을 해야 좋은 관계로 발전할 수 있을까?

좋은 만남, 즉 호감을 얻기 위해서는 다섯 가지가 필요하다.

첫째, 약속시간 지키기

시간 약속을 잘 지키는 것은 기본이다. 사실 시간관념이 확실하다고 호감을 쉽게 얻는 것은 아니다. 하지만 시간을 안 지키면 잃는 것이 많다. 우선 이미지가 나빠진다. 시간 약속에 대한 태도로 선입견이 형성되기 때문이다. 시간 약속을 지키려는 자세만 봐도 성실성을 짐작할 수 있다.

전도할 때도 이 시간을 지키는 것은 너무나 중요하다. 많은 교회들이 전도를 나가긴 나가는데 나갔다 안 나갔다, 장소도 들쑥날쑥하다 보니 사람들 역시 큰 기대를 하지 않는 경우들이 있다. 또한 '몇 번 거절하면 안 오더라'라는 생각들도 갖고 있다. 변함없이 꾸준한 모습을 본다면 그 성실성을 인정받고 그들도 우리를 신뢰할 수 있을 것이다. 그래서 한 번 정한 장소와 시간은 평생 한다는 각오로 가야 한다.

시간은 모든 사람에게 소중하다. 아직 친분이 없을 때는 서로 조심해서 시간 약속을 잘 지켜야 한다. 물론 우리는 전도 나가는 날과 장소를 그들과 약속하지는 않는다. 그러나 그들은 우리를 주시하고 있다. '시간 약속 잘 지키기'는 호감을 얻기 위한 첫 번째 요건이다.

둘째, '미소'가 호감을 부른다

부드러운 미소는 상대를 편안하게 한다. 미소엔 돈이 들지 않는다. 대단한 노력이 필요한 것도 아니다. 처음에는 외모부터 보이지만 오랫동안 알고 지내면 그 사람 표정이 보인다. 표정은 내면을 드러내는 역할을 한다. 좋은 생각과 긍정적인 마인드를 가지고 밝은 표정과 환한 웃음을 짓는다면 보는 이도 기분이 좋아진다.

때로는 천 마디 말보다 더 뜨거운 응원이 되기도 긍정적인 기운과 따뜻한 위로도 준다. 미소는 부드럽지만 은근한 힘이 있다. 그러니 미소를 연습하시기 바란다.

셋째, '경청'이다

대화는 잘 듣는 태도가 기본이다. 말하기보다 듣기가 우선이다. 영국

수상을 지냈던 벤저민 디즈레일리(Benjamin Disraeli)는 듣기가 왜 중요한지 알고 있었다. "사람들에게 호감을 갖게 하는 방법은 간단하다. 다른 사람의 말을 열심히 듣는 것이다"

평범해 보이지만 관계를 좋게 만드는 핵심 원리를 간파한 지적이다. 인디언 속담에도 "들어라, 그렇지 않으면 혀가 당신의 귀를 멀게 한다"라는 말이 있다. 역시 경청이 왜 중요한지를 강조하고 있다.

넷째, '인정과 공감'이다

타인을 인정해야 한다. 사람은 누구나 다르다. 생김새도 다르고 생각도 다르다. 다양한 사고방식을 우리는 존중해야 한다. 어떤 사안에 대해서 맞고 틀리다는 확신은 위험하다. 차이만 있을 뿐이다. 다름을 인정하고 다른 견해를 받아들일 수 있어야 한다. 누구라도 그 사람 입장에 서면 이해할 수 있다. 그리고 이해할 수 있다면 수긍해야 한다. 인디언 속담에 "남의 신발을 신고 10리를 가 보지 않으면 그 사람에 대하여 아무것도 말하지 말라"라고 했다.

'인정'과 함께 '공감'하는 마음도 중요하다. 사람은 감정을 나눌 때 친해진다. 함께 기뻐하고 슬픔을 나누면 친구가 된다. 힘든 순간을 같이 보낸 친구는 왜 오랫동안 기억에 남을까? 내가 슬펐던 순간을 함께했기 때문이다. 감정이입을 통해 상대방 감정에 동조할 때 깊이 있는 교제가 이루어진다. 감정의 교류가 소통의 목적이 될 수도 있기 때문이다. 기쁨과 슬픔을 진정으로 나눌 때 사이는 돈독해진다.

다섯째, '배려'가 호감을 부른다

배려는 타인의 입장에서 생각하고 행동하는 일이다. 역지사지(易地思之) 상대방 시각으로 접근하는 태도가 좋은 관계를 맺는 지혜이다. 사소한 일이라도 그 사람의 시각으로 볼 수 있어야 한다.

전도하면서 상대방 말의 속도와 말투, 목소리 크기 등도 상대에 맞추는 것도 필요하다. 상대가 즐겨 쓰는 단어나, 사투리, 특별한 용어가 있다면 함께 사용하는 것도 친해지는 요령이다. 사람은 직업이나 환경에 따라 구사하는 어휘도 달라지기 때문이다. 그 사람의 눈높이에 맞는 단어 선택이 중요하다.

어려운 단어나 교회에서만 쓰는 용어들을 사용해서 상대방이 이해하지 못하면 대화의 리듬이 끊긴다. 동질감을 느낄 수 있고 그 사람의 생활양식을 내가 잘 이해하고 있다는 느낌을 줄 수 있어야 한다.

"상대방이 이해하는 언어로 이야기하면, 그 상대방은 머리로 받아들인다. 하지만 상대방이 쓰는 언어로 이야기 하면, 그는 마음으로 받아들인다"

— 넬슨 만델라(Nelson Mandela)

호감을 주는 핵심
– 따뜻함

처음 만나는 전도 대상자에게 호감을 주려면 어떻게 해야 할까? 이 질문에 대답하기 위해 심리학자 케리의 실험을 참고해 보자.

실험 대상자로 선출된 대학생 55명은 몇 개의 그룹으로 나누어 경제학 강의를 받았다. 그리고 강의를 받기 직전에 "담당강사가 급히 출장을 가서 다른 강사가 강의를 한다"라는 통보를 받았고 곧이어 임시강사가 자기소개를 했다. 자기소개 내용은 학력과 가정, 일 등이었다.

이때 실험자는 미리 한 그룹에게는 '임시강사가 따뜻한 성격'이라고 일러주고, 다른 그룹에게는 '차가운 성격'이라고 일러 주었다.

그 결과 임시강사가 두 그룹에 똑같이 자기소개를 했음에도 강사에 대해 따뜻한 성격이라고 사전정보를 받은 그룹의 대학생들은 차가운 성격이라고 들은 그룹보다 '사교적이고, 유머가 있으며 인정이 많고…'라며 3배 정도 호의적으로 평가했다. 이는 다른 어떤 실험 그룹보다 호의적인 반응이었다.

이 실험에서 알 수 있듯이 사람의 인상을 받을 때 가장 크게 작용하는 정보는 그가 '따뜻한' 사람인가 '차가운' 사람인가다. 이 두 가지는 사람의 성격을 판단하는 중요한 요소로, 상대방에 대한 인상을 형성하는 데 중요한 열쇠이다.

그러므로 처음 만나는 전도 대상자에게는 되도록 자신의 '따뜻함'을 부각시키는 것이 중요하다. 그러기 위해서는 상대방에게 미소를 지으며 이야기를 하고, 자신의 얘기만을 일방적으로 하기보다는 얘기를 들어 주고, 말을 빨리 하기보다는 약간은 느리고 정중한 말투를 사용하는 것이 효과적이다.

처음에는 이런 식으로 전도 대상자에게 따뜻한 인상을 심어 주면, 그다음에는 약간의 실수를 하더라도 좋은 부분만을 기억하는 플러스 효과를 누릴 수 있다.

대부분의 사람들은 부탁을 할 때 상대가 차가워 보이면 '거절당하지는 않을까?' 하는 불안한 마음이 앞선다. 누구나 거절당하면 상처를 입기 때문에 그런 사람과는 되도록 거리를 두고 싶어 하는 심리가 작용한다.

반대로 자신의 행동에 조금 실수가 있고 부족함이 있어도 마음이 따뜻한 사람은 반응 역시 따뜻할 것이라고 기대한다. 마음이 따뜻한 사람과 있으면 유쾌하고 즐겁다고 느끼는 것도 바로 이런 이유에서다. 당연한 말이지만 한 번 보고 더는 안 볼 사람이면 몰라도, 장기적으로 보고 전도할 대상이라면 만날 때 즐거운 사람이 좋은 법 아니겠는가!

진짜 깨어서 전도해야 된다

이사야 선지자는 전해진 말씀은 결코 헛되이 되지 않을 것이라고 약속
했다. 사도 바울도 낙심하지 않는다면 때에 이르게 되어 반드시 거둘 것
이라고 말했다. 하나님은 마지막 날에 하나님의 사람을 찾고 계신다.

다니엘 12:3
지혜 있는 자는 궁창의 빛과 같이 빛날 것이요. 많은 사람을 옳은 데로 돌아오게
한 자는 별과 같이 영원토록 빛나리라

마지막 날에 시대에 휩쓸리지 않고 세상의 유혹에 흔들리지 않고 핍박
에 굴하지 않으며 하나님의 길을 가는 지혜로운 사람이 궁창의 별과 같이
빛날 것이다. 그런데 더 칭찬받는 사람이 있다. 자기만 그런 것이 아니라
다른 사람들도 영적으로 변화시키는 자이다. 거룩한 영향력을 끼치는 사
람이다. "많은 사람을 옳은 데로 돌아오게 한 자" 이 사람은 하늘의 별과
같이 한 마디로 하늘나라에서 스타가 될 것이다. 하나님이 스타로 대우해
줄 것이다. "많은 사람을 옳은 데로 돌아오게 한 자" 영적 영향력이다. 다

니엘은 자기뿐 아니라 친구 세 사람에게 얼마나 영적으로 도전을 줬던지 친구 세 사람이 다니엘 이상으로 영적인 파워를 느부갓네살 앞에서 보여 줬다.

그뿐 아니라 하나님을 모르는 이방인의 왕 느브갓네살도, 다리오도 다니엘 보고 나서 하나님은 살아 계시다고 선포했다. 엄청난 영적 영향력이다. 하나님은 여러분이 세상 속에서 있으나마나 한 사람 되기를 원치 않으신다. 예수 믿지 않는 사람들의 입에서도 "아~ 저 사람 보니까 하나님은 살아 계시구나!"이런 고백이 터지게 만들어야 한다.

여러분! 세상은 그리스도인의 삶을 본다. 눈에 보이는 그리스도인의 모습을 보고, 복음에 관심을 갖게 된다. 세상 사람들이 전도자에게 묻고 싶은 것이 있다.

"당신들은 예수 믿고 무엇이 달라졌습니까?"
"어떤 삶의 변화를 경험하셨습니까?"

세상은 복음을 듣기 전에 그것을 보고 싶어 한다. 그것을 전도자가 보여주어야 하고, 그런 삶을 이야기해야 한다. 많은 사람을 옳은 데로 돌아오게 하는 것이 전도입니다. 마지막 날이 가까웠기 때문에 우리 진짜 깨어서 전도해야 된다. 그리고 선교지는 바로 여러분이 서 있는 바로 그 자리가 선교의 자리이다. 여러분이 민망해서, 바빠서, 피곤해서, 코로나 때문에 등 이 핑계 저 핑계로 전도하지 못한 분들 있을 것이다. 각성하고 전도해야 한다. 코로나 때문에 전도를 못 한다? 그보다 더한 것이 와도 각오하고 전도해야 한다.

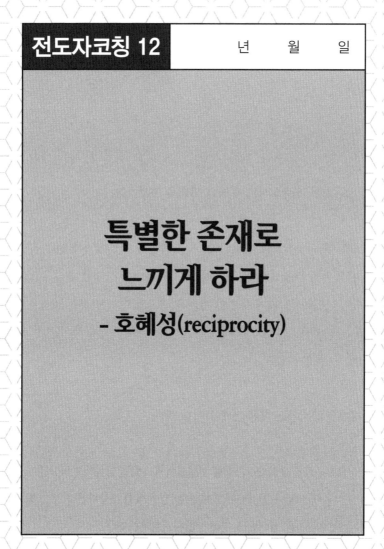

특별한 존재로
느끼게 하라

- 호혜성(reciprocity)

전도자 코칭 노트 워크북
Evangelist coaching note work book

특별한 존재로 느끼게 하라
– 호혜성(reciprocity)

※ 호혜(互惠): 서로 특별한 혜택을 주고받는 것

'호혜성'이라는 심리학 법칙이 있다. 사람은 상대방에게 어떤 도움을 받으면 반드시 그것에 보답한다는 법칙이다. 자신을 특별한 존재로 느끼게 해 주는 전도자에게 뭔가 특별한 행동을 하고 싶어지는 것은 당연한 일이다. 전도자는 전도 대상자와 더 좋은 관계를 유지하기 위해 '특별함'을 느끼게 해 줄 필요가 있다.

심리학자 레이건은 이에 관해 실험을 했다.

2인 1조로 구성된 실험 대상자들은 실험실에서 그림을 감상하고 평가했다. 여기서 두 명 가운데 한 명은 연기자이고, 다른 한 명만 실험 대상자였다. 또 그림을 평가하라는 것 역시 거짓말이었다. 진짜 실험은 다음부터였다.

실험 대상자가 그림을 평가한 후 연기자가 음료수를 사왔다. 그때 연기자가 자기 음료수 한 병만 사 오는 경우와 실험 대상자와 함께 마실 수 있도록 두 병을 사 오는 경우 등 두 가지 상황을 연출했다. 그러고 나서 연기자는 실험 대상자에게 '가 판에 가서 복권을 사지 않을래요?' 하고 권유했다.

이때 실험 대상자가 몇 장의 복권을 구입하는지와 함께 상대방에 대한 호의도를 조사한 후, 음료수를 받은 실험 대상자와 받지 못한 실험 대상자로 분류했다. 그 결과는 다음과 같다.

음료수를 받지 못한 실험 대상자 :
호감이 간다 1.0장 / 호감이 가지 않는다 0.8장

음료수를 받은 실험 대상자 :
호감이 간다 1.9장 / 호감이 가지 않는다 1.6장

호의도와 관계없이 연기자에게 음료수를 받은 실험 대상자들은 받지 못한 실험 대상자들에 비해 평균 2배에 가까운 복권을 구입했다.

이 같은 실험결과로 사람은 타인에게 받은 도움은 어떤 형태로든 다시 갚으려 한다는 사실이 검증되었다. 특히 주목할 것은, 상대방을 그다지 호의적으로 보지 않은 경우에도 이 법칙이 충분히 적용된다는 점이다.

실제로 학교 앞 전도를 나가서 학생들을 만나며 어느 정도 관계가 형성된 아이들에게 그렇게 좋은 선물은 아니지만 따로 몇 개를 준비해서 "너한테만 특별히 주는 거야~" 하면서 줬다. 이 아이는 감동을 했는지 집에 가서 엄마에게 "목사님이 나에게만 이 선물을 줬어요, 정말 기분 좋아요" 라고 말했다며 그 어머니가 저에게 전화를 해서 "안 그래도 우리 아이가 학교생활로 많이 지치고 힘들었는데 목사님 만나고 힘을 얻은 것 같아요. 감사합니다"라고 말했다. 학교 앞에 전도 나갈 때마다 얼마나 반갑게 인사하는지 모른다. 그런 아이들에게 예수님을 전할 수 있었다.

시장 전도를 나갔을 때도 마찬가지다. 차(tea) 전도를 하는데, 변함없이 찾아가니 물건을 사든, 반찬을 사든 덤으로 더 얹어 준다. 괜찮다고 극구 사양을 해도, 우리가 받은 게 너무 많다면서 감사하다고 말씀을 하신다.

'호혜성의 법칙'에서 보면, 당신이 상대방에게 한 행동은 반드시 어떤 형태로든 돌려받을 수 있다. 결코 헛되지 않는다. 사람들은 친구에게 대접을 받으면 '다음에는 내가 사야지' 하고 생각을 한다. 우리가 지속적으로 복음을 전하고 있다면 '교회 한 번 가 줄게'라는 반응을 보이거나 적어도 복음을 전할 수 있는 기회를 얻게 된다.

'무엇을' 배려할지보다
'어떻게' 배려할지를 생각하라

늘 사람을 즐겁게 만든다는 한 친구가 있었다. 어떤 모임에 가서 보니까 사람들이 모두 그 친구의 말을 경청하고 있었다. 얼마나 재미있는 얘기를 할까 하고 귀를 쫑긋 세우고 들어봤는데, 생각보다 재미가 없었다고 한다. 그런데 사람들은 그 친구의 얘기에 웃기도 하고, 박수를 치기도 하면서 아주 좋은 반응들을 보였다는 것이다. 그래서 물어봤다. "자네 얘기는 그렇게 재미있는 것 같진 않은데 왜 이렇게 사람들의 반응이 좋은가?" 그랬더니 이 친구는 전달하고자 하는 내용은 다소 재미없게 들릴지 몰라도 어떻게 전달할 것인가를 고려하고 상대를 배려하면서 그 내용을 전달하면 효과적으로 사람들을 이끌 수 있다고 말을 했다

사람들은 옳은 사람의 말보다 좋은 사람의 말을 듣고 싶어 한다. 다시 말하면 옳은 복음인 줄 알아도 안 듣는 이유는 내가 좋은 사람이 되지 않았을 수도 있다. '나'라는 사람을 믿을 수 없다는 것이다. 그러면 먼저 '나'라는 사람을 믿을 수 있게 하고 자연스럽게 복음을 전하면 효과적일 것이다. 그리고 상대가 바쁜지, 마음이 상한지 등 전도 대상자들의 상황이 어떤지를

배려하면서 대화를 시도하면, 그런 작은 배려에 감동을 줄 수 있다.

　필자는 전도하면서 식당 사장님이 저에게 그냥 "얼굴이 안 좋으시네요?"라고 했으면, 저는 "아니에요~ 괜찮아요" 하고 넘어갔을 텐데, 사장님은 그렇게 말한 뒤에는 커피를 내려주면서 창가에 앉아서 좀 쉬라며 잔잔한 음악도 틀어 주셨다. 필자가 얼마나 감동이 되었을까? 그래서 무엇을 배려하느냐보다 어떻게 배려하느냐가 참 중요하다는 게 깨달았다. 내가 그 뒤로 힘이 나서 계속 전도를 하는데 어떤 분이 나를 기다리고 계셨다. 북한에서 오신 '새터민'이셨는데 예수님을 믿고 계셨고 오랫동안 온라인 예배만 드리셨는데 이제 교회를 가야겠다고 생각했다고 한다. 매주 이 시간에 필자가 전도 나오는 것을 보고 기다리고 계셨다고 한다. 그래서 나도 아주 따뜻하게 그리고 구체적으로 교회 오는 길과 예배 시간 등을 알려 드리게 되었다. 그분이 교회에 오셨다. 사실 작은 것 하나, 작은 말, 작은 행동 하나하나에 감동을 받고, 사람의 마음이 움직인다. 그 사람의 마음을 얻기 위해서는 세심하게 배려하면서 전도하면 효과적일 것이다. 그래서 거울의 법칙을 기억하자. "거울은 주인이 아니다" "거울은 먼저 웃지 않는다" 내가 웃어야만 거울속의 내가 웃듯이, 인간관계도 내가 먼저 웃어야 한다. 내가 먼저 관심을 갖고, 공감하고, 배려하는 것이 가장 중요한 인간관계법칙이다. 같은 배려라도 무엇을 배려할지보다, 어떻게 배려하는지가 중요하다는 것을 꼭 기억해서 전도 대상자에 대한 세심한 배려를 통해 감동을 주는 전도자가 되시기를 바란다.

전도는 해도 되고,
안 해도 되는 게 아니다

사도바울은 고린도전서 9장에서 만일 자신이 전도를 안 한다면 스스로에게 화가 있을 것이라는 비장한 고백을, 고린도 교인들에게 남겼다.

고린도전서 9:16

내가 복음을 전할지라도 자랑할 것이 없음은 내가 부득불 할 일임이라 만일 복음을 전하지 아니하면 내게 화가 있을 것이로다

사도 바울은 여기서 복음 전도를 "부득불 할 일"이라고 고백한다. 그런데 이 말씀을 NIV에서는 "나는 그렇게 하지 않을 수 없는, 거룩한 부담을 느끼고 있다"고 번역하고 있다. 사도바울은 여기서 전도를 피해 갈 수 없는 거룩한 의무로 인식하고 있다. 왜 그럴까? 그것은 바울을 구원하신 하나님의 기대가 있기 때문이다. 나 한 사람의 구원으로 머물러야 할 사건이 아니었기 때문이다. 구원받은 나를 통해 또 다른 사람이 복음을 듣고 구원받는 것! 그것이 바로 하나님의 기대였기 때문이다. 그래서 주님은 복음 전도를 해도 좋고, 안 해도 좋은 일로 만들지 않으시고 명령으로 주셨다.

우리의 믿음의 선배들은 이 전도의 명령을 지상명령이라고 일컬었다. 주님은 동일한 말씀으로 우리에게 권면하신다. 복음을 듣지 못한 모든 이웃과 민족을 바라보시며 우리에게 전도할 것을 명령하고 계신다.

마태복음을 보면 "가서 모든 민족을 제자 삼으라"고 명령하셨고, 마가복음을 보면 "만민에게 복음을 전파하라"고 하셨다. 누가복음을 보면 "죄 사함을 받게 하는 회개가 모든 민족에게 전파될 것이다"라고 선포하셨고, 요한복음을 보면 "아버지께서 나를 보내신 것과 또 나를 사랑하심 같이, 그들도 사랑하신 것을 세상으로 알게 하려 함이"라고 말씀하셨다. 사도행전을 보면 "오직 성령이 너희에게 임하시면 너희가 권능을 받고 예루살렘과 온 유대와 사마리아와 땅 끝까지 이르러 내 증인이 되리라 하시니라"라고 하셨다.

그렇다면 이 명령이 적당히 넘어갈 일이겠는가? 그래서 사도바울은 내가 이 명령을 수행하지 않으면 내게 화가 있을 것이라고 말한 것이다. 그렇다면 우리도 가까운 가족부터 시작하여, 전도의 명령을 수행해야 하지 않겠는가? 전도의 사명은, 하나님이 천사에게도 맡기지 않으신 특별한 사명이다. 오직 그분의 자녀들에게만 맡겨 주신 사명이다. 그래서 찬 508장 〈우리가 지금은 나그네 되어도〉의 작사가는 "주 내게 부탁하신 일 천사도 흠모하겠네, 화목케 하라신 구주의 말씀을 온 세상 널리 전하세"라고 고백하고 있다.

이 찬송가의 작사가인 엘라이져 카셀은, 원래 의사였다. 그는 성공적인 의사이고 평신도 지도자로서 자신의 직업의 장에서 모범적인 삶을 살고 있었다. 그리고 그가 출석하던 네브래스카 주의 한 침례교회의 모범적으로 봉사했다. 그는 전도에 특별한 사명을 느껴서 병원에서 많은 환자들을 전도했다. 언제 어디서나 자신의 삶의 이유, 존재의 이유는 복음 전도라고 고백했다. 어느 날 그는, 돈 버는 것보다 전도하는 것이 그렇게도 좋으냐는 질문을 받고 이렇게 대답했습니다. "그럼요, 결국 우리는 이 땅에서 나그네 아닙니까? 나그네 인생에서 영혼 구원보다 더 가치 있고, 고귀한 일이 어디 있겠습니까? 전도는 천사도 흠모하는 일인데요"

옆에 있던 그의 아내가 "천사도 흠모하는 일"이라는 말에 질문하는 사람보다 더 감동을 받았다. 그래서 집에 돌아와서 남편에게 그 말을 시로 쓰면 자신이 작곡하겠다고 말했다. 그의 아내는 원래 음악 전공자였다. 이 부부의 고백으로 탄생한 찬송이 바로 〈우리가 지금은 나그네 되어도〉이다. 그런데 그의 나이 60세를 넘기면서 파트타임이 아니라 풀타임으로 온전히 복음을 전하고 싶은 마음이 들었다. 그 불타는 마음을 견디지 못해서 마침내 목회에 헌신하게 된다. 더 이상 돈도 못 벌고, 명예는 없었지만, 그는 너무 기쁘고 감사했다. 그의 첫 부임지인 콜로라도 덴버의 작은 침례교회의 취임 예배에서, 그와 그의 아내는 취임사 대신 이 찬송을 불렀다. "우리가 지금은 나그네 되어도 화려한 천국에 머잖아 가리니 이 세상 있을 때 주 예수 위하여 끝까지 힘써 일하세 주 내게 부탁하신 일 천사도 흠모하겠네 화목케 하라신 구주의 말씀을 온 세상 널리 전하세~" 그런데 카셀이 목사로 부임한 지 얼마 안 되어 그의 아내가 교통사고로 세상을 떠나고 만다. 누군가가 장례식에 와서 그에게 이렇게 말했다. "목사가 된 것을 후회하지 않으십니까? 목사가 안 되고 의사를 계속했으면, 아내가 그렇게 빨리 가시지는 않았을 텐데…"

카셀이 뭐라고 대답했을까? "제 아내는 〈우리가 지금은 나그네 되어도〉를 작곡하면서, 제게 이런 말을 했습니다. 나그네 인생길에서, 행복한 전도자 곁에 머무는 것이, 자기의 행복이라고요. 혹시 자신이 먼저 이 세상을 앞서 가게 된다면, 하늘에서도 변함없이 당신의 응원자가 되어, 함께 복음의 증인이 될 것이라고"

그리고 그는 아내의 장례식에서 회중이 이 찬송을 불러 줄 것을 요청했다.

사람들 앞에서 긴장하지 않고 전도하는 방법

전도자 코칭 노트 워크북
Evangelist coaching note work book

사람들 앞에서
긴장하지 않고 전도하는 방법

필자는 성격이 내성적이고 사람들 앞에서 말하는 걸 부끄러워하는 편이다. 그런 내가 많은 사람들 앞에서 설교를 하고, 강의하고, 방송도 하고 있다. 이런 나를 보고 친구들은 깜짝 놀란다. 있는 듯, 없는 듯 늘 조용히 있던 애가, 어떻게 그 많은 사람들 앞에서 설교를 하냐면서 말이다. 필자와 전도를 함께 간 분들은 전도 끝나고 나면 "어떻게 하면 사람들 앞에서 편안하게 말을 잘할 수 있냐?"라고 질문한다. 그런데 사실 나도 긴장되고, 부담될 때가 많다. 그럼에도 불구하고 내가 사람들 앞에서 긴장하지 않고 편하게 말을 하고, 전도할 수 있는 몇 가지 포인트가 있다.

첫 번째 포인트, 거울은 먼저 웃지 않는다.

사람들을 만날 때 내가 먼저 웃고, 내가 먼저 진실하고, 내가 먼저 따뜻하게 다가서면 상대방도 똑같이 반응한다. 물론 얼마나 그분과 얼마나 좋은 관계가 형성되느냐에 따라 달라질 수 있다. 어느 정도 "나"라는 사람이 좋은 관계가 형성되었고 내가 먼저 따뜻하게 다가서면, 대부분의 사람들은 나에게 따뜻하게 대해 준다. 필자가 운영하는 〈전도팀활성화프로젝트〉 밴드에는 전국에 목회자 250여 명이 가입되어 있다. 그 밴드에서 나눈 전도 이야기를 들어보면 참 감동적인 간증들이 많다. 11년 넘게 매일 전도하신 분, 매일 인사로 전도하시는 분, 거리 찬양으로 전도하시는 분, 양로원, 노인정을 찾아가서 전도하시는 분, 학교 앞에 다양한 복장으로 전도하시는 분, 노숙자 분들에게 식사를 제공하며 전도하시는 분들 등 다양하게 전도하신다. 공통점은 먼저 따뜻하게 다가서니 처음에는 낯설어했지만 시간이 지나면서 그분들도 따뜻하게 다가오더라는 것이다.

두 번째 포인트, 호칭부터 바꿔라.

물론 상황에 따라 "사장님~" "선생님~" 그럴 수도 있지만 가능하면 가족 같은 느낌으로 "아버님~" "어머님" "이모님~"으로 호칭을 바꾸는 것을 추천한다. 필자가 가족같이 대해 주니, 그분들도 나를 가족같이 대해 준다. 그래서 앞서 나눴던 것처럼 자신들의 아픔이나, 기쁜 일이든 다 나누게 돼요. 가족이라 생각하니까. 전도할 때, "어머님~ 별일 없으시죠?" 하고 물었을 뿐인데, "별일 있어~" 제 손을 꼭 잡더니 "나, 너무 무서워. 폐에 혹이 생겼데…" 하며 우시는 것이다. 그래서 제가 복음을 전하고 기도해드릴 수 있었다.

세 번째 포인트, 정성을 쏟으라.

정성을 쏟는다는 것은, 처음부터 어떤 말을 많이 하려 하기보다, 함께 있어 주는 것이다. 필자도 힘들 때 누군가가 무슨 말을 하기보다 내 옆에 있어 주기만 해도 힘이 났다. 그때 내 마음이 열려서 이런저런 힘든 얘기들을 하게 되었고 그 고마움은 평생 잊지 못할 것 같다. 같이 있어 주는 것만으로도 사람의 마음이 열릴 때가 있다. 그때 우리는 긴장하지 않고 전도 대상자에게 복음을 전할 수 있다.

네 번째 포인트, 최악의 경우를 미리 상상하라

우리가 전도하다 보면 뜻밖에 돌발 변수들이 참 많다. 거절한다거나, 무시하는 거는 기본이고 어떤 분은 싸움을 걸어오거나, 오해를 받는 등 최악의 경우들이 이다. 이것을 미리 생각해 두고 그럴 때는 어떻게 대처할지도 미리 준비하는 것이다. 그래야 당황하지 않고, 긴장하지 않고 말을 할 수 있다.

필자는 학교 전도를 하는데 푸드트럭에서 닭꼬지 파시는 분이 오셔서 협박을 했다. 여기 내 구역이니까 오지 말라고 말이다. 그분은 푸드트럭으로 저희들을 밀어 버릴 것처럼 가까이 와서 협박했다. 필자는 침착하게 왜 그러시는지를 여쭤보니, 그 당시 핫초코, 초코파이 등 간식을 준비해서 전도를 했었는데, 교회에서 그런 것 주니까 닭꼬지가 안 팔린다는 것이다. 그래서 그분이 학교 정문 가까이서 장사를 하고, 우리는 많이 떨어진 곳에서 전도를 시작했다. 아이들이 다 가고 나서 저희에게 오시더니 아까 죄송했다고 사과하셨다. 그 위기가 교회 다니는 사람을 다시 보는 계기가 되었다. 전도하다 보면 생각지도 못한 변수들이 있다. 그런 변수들이 있음을 꼭 기억하고 지혜롭게 대처하기 바란다. 그러기 위해서 "좋은 밭"을 먼저 만들고 전도하는 것이 정말 중요하다.

다섯 번째 포인트, 모두에게 완벽하게 복음전할 생각은 버려라.

말 그대로 모두에게 그리고 완벽하게 복음을 전할 수 없고, 만나서 대화는 하지만 복음은 못 전할 수 있다. 이런 심리적 압박감이 긴장감을 갖게 해서 말을 잘 못하게 만든다. 적당한 긴장은 필요하지만 그것 때문에 복음 전하는 일에 장애가 되어서는 안 된다. 그럴 땐 성령의 인도하심 따라 성령에 민감하게 반응하고 자연스럽게 열리는 곳에서 복음 전하면 된다.

예상 반대질문을 준비하라

　전도하다 보면 불신자들은 늘 궁금한 것을 질문한다. 처음 들어본 복음 이야기와 성경 이야기는 그들에게 의문투성이일 것이다. 전도자가 모든 답을 해 주지 못한다 할지라도 할 수 있는 기초적인 부분에서는 충분한 답변을 해 주어야 한다. 이것을 위해서는 기독교의 기본진리를 배워야 한다. 전도를 하다 보면 관심을 가진 사람은 쉬지 않고 질문한다.

　며칠 전 전도를 하는데, 공직자로 계시다 은퇴하셨다며 자신을 소개하셨다. "가톨릭과 개신교의 차이점이 뭐꼬?" "교회에서는 무엇을 가르치는교?" "목사님은 왜 매일 전도하러 나오는교?" 여러 가지를 질문하셨다. 질문에 대한 답을 해 드리는데, 그분의 얼굴이 조금씩 밝게 변하는 것을 볼 수 있었다. 그리고 다른 곳에 전도를 하고 있는데, 그분이 찾아와서 나의 연락처를 묻는다. 종종 궁금한 것 상담하고 싶은데 연락처 주실 수 있냐고 한다. 나는 연락처를 드리면서 언제든지 연락 달라고 했다. 질문하고 의문을 가진다는 것은 흥미가 있다는 것으로, 의사소통의 3단계에 이른 것이다. 이런 사람들은 가능성이 있다. 이때 전도자는 귀찮아해서는 안 된다. 그들에게 "좋은 질문이다. 저도 이전에 그런 의문이 생겼다. 제가 깨달은 내용을 알려 드려도 되겠습니까?" 하면서 답변해 주면 고마워한다. 설사 완벽하게 설명하지 못한다 해도 걱정할 것 없다. 이미 그것 자체로 상대방은 마음을 열었기 때문이다.

여기서 한 가지 분명히 기억해야 할 것은, 논쟁으로 굴복시키는 것은 금물이다. 의심이 풀린다고 그가 믿는 것은 아니다. 어차피 의심은 하나로 끝나는 것이 아니고, 계속되기 때문이다. 믿음을 가진 우리들도 성경에 대해 의문이 들고 해결되지 않는 문제들이 한두 가지가 아니다. 하나의 가능성만 열어 주면 그것이 더 효과적일 수 있다. 결국 성령이 역사해야 함을 안다면, 나머지는 성령께 맡기시기 바란다. 깨닫게 하고 진리에 이르게 하시는 성령께서 역사하시면 한순간에 의심이 사라질 수 있기 때문이다.

지금 우리가 해야 할 일은 불신자들이 가장 많이 물어 오는 예상 내용들을 조사하고 그것들에 대한 내용을 미리 준비하고 정리하면 전도할 때 많은 도움이 된다. 실제로 제가 전도 나가면 그때그때 있는, 사회적 이슈들을 많이 물어본다.

"신천지와 교회가 똑같은 것 아니냐?" "사회적 거리두기 하는데 왜 교회는 꼭 모여서 예배해야 하느냐" 등 사람들은 복음보다 사회적 이슈에 대해 질문을 많이 하는 것 같다. 어쨌든 그런 부분들을 미리 준비하고 나가면 전도할 때 많은 도움이 된다. 오히려 교회에 대해서 예수님에 대해서 더 정확하게 알릴 수 있는 기회가 된다. 어떤 것은 만족할 만한 답이 없을 수 있다. 가장 좋은 답은 내가 이해한 것을 전하고 답해 주는 것이다. 내가 소화할 수 있는 믿음의 분량에서 답해 주면 된다. 이것에 대해 미리 겁을 내지 마라 "저도 지금 배우고 있는 중이에요" 하면서, 잘 모르면 솔직하게 모른다 하고, "제가 알아볼게요"라고 하면, 더 친근감이 들 수 있다.

어떤 내용이든 질문을 하면서 물어온다는 것은, 많은 가능성에 진입한 것으로 보고 감사하시기 바란다. 적절한 말이 생각나지 않을 때는 순간순간 성령께 지혜를 달라고 기도하라. 이런 과정을 통해 전도자는 말씀을 더 가까이해야 한다는 생각을 갖게 되고, 도전과 겸손함을 갖게 되는 기회가 된다.

예상되는 반대 질문들을 미리 준비하고, 정리하시기 바란다. 그러면 전도할 때 당황하지 않고 담대하게 복음을 전할 수 있을 것이다.

어느 날 갑자기는 없다

늘 포장마차에 앉아 있던 어르신에게 복음을 전하고 예수님 영접하셨다. 그 어르신은 술만 끊으면 교회 가겠다고 했다. 어느 날 전도하고 있는데, 그 어르신이 누구를 찾는 듯 멀리 쳐다보고 계셨다. 제가 뒤에서 "아버님! 여기서 뭐하세요?"라고 했더니, 그 어르신은 목사님 가셨나 하고 찾고 있었다고 했다. 서로 웃으면서 대화를 나누다가 그 어르신이 내 두 손 꼭 잡고 말했다. "목사님~ 저한테 예수님 소개해 줘서 고맙습니데이~ 고맙습니데이~" 마음이 짠했다. 그런데 어느 날 그분이 안 보이셨다. 식당 사장님께 여쭤보니 그 사장님은 울면서 "아무도 그 어르신을 안 찾는데 목사님만 찾네요~" 며칠 전에 심정지로 돌아가셨다고 한다. 너무 충격이라 저 역시도 눈물이 났습니다. 그러면서도 그때 예수님 안 전했으면 어쩔 뻔했나라는 생각에 하나님께 감사기도를 드렸다.

지금 이 시간 복음의 이야기를 들려줄 당신의 소중한 사람은 어디에 있는가? "우리 교회는 지역 환경이 좋지 않아서 전도가 안 된다. 그래서 교회 이전을 해야 할 것 같다" "함께 전도 나갈 사람이 없어서 전도를 못 한다" "요즘 시대에 전도 안 된다. 있는 숫자 안 까먹으면 다행이다"

정말 중요한 문제가 뭘까? 우리의 마음이 무너진 것이다. 전쟁에서 심리전이 있다. 마음이 무너지면 다 무너지는 것이다. 마음이란, 배의 키와 같아서, 그의 인생 전체를 움직이게 한다. 아무리 큰 배라도, 그 배가 움직이는 방향을 정하는 것은, 작은 방향키 하나에 달린 것처럼. 사람을 움직이는 것은 마음에 달려 있다는 것이다.

마귀는 우리의 마음을 무너뜨린다. 넌 안 돼! 우리 교회는 안 돼! 그러나 하나님은 우리에게 소망을 주신다. 교회만이 이 땅의 희망이라고. 우리 인생길이 피곤한 것은, 길이 멀어서 피곤한 게 아니라, 길을 모르기 때문에 피곤한 것이다. 같은 길을 가도, 길을 알고 있는 사람은, 여행자라고 하고, 길을 모르는 사람은 방랑자라고 한다.

그런데 한 치 앞을 내다볼 수 없는 우리의 인생을 주님께서 이끌고 가신다. 그래서 우리는 어떤 미래가 와도 주님과 동행하기만 하면 된다. 조용히 쌓이는 눈이 어느 날 나뭇가지를 꺾어 버리듯이 차분하게 쌓였던 그들의 실력이 어느 순간에, 딱 폭발하는 것이다.

어느 날 갑자기 꽃이 피었겠는가? 씨앗 때부터 꽃의 꿈을 꾸었기 때문에 꽃이 핀 것이다. 어느 날 갑자기 는 없다. 단지 그냥 우리 눈에 그렇게 보이는 것뿐이다. 호날두나, 메시 같은 선수가 어느 날 갑자기 공 차다 보니까, 뻥 들어가서 톱스타가 된 게 아니다. 세계적인 스타가 된 지금도 그들은 어릴 때부터 해왔던 것처럼 일반 선수들보다 몇 시간씩 더 연습한다. 그 수없이 남이 보이지 않는 데서 쌓아 온 실력이 이렇게 응축되었다가 어느 순간에 폭발하는 것이다.

믿음의 세계도 마찬가지다. 결정적인 순간에 여러분이 홍해를 가르려면 매일매일 하나님을 신뢰하는 영적인 투자를 계속해야 된다. 그래서 내 안의 무의식 속에, 믿음의 실력, 영적인 내공을 계속 쌓아야 된다. 오순절 성령강림사건이 그냥 일어난 게 아니다. 그 믿음의 120성도들이 눈물로 기도한 결과로 나온 것이다. 새벽기도 주일 내내 훈련들 매일매일 할 때는 지루하고 답답하지만 이거 포기하면 안 된다.

여러분도 모르고 있는 사이에 여러분의 영적인 근육이 조금씩 조금씩 쌓이고 있다. 그리고 운동해 보신 분들은 알겠지만 운동하다가 조금만 안 하면 근육은 금방 없어진다. 영적인 근육도 그렇다. 하다가 조금만 게을리하면 넘어진다. 여호와를 영원히 신뢰하라는 것은, 이 믿음의 결단을 매일 하면서 영적인 근육을 계속해서 갖춰 나가라는 뜻이다. 이 반대의 경우도 있다. 날마다 성실하게 영적에 투자하지 않으면 어느 날 갑자기 영적인 낭패를 보게 될 것이다. 우리가 매일매일의 순간을 어떤 믿음의 결정을 하고 살았는가는 나중에 결과가 보여준다. 경건의 연습을 게을리하면 결정적으로 한 방 터뜨려야 할 때 헛스윙을 하고 마는 것이다.

그래서 우리는 여호와를 영원히 신뢰하는 믿음의 연습을 끊임없이 해야 되는 것이다. 하루하루가 쌓여서 영성이 되고 실력이 되는 것이다. 매일 기도하고 전도하다 보면 하나님께서 보내 주시는 영혼들이 있다. 이거 포기하면 안 된다. 지금 이 시간 복음의 이야기를 들려줄 당신의 소중한 사람은 어디에 있는가?

전도자코칭 14 　　년　　월　　일

사전준비의 중요성

전도자 코칭 노트 워크북
Evangelist coaching note work book

사전준비의 중요성

전도는 우리의 삶 자체이다. 또한 전도는 우리가 집이든 교회든 나오는 그 순간부터 이미 시작되었다.

전도의 사전준비는 아주 중요하다. 꼭 전도가 아니라도 인생의 어떤 순간에도 사전준비가 중요한 것은 틀림없다. 프로는 준비를 게을리하지 않는다. 성공 확률은 준비하기 나름이다.

그럼 다양한 직종의 사전준비에 대해서 알아보며, 우리가 전도할 때 사전준비가 왜 중요한지를 알아보겠다.

· **교사:** 수업 전에 그날의 계획을 세운다. 갑자기 교실에 들어가서 "자, 여러분. 오늘은 무엇을 배우고 싶나요?"라고 하면서 강의를 시작하는 교사는 없을 것이다.
  항상 충분히 준비하고 그날의 수업목표를 명확하게 해 둬야 한다. 목표를 달성하기 위해 미리 정성 들여 성실히 수업계획을 세우게 된다.

· **변호사:** 법정에 서기 전에 답변을 예측하고 필요한 사항을 적어 둔다. 아무런 준비도 하지 않고 심문을 하는 변호사가 있다면 어떻게 될까? 위대한 법정 변호사인 어빙 영거는 증인을 심문하는 데 실수를 예방하는 철칙을 다음과 같이 말했다. "대답을 예측할 수 없는 질문은 절대로 하지 않는다" 이는 피고에게 불리한 답변이 돌아올지도 모르기 때문이다. 준비를 제대로 하면 할수록 승소 가능성은 그만큼 높아진다.

· **의사:** 진료차트에는 환자의 치료 기록이 모두 담겨 있다. 지난 진료까지의 진료기록을 파악하고 있으면 환자의 변화를 알 수 있기 때문에 정확한 질문을 할 수가 있다.

진찰실에 들어선 순간 "자, 맹장수술이라도 할까? 특별히 이유는 없다"라고 말하는 의사가 있다면 정말 큰 문제이다. 진료차트에 있는 내용을 빠짐없이 의사가 사전에 파악하고 난 뒤에야 비로소 최선의 치료가 가능하다.

· **프로골퍼:** 경기 전에 몇 번이고 그 코스에 나가서 익숙해지도록 한다. 경기가 시작되고 나서 "첫 번째 홀이 어디더라?"라고 묻는 것은 있을 수가 없다. 코스를 완전히 숙지하고 있다면 우승과 가까워진다. 철저한 준비가 자신감으로 연결되어 경쟁력도 높아진다.

· **특수부대:** 육군이나 해군의 엘리트부대는 전투 시뮬레이션을 반복해 일련의 움직임을 몸으로 완전히 익힌다. 실제 전투에 강한 자신감을 갖도록 하는 것이 절대적으로 필요하다.

어떠한 훈련이라도 2,000회 이상 반복하면 습관이 되어 무의식중에 소화할 수 있게 된다고 한다. 특수부대는 일반적인 어느 부대보다도 훈련을 많이 하고 있다.

아무런 준비 없이 전도에 임하는 전도자들이 많다. 물론 성령께서 역사하시면 모든 것이 가능하다.

전도 장소는 어디로 갈지, 전도용품은 무엇으로 할지, 복음메시지는 준비되었는지, 기도는 충분히 했는지, 팀은 어떻게 구성해서 나갈 것인지, 어깨띠는 어떤 방향으로 할 것인지 등 성공의 기회는 사전에 준비를 제대로 하면 할수록 많아진다. 이것을 잊지 마시기 바란다.

불신자들의 필요를 찾아내라

전도자는 전도를 하면서 전도 대상자의 필요를 찾아낼 수 있어야 한다. 처음부터 전도 대상자가 무엇을 필요로 하는지 찾아내는 것은 힘들지만, 지속적으로 전도를 하다 보면 그들의 문제가 뭔지, 무엇을 필요로 하는지를 알아 낼 수 있다. 나는 2년 여 동안 한 번도 빠지지 않고 전도하는 장소가 있다. 심지어 태풍이 와도 전도를 간 곳인데, 그분들은 태풍이 오는 날도 여전히 장사를 하고 계셨다. 문 닫은 곳이 한 곳도 없었다. 그곳에 계신 분들에게 태풍 때문에 위험할 수도 있는데, 장사하러 나오셨어요? 하고 여쭈니 "먹고살아야죠. 손님 없어도 장사는 해야죠"라고 말씀하시는 것이다. 나는 그때 이런 생각을 했다. 먹고살기 위해서도 목숨 걸고 장사하시는데, 생명을 살리는 복음을 위해서는 목숨 걸고 복음을 전하고 있는지 말이다.

그리고 상인들과 대화를 나누는데, 손소독제는 많이 비치가 되어 있는데, 주변을 살균소독하는 소독제는 보이지 않아서 왜 없냐고 여쭈니 미처 그것까지 구입은 못 했다고 한다. 그래서 저희는 살균소독제를 대량으로 구입을 했고, 100㎖ 스프레이통에 담아서 스티커에 제품명과 함께 "힘내세요! 부곡순복음교회가 응원한다"라고 붙여서 전도하러 나갔다.

반응은 어땠을까? 사람들이 서로 받으려 하고, 어떻게 이런 생각을 다 했냐고, 목사님은 늘 우리에게 감동을 주신다 등 그 당시 코로나로 어려운 위기 상황이었지만 우리 교회에 대한 좋은 이미지를 심어 줄 수 있는 기회가 되었다. 그리고 용량이 많지 않아서, 다음 주에 담아 드릴 거니까 통은 보관하고 계시라고 하니 더 좋아하셨다.

지금은 코로나 대응 지침이 대포 완화되면서 이전처럼 손소독제를 많이 필요로 하지 않지만 예를 들어서 알려 드렸다. 이렇게 보면 전도자가 상대방의 문제에 접근하는 것은 그리 어려운 일이 아니다. 인간이 가지고 있는 문제는 전도의 좋은 접촉점이 되고 복음의 이야기를 전하는 데 실마리가 된다. 전도자는 이런 문제를 파악하고 그것에 대한 해결책으로 복음을 소개하는 것이 중요하다. 물론 이것을 위해서 하나님의 도우심이 필요하다.

오늘날도 이런 접근이 필요하다. 상대방이 무슨 고민과 문제를 가지고 있는지 그것을 미리 파악하고, 그것을 중심으로 대화를 나누면 맞춤 전도가 되는 것이다. 요즘 신천지, JMS(기독교복음선교회)와 개신교 교회를 구분하지 못하는 사람도 많고, 집단으로 모이는 곳을 멀리해야 한다. 교회에 대한 안 좋은 시선으로 보시는 분들도 많아졌다. 바로 이때 교회가 그런 친구, 믿을 수 있는 친구가 되어야 한다. 요셉이 감옥에 갇힌 왕의 두 관원장의 얼굴을 보면서, 그들의 문제점을 물었던 것처럼, 우리도 이런 지혜가 필요하다.

똑같은 사람인데 성령받고 나니 완전히 달라졌다

구약시대 성령이 계시는 조건은 인간이 얼마나 말씀을 지키느냐였다. 그런데 신약시대에 예수님이 보내 주신 성령은 달랐다. 영원히 우리를 떠나지 않는다. 우리가 착해져서 아니다. 우리가 아직도 죄를 짓지만 이제 신약시대에 성령이 계시는 조건은 우리한테 달린 게 아니라 우리를 위해 돌아가신 예수님의 십자가 보혈의 공로이다. 이 성령이 임할 때, 우리에게 하늘의 능력이 임한다.

사도행전 1:8

오직 성령이 너희에게 임하시면 너희가 권능을 받고 예루살렘과 온 유대와 사마리아와 땅 끝까지 이르러 내 증인이 되리라 하시니라

성령이 임하면 권능을 받는다~ 헬라어로 두나미스다. 다이나마이트의 어근이 되는 말이다. 폭발하는 능력이다. 초자연적인 능력이다. 땅에 사람은 도저히 이해할 수 없는 엄청난 기적의 능력이다. 이 성령의 능력이 임하면 사람이 달라진다. 똑같은 사람인데, 그 인격이 달라지고, 지혜

가 달라지고, 비전이 달라지고, 예배가 달라지고 헌신이 달라진다. 갑자기 겁쟁이가 담대해지고 우둔한 사람도 지혜로워지고 사납던 어떤 사람도 온순한 양같이 부드러워진다. 겟세마네에서 예수님을 버리고 달아났던 제자들이 성령받고 변하는 것 보면, 똑같은 사람들이 두 달도 안 돼서 담대한 증인들이 된다. 성령이 임하면 세상이 줄 수 없는 담대함이 생기는 것이다. 그러므로 여러분 성령을 받기 바란다. 같은 일을 하고 나도 성령받고 하는 사람은 완전히 다르다.

성령받은 사람에게는 세상이 설명할 수 있는 능력이 임한다. 성령의 능력 없이 인간의 힘으로 사역하면 정말 힘들다. 막 짜증이 나고 원망이다. 그러나 성령이 임하면 큰일도 쉽게 한다. 성령의 사람의 특징은 여유가 있다. 어떤 힘든 상황 속에서도 패닉하지 않는다. 꿈이 있다면 성령을 받아야 한다. 성령의 능력이 있어야 그 꿈을 이룰 수가 있다. 하늘로부터 임하는 성령의 능력, 이웃을 사랑할 수 있는 능력이고, 원수를 용서할 수 있는 능력이다. 성령으로 기도할 때, 병이 고쳐진다. 성령으로 기도할 때 귀신이 쫓겨난다. 성령의 능력이 임하면 주변 환경은 전쟁 같은데, 내 마음의 평안이 오는 것이다. 성령의 능력이 임하면 기쁨이 충만하다.

예수님은 제자들에게 성령의 능력 부어주기를 원하셨다. 그리고 그 능력을 받고 나면 너희들은 나의 증인이 될 거라고 하셨다. '증인'이란 뜻은 헬라어 마르튀스(μάρτυς)이다. 목숨 걸고 죽을 수 있는 순교자란 뜻이다. 자기 증언 때문에 목숨 걸 각오가 돼 있는 것이다. 오늘날 기독교가 왜 힘이 없느냐 예수님 위해서 목숨 걸 각오가 돼 있지 않았기 때문이다. 목숨을 걸 사람한테 욕먹는 게 대수가 아니다. 그런데 우리가 그런 담대함이 없으니까, 교회가 세상에 한마디만 해도 흔들거리는 것이다. 담대한 목숨 건 증인이 되는 것, 사람의 힘으로 안 된다. 성령의 힘으로만 가능하다. 세계 복음화라는 위대한 비전을 인간이 이루는 게 아니라, 성령이 끌고 가신다. 증인이 된다는 것은 예수님 전하는 일인데 성령이 임해야 예수님 전할 마음이 생긴다.

성령이 임하면, 예수님에 대한 얘기를 시키지 않아도 한다. 전도는 훈련 받고 하는 게 아니라 성령받고 하는 것이다. 우리가 맛있는 맛집 하나 발견하면 온 동네 다니면서 얘기 하듯이 예수님을 만나고, 성령을 받고 나면, 그는 시키지 않아도 증인이 될 것이다. 그게 전도다.

사도행전 2:33
하나님이 오른손으로 예수를 높이시매 그가 약속하신 성령을 아버지께 받아서
너희가 보고 듣는 이것을 부어 주셨느니라

'너희가 보고 듣는 게' 뭘까? 성령받은 120성도들이 각 나라 말로, 예수님의 이야기를 증언하는 장면이다. 이 증언을 듣고 거기에 있던 전 세계 디아스포라 유대인들이 다시 자기 나라로 돌아가서 로마제국 전체 복음화에 씨를 뿌린 것이다. 그래서 이 성령 사건은 엄청난 사건이고, 세계복음화가 시작된 사건이다.

그러므로 성령받아야 능력이 임하고, 증인으로 살아갈 수 있다.

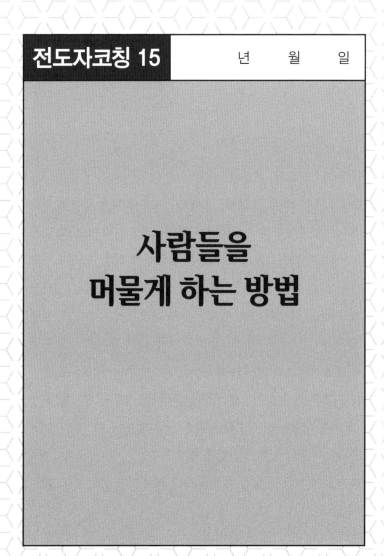

전도자코칭 15   년   월   일

사람들을
머물게 하는 방법

전도자 코칭 노트 워크북
Evangelist coaching note work book

사람들을 머물게 하는 방법

요즘 전도하는 게 쉽지 않다. 그래서 지금은 옛날과 같은 방식을 버리고, 시대를 잘 파악하고 기도하면서 전략적으로 다가서는 것이 참 중요하다. 무엇보다 불신자들의 상태를 잘 파악해야 된다. 우리가 전도를 계속 나가다 보면 한 번 만났던 사람을 또 만날 확률이 높다. 그렇다면 이제는 그냥 지나칠 것이 아니라, 언제나 주의 깊게 대해야 한다. 그들에게 좋은 느낌과 좋은 인상을 주라는 것이다. 예를 들면, 먼저 인사를 한다든가, 어떤 친절을 베푸는 구체적인 행동들을 말하는 것이다. 전도를 하다 같은 사람들을 계속 만나게 된다면, 이제는 '나'라는 사람의 평판을 좋게 해야 된다. 드라마 대사처럼 "사람들은 옳은 사람 말 안 들어, 좋은 사람 말 듣지" "나"라는 사람의 이미지를 좋게 해야 한다는 것이다. 그래야 사람들이 나에게 머물게 된다. 사람들은 좋은 사람 곁에 있고 싶어 하고, 위로를 받고 싶어 한다.

어떻게 하면 사람들이 나에게 머물까? 그 방법의 핵심은 "친절과 겸손"이다. 이 땅을 살아간다는 게 만만치 않다. 또 얼마나 힘든가? 그래서 누군가가 여러분에게 찾아오거나, 도움을 요청할 때, 그냥 지나치지 말고 친절하게 대해 주라는 것이다.

필자가 전도하다가 어떤 상가를 들렀는데, 문이 고장 났었다. 삐그덕 소리가 났었다. 나는 아무 말 하지 않고 근처 마트에 가서 4WD를 사와서 기름칠 해 주니까 소리가 나지 않는 것이다. 그럼 그 상가의 사장님은 나에게 어떻게 대할까? 이건 게임 끝난 거다. 이제는 내가 갈 때마다 칭찬을 아끼지 않고 얼마나 좋아하시는지 모른다. 그분은 문에서 소리 나는 걸 어떻게 해야 할지 몰라서 고민만 했던 분인데, 그 문제가 해결되었고 또 필자가 베푼 친절에 감동까지 받았으니까 말이다. 어쩌면 작은 친절인데, 감동도 주고 문제도 해결해 주었으니 상가 사장님은 좋아할 수밖에 없었을 것이다. 그러니까 결국 이런 작은 친절이, 사람들로 하여금 나에게 머물게 만드는 것이다.

한 연구 결과에 따르면, 소비자들은 어떤 제품이나 서비스에 만족할 경우 6명에게 알리고, 불평은 22사람에게 알린다고 한다. 그리고 SNS를 통해서는 순식간에 퍼져 나간다고 한다. 그러니 우리는 불편한 전도자가 되지 말고, 이런 친절을 통해서 우리는 복음을 전할 기회로 삼아야 한다는 것이다.

또 하나는 바로 겸손이다. 겸손은 자신을 낮추는 것이다. 사실 "일 잘한다" "똑똑하다" "빈틈이 없다"라는 평가보다, 사람을 머물게 하는 것은 '겸손하다'는 것이다. 우리도 겸손한 사람 곁에 머물고 싶지 않던가? 필자도 그런 겸손한 사람 곁에 머물고 싶다. 겸손한 사람과 함께 있으면 마음이 참 편하다. "하나님은 교만한 자를 대적하시되 겸손한 자들에게는 은혜를 주신다"고 했다. 다산 정약용도 《목민심서》에서 "겸손은 사람을 머물게 한다"고 기록하고 있다. 겸손은 자기 자신을 낮추는 거다. 그런데 실제로 자신을 낮추는 일은 쉽지 않은 것 같다. 은근히 자신을 높이려는 욕망이 있다. 그런데 우리는 그리스도인답게 살고, 복음 전하는 자로 살아가기 위해서는 반드시 겸손한 자가 되어야만 한다. 우리가 세상 사람들에게 친절한 사람, 겸손한 사람으로 인정받는다면, 우리는 전도에 있어서 반은 성공한 거나 다름없다. 그래서 첫째도 겸손, 둘째도 겸손, 셋째도 겸손해야 된다. 물론 우리의 목적은 복음이다. 사람들이 우리에게 머물게 하려면 "친절과 겸손"이라는 것을 잊지 말고, 내가 이렇게 살아가는 것은 오직 예수님 때문이라고 말해 보라. 아니 말보다 삶으로 보여 주라. 자연스럽게 복음이 흘러가게 될 것이다. 다시 한번 기억하자. 사람들이 나에게 머무는 힘은 "친절과 겸손"이라는 것을!

인사만 잘해도

우리가 옷을 사기 위해 어느 매장에 들어섰을 때 점원이 "어서 오세요" 하고 반갑게 인사하면 괜히 으쓱해지면서 존중받는 느낌을 받는다. 반면 자신이 매장에 들어서든 말든 점원이 본체만체한다면 그곳에서 마음에 드는 옷을 발견했더라도 사고 싶은 마음이 사라진다. 인사 하나로 그 매장의 수익이 달라질 수 있다.

인사는 단순히 형식적인 것이 아니라 상대에 대한 존중의 표현이다. 사람은 언제나 이성적으로 판단할 것처럼 보이다가도 결정을 내려야 할 순간은 감성적으로 돌변한다. 따라서 전도하면서 내가 인정받고 신뢰를 쌓고 싶다면 가장 먼저 인사를 잘해야 한다. 다른 사람들을 향해 소리 내어 인사하면 당신을 잘 모르던 사람들도 어느 순간 당신의 존재를 확실히 인식하게 된다.

다른 사람이 자신을 인식하도록 만드는 것이 바로 전도의 첫걸음이다. 인사를 잘하면 상대는 존중받고 있다는 느낌을 받기 때문에 금세 마음의 문을 연다. 전도는 가장 먼저 사람의 마음을 얻을 수 있어야 한다.

전도는 타인을 배려하고 이해하는 데서 시작해야 한다. 그런 모든 것이 부메랑이 되어 나에게 결과물로 돌아온다. 다음 사항을 확인해 보자.

① 평상시 사람들을 만날 때 웃으면서 말하는가?
② 상대방이 말할 때 진심으로 들으려고 애쓰는가?
③ 사람을 만나면 입을 열 때 칭찬부터 하는가?

이 중에 한 가지라도 실천하고 있지 않다면 전도자로서 다시 한번 돌아봐야 할 것이다. 불평이나 불만은 자신의 인생에 0.1퍼센트도 도움이 되지 않는다는 사실을 먼저 인식하라. 자신이 변화하면 남들도 조금씩 따라서 변한다는 것을 느끼고, 가정에서 직장에서 그리고 삶의 현장에서 전도 대상자를 만났을 때 날마다 먼저 변화되고 말이 아닌 삶으로 복음을 보여 주자.

포기하지 마라

하나님은 죄 사함을 경험한 이사야에게 복음을 전하기 위해 누가 가겠느냐고 물으셨다. 동일한 하나님의 은혜를 경험한 자라면 이 음성에 대한 우리의 응답은 무엇이어야 할까? 이사야는 주의 물음에 이렇게 대답했다. (사6:8) "그 때에 내가 이르되 내가 여기 있나이다 나를 보내소서 하였더니" 이사야의 대답에 하나님은 다시 말씀하셨다. (9절) "여호와께서 이르시되 가서 이 백성에게 이르기를…" 그들에게 가서 하나님의 말씀을 전하라는 것이다. 이사야가 경험한 하나님, 그가 들은 하나님의 음성을 전하라는 것이다. 그것이 바로 중인의 사명이기 때문이다.

하나님은 에스겔 선지자에게도 명하셨다. (겔3:1) "너는 이 두루마리를 먹고 가서 이스라엘 족속에게 말하라" 하나님은 요나 선지자에게도, 두 번씩이나 같은 말로 명하셨다. (욘1:2) "너는 일어나 저 큰 성읍 니느웨로 가서 그것을 향하여 외치라 그 악독이 내 앞에 상달되었음이니라" (욘3:2) "일어나 저 큰 성읍 니느웨로 가서 내가 네게 명한 바를 그들에게 선포하라" 예수님은 열두 제자를 파송하시면서 이렇게 말씀하셨다. (마10:7) "가면서 전파하여 말하되 천국이 가까이 왔다 하고" 그리고 승천하시면서, 제자들을 향해 이렇게 말씀하셨다. (행1:8) "오직 성령이 너희에게 임하시면 너희가 권능을 받고 예루살렘과 온 유대와 사마리아와 땅 끝까지 이르러 내 증인이 되리라 하시니라" 사도행전 1장 8절에 등장하는 명령의 우선순위는 예루살렘이었다. 예루살렘은 당시 제자들에게 가장 가까운 도시였다. 우리도 가장 가까이 있는 이웃들에게 증인의 사명을 감당해야 한다.

증인은 본 대로, 경험한 대로, 증언하는 사람이다. 내가 경험한 하나님과 예수님, 신앙, 복음을 그대로 전하면 된다. 그것이 예수님의 증인 된 우리의 사명이다. 하나님은 이사야를 보내시며 사람들이 불신앙과 강퍅함으로 복음을 거절할 것에 대비하게 하신다. 그들이 복음을 거절할 때, 증인 된 이사야가 너무 좌절하거나 실망하지 않도록 배려하신 것이다. 죄로 말미암아 강퍅해진 죄인들이 복음을 거절하는 것은 하나도 이상한 일이 아니며 오히려 당연한 반응이다.

(사6:9) "여호와께서 이르시되 가서 이 백성에게 이르기를 너희가 듣기는 들어도 깨닫지 못할 것이요 보기는 보아도 알지 못하리라" 이어지는 10절에서는 만일, 그들이 복음에 반응한다면 그것이 오히려 걱정거리가 될·것이라는 하나님의 역설이 전해진다. (사6:10) "이 백성의 마음을 둔하게 하며 그들의 귀가 막히고 그들의 눈이 감기게 하라, 염려하건대 그들이 눈으로 보고, 귀로 듣고, 마음으로 깨닫고, 다시 돌아와 고침을 받을까 하노라 하시기로"

이 구절의 마지막 대목을 〈새번역〉 성경에서는 "그들이 보고 듣고 깨달았다가는, 내게로 돌이켜서 고침을 받게 될까 걱정이다" 이 구절이 정말 하나님이 죄인들의 회심을 원하시지 않는다는 의미일까? 그렇지 않다. 하나님의 진심은 누구든지 깨닫고 돌아오면 고치고 구원하시겠다는 것이다. 많은 사람이 복음을 거절할 것이다. 들어도 듣지 못한 사람, 보아도 보지 못하는 사람처럼 말이다. 그러나 모두가 그런 것은 아니다. 그러니 포기하지도 마라. 그것이 이사야 6장의 마지막 구절의 약속이다.

이사야 6:13

그 중에 십분의 일이 아직 남아 있을지라도 이것도 황폐하게 될 것이나 밤나무와 상수리나무가 베임을 당하여도 그 그루터기는 남아 있는 것 같이 거룩한 씨가 이 땅의 그루터기니라 하시더라

나무를 찍어내어도, 그루터기는 남는다. 그 그루터기가 새 생명의 근원이 되고, 이를 통해 복음의 새 역사가 일어난다. 세상 모든 사람이 복음을 거절하는 것 같아도 복음을 믿고 받아들일 그루터기 같은 자들이 있다. 그 그루터기를 만날 때까지 그 남은 자들을 만날 때까지 우리는 복음 전도를 포기하지 말아야 한다. 본문은 적어도 10분의 1의 사람들이 남아 있을지도 모른다고 말씀한다. 내가 10사람에게 복음을 전했을 때 9사람은 거절할지도 모른다. 그러나 그중 한 사람만이라도 복음을 듣고 주님을 영접한다면 그것으로 된 것이다. 그러니 그 한 사람을 주님 앞으로 인도하기 위해 10사람을 초대할 준비를 해야 하지 않겠는가? 이단 '여호와의 증인'은 1,000분의 1의 가능성을 안고 전도한다는 말을 들었다. 잘못된 복

음을 가진 그들이 한 사람을 전도하기 위해 그렇게 많은 사람을 만난다면 우리는 한 영혼을 인도하기 위해 몇 사람을 만나야 할까? 주님은 우리에게 말씀하신다. 우리를 사랑하시는 아버지 하나님, 우리를 사랑하사 자신의 몸을 십자가에서 내어주신 예수님, 성령하나님께서 우리의 마음의 문을 두드리시며 이렇게 말씀하신다. "누가 우리를 위하여 갈꼬?" 주님 앞에 이렇게 고백하기 바란다. "주님, 내가 여기 있사오니, 나를 보내소서. 내가 가서 전하겠습니다. 듣든지 아니 듣든지, 가서 이 복음을 전하겠습니다"

입술을 열어 복음을 전하는 순간 우리는 책임을 다한 것이다. 성령이 나머지 일을 해 주실 것이다. 남은 자들이 돌아올 것이다. 그루터기가 생명의 싹을 틔울 것이다. 이 놀라운 일을 맛보는 여러분이 되시기를 바란다.

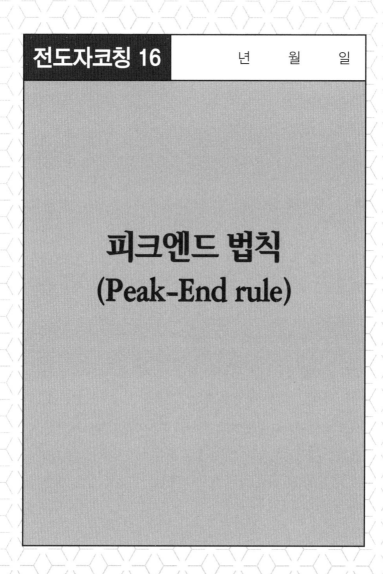

피크엔드 법칙
(Peak-End rule)

몸 기울이기와 감사인사

대화하며 딴 곳을 응시하는 사람이 있다. 휴대폰을 본다거나 창밖을 보거나 TV가 있다면 TV를 보는 사람들도 있다. 말하는 사람 입장에서는 그다지 좋지 못할 것이다. 무시당하는 느낌이 들 수도 있다. 일단 대화가 시작되면 딴청을 피우지 말고 상대방을 쳐다보면서 대화에 집중하는 게 좋은 매너이다.

경청의 '경(傾)'은 '기울이다'라는 뜻이다. 대화할 때 앞으로 약간 몸을 기울이는 자세는 상대방에게 존중하는 마음을 드러내는 행동이다. '얘기를 잘 듣겠습니다'라는 표현이다. 의외로 많은 전도자들이 대화할 때 집중하지 못하는 경우들이 있다. 암기해 온 복음 메시지를 까먹을까 봐 그 생각만 하거나, 질문이라도 해 올까 봐 걱정하는 사람도 있다. 좋은 태도는 아니다.

심리학에 '피크엔드 법칙(Peak-End rule)'이라는 개념이 있다. 어떤 사건이나 경험을 평가할 때 극적인 순간(Peak)과 마지막 순간(end)을 합해 그것을 기억한다는 말이다. '유종의 미'라는 말도 같은 맥락이다. 끝이 좋으면 좋은 일로 기억하는 이유이다.

대화 중 그분들이 믿는 성도이거나, 불신자이거나, 교회에 관심이 없다 할지라도 대화에 끝까지 집중하는 태도를 보여야 하며, 대화를 마무리할 때는 가벼운 감사의 말을 전하시기 바란다. 바쁜 시간을 내주셔서 감사한다든지, 좋은 정보를 알려 줘서 고맙다든지, 짧은 시간이었는데도 친절하게 대해 주셔서 감사한다든지 이런 멘트는 상대방을 기분 좋게 만든다.

특히 대화 속 어떤 내용에 관해 구체적으로 감사하는 일은 기억에 남을 칭찬이 된다. 그만큼 충실히 들었다는 증거도 되고, 상대방이 한 얘기들을 귀하게 여긴다는 마음이 전달되기 때문이다.

가볍고 따뜻한 인사가 다음에 또 만날 기회를 만든다. 밝은 첫 미소와 마지막 감사의 말이 인상을 형성한다. 짧은 대화에서도 늘 감사하는 습관을 들이시기 바란다.

전도자코칭 2

시선 마주치기

일반적으로 사람들은 대화를 할 때 30~60퍼센트 정도 상대방을 쳐다본다고 한다. 이렇게 시선을 마주침으로써 서로 친밀감을 형성할 수 있다. 이것은 전도에서도 마찬가지다. 전도 대상자는 자신을 보면서 이야기하는 사람에게 '믿을 수 있는 사람'이라는 인상을 받으며, 그가 자신에게 호의적이라고 생각한다.

이렇듯 커뮤니케이션에서 시선을 마주치는 일은 우리가 생각하는 것보다 훨씬 중요하다. 시선을 마주치는 경우는 다음 네 가지 의미 가운데 하나다.

- 피드백을 원할 때
- 연락을 취하고 싶을 때
- 호의를 나타낼 때
- 적의를 보일 때

대화 중 시선처리를 어떻게 하느냐에 대해 실험한 결과, 친밀할수록 더 자주 마주친다는 사실이 검증되었다. 또한 서로 시선을 마주치거나 회피함으로써 친밀함의 정도를 확인하고 그것을 상대방에게 전달한다는 사실 또한 드러났다. 이처럼 시선은 호의나 증오 등의 감정을 전한다.

참고로, 시선의 커뮤니케이션에는 성별의 차이가 있다. 여성이 남성보다 상대방과 시선을 많이 주고받는다. 또 동성끼리는 남성보다 여성이 더 자주 쳐다본다. 즉, 시선의 커뮤니케이션은 여성이 효과적으로 활용하는 셈이다.

Tip 보이고 싶은 자료는 시선이 가는 장소에 둔다.

한편 전도 대상자와 대화를 나눌 때 계속 눈을 쳐다볼 수는 없는 노릇이다. 상대방이 심리적 압박감을 느끼거나 갑갑함을 느낄 수 있기 때문이다. 그러므로 명확한 대답이 필요한 부분에서만 눈을 바라보고, 그 외에는 목 근처를 바라보는 것이 좋다.

눈을 마주치는 일은 끄덕임과 같은 일종의 확인 작업으로, 이야기를 재촉하거나 상대방의 동의를 구하는 효과가 있다. 또 너무 자주 시선을 바꾸면 어수선해 보여 상대방에게 불신감을 안겨 줄 수 있으므로 주의해야 한다.

전도 하다 보면 테이블에 놓인 물건들만 바라보는 사람들이 있다. 시선 처리가 곤란해서일 것이다. 한번은 내가 시험 삼아 전도용품을 위에 올려 두었더니, 계속 그 용품만 바라보고 있었다.

전도자는 사람들의 이런 습관도 좋은 기회로 만들어야 한다. 즉, 전도지나 전도용품 등을 상대방이 앉은 자리에서 잘 보이는 테이블의 한가운데에 놔두자. 그러면 상대방의 시선은 자연스럽게 그곳으로 모인다.

우리 교회는 새신자들이 앉는 테이블 앞에 교회 행사 사진액자들을 많이 비치해 놓았다. 새신자들은 무슨 얘기를 해야 할지 어색함이 있는데, 자연스레 그 사진에 시선이 가면서 질문을 하기 시작했고, 많은 대화들을 하면서 교회에 관심을 갖기 시작했다.

남은 생애를
어떻게 살아가기 원하는가?

    어느 교회 집사님이 수년 전 몸이 이상해서 병원에서 진찰을 받았는데 두 달밖에 남지 않았다는 간암선고를 받았다. 두 달 동안 무엇을 할 것인가 생각하다가 우선 기도를 시작했다. "하나님, 제 인생에 남아 있는 두 달을 어떻게 살면 좋을까요?" 기도하는데, 이분 마음속에서 사랑하지 못한 것이 제일 크게 후회가 되었다고 한다. 그리고 자기가 그동안 벽을 쌓고 살아왔던 사람들의 얼굴이 자꾸만 지나가서 명단을 작성했고 그동안 벽을 쌓고 살았던 사람들, 등을 지고 살았던 사람들을 찾아가기 시작했다. 가서 만나고, 용서를 구하고, 화목하고, 또 등진 사람은 아니지만 마땅히 사랑해야 할 만큼 더 사랑하지 못하고, 격려하지 못한 사람들을 찾아가서 격려해 주고, 사랑해 주고, 재산 정리를 시작했다. 빚을 다 깨끗이 갚고 내가 남은 이 재산을 어떻게 쓸 것인가? 자손들에게 남길 것을 빼놓고 가만히 생각해 보니까, 돈을 한 번도 가치 있게 쓰지 못했다고 한다. 그래서 그중에서 선교사님들을 위해서 선교헌금을 하고, 구제 헌금을 하고, 자기가 죽은 다음에 이렇게 쓰라고 유언장도 작성했다. 그다음에는 자기가 사랑하는 자녀들을 생각하며 성경말씀을 읽으면서 자녀들에게 가장 중요한 말씀을 유언장에 쓰기도 했다. 그러다 보니까 두 달이 지났다. 그런데 몸이 그렇게 나빠지지 않았다. 이상하다 생각하고 다른 병원에 가서 진찰을 받아보니까 간암이 아니라고 했다. 오진이었다. 그래서 그 교회 목사님이 물어봤다. "집사님, 그렇게 두 달 동안 사신 것 후회되지 않습니까?" "아니요! 목사님, 지금까지 저는 제 생애를 통해서 그 두 달처럼 그렇게 의미 있고 가치 있게 살았던 때가 없었어요. 저는 앞으로 인생의 남아 있는 시간도, 이 마음가짐으로 계속 살 것입니다"

오늘 우리가 사는 지금이 마지막이 아니라 해도 우리 앞에 그 마지막이 가까이 오고 있다면 내 인생에 남아 있는 이 시간을 어떻게 살 것인가? "최후의 며칠을 어떻게 살 것인가?"를 곰곰이 생각해야 한다. "하나님, 어떻게 살면 좋겠습니까?"라고 기도하며, 주께서 사랑하신 사람을 사랑하기로 작정하고, 아직 예수님을 알지도, 믿지도 않는 분들을 찾아가서 내가 만난 주님을 전하고, 하나님이 내게 주신 은사와 달란트를 가지고 봉사하는 일에 자신을 바치는 삶 이것이 바로 그리스도인들의 삶의 모습이다.

"여러분들은, 남은 생애를 어떻게 살아가기 원하십니까?" 이 문제를 위해 기도해야 한다.
마지막을 생각한 사람만이, 진지한 출발을 할 수 있다.

하나님 앞에 섰을 때, 나의 모습은 어떠한 모습으로 서 있을까?
하나님은 늘 내 편이신데, 나는 과연 하나님 편에 있는가? 내 모습은, 정말 하나님이 기뻐하실까?

이 시간 조용한 기도 속에서, 하나님 앞에서 어떻게 살 것인가? 결단하시고, 주님 앞에 우리 자신을 바치고, 헌신할 수 있기를 예수님의 이름으로 축원한다.

상대방의
관심사에 집중하라

전도자 코칭 노트 워크북
Evangelist coaching note work book

관심 갖기

사람은 누구나 다 자기중심적이다. 타인에 대해 관심을 가질 때 관계가 시작된다. 상대방의 근황을 물어보는 말로 대화는 출발해야 한다. 계속 전도를 나가고 있다면 "한 주간 잘 지내셨어요?" "별일 없으셨죠?" 이렇게 얘기하면 너무 뻔한 말로 들리겠지만 실천하기는 쉽지 않다.

사람은 누구나 자기 관심사를 먼저 화제로 떠올리니까 최근에 경험한 특이한 사건, 즐거운 경험 등이 자연스레 입에서 나온다. 스스로에게 물어보라. 지난주에 봤던 영화나, 스포츠, 뉴스, 자녀들의 자랑거리 또는 받은 은혜 등 얘기를 꺼내고 싶지 않던가?

말하기 전에 다시 한번 생각해 봐야 한다. 지금 얘기하려는 화제에 전도 대상자들이 관심이 있을지를. 전도 대상자들은 그런 얘기들에 아무 흥미가 없을지도 모른다.

전도를 하다가 만난 사람들에게 환영받는 사람이 되려면 내 관심사는 접어 두고 상대방의 관심사에 집중해야 한다.

로마의 시인 푸블리우스 시루스(Publius Syrus)는 이런 말을 남겼다.

"우리는 우리에게 관심을 갖는 사람에게만 관심을 갖는다"

어떤가? 공감이 가지 않는가? 사람은 누구나 자기에게 관심을 보이는 사람에게 호감을 느낀다. 관심이 관계를 시작하게 만든다. 저명한 데일 카네기(Dale Carnegie)도 '상대방의 관심사'를 강조한다.

"당신이 대화를 나누는 사람은 당신이나 당신의 문제보다는 그들 자신과 자신의 요구, 자신의 문제에 백배나 많은 관심을 갖고 있다는 사실을 명심하라. 누군가의 치통은 백만 명의 목숨을 앗아간 빈곤국의 굶주림보다 당사자에게 더 큰 의미를 지닌다. 그 사람의 목에 난 종기 하나는 아프리카에서 발생한 40여 차례의 지진보다 큰 관심의 대상이다. 누군가와 대화를 나눌 때 항상 이 점을 명심하라"
— 데일 카네기의 《인간관계론》

'수백만 명을 희생시킨 빈곤국의 굶주림보다 자신의 치통을 더 중요하게 여긴다'라는 표현이 눈에 띈다. 불편하지만 사실로 들린다. 사람은 자기 관심사가 우선이다.

내가 묻고 싶은 주제를 묻지 말고, 상대방 관심사에 나도 흥미를 가져야 한다. 상대방이 즐겁게 말할 수 있는 화제가 우선이다. 잘 듣기 위해서는 질문을 잘해야 한다.

끄덕임

전도를 할 때 가장 힘든 것 중에 하나는 대화를 하다가 갑자기 침묵이 흐르는 짧은 몇 초의 순간일 것이다. 대화가 좀처럼 이어지지 않을 때 무슨 말을 해야 하는지, 상대방이 무슨 생각을 하고 있는지를 파악하기 어렵다. 그 순간 어떻게 대처해야 할지 막막해지다 보니 그냥 인사하고 나올 때가 많다.

이런 순간이 발생하지 않도록 전도 대상자에게 침묵할 틈을 주지 않고, 대화에 활기를 불어넣을 수 있는 방법은 무엇일까? 바로 '끄덕임'이다.

심리학자 마타라초는 실제 면접을 통해 면접관이 적극적으로 고개를 끄덕이는 것만으로 피면접자가 더 많은 이야기를 한다는 사실을 증명했다. 피면접자는 공무원 시험을 보기 위해 모인 60명으로, 1회당 15분씩 3회, 총 45분간 면접을 받았다.

① 최초 15분은 평범한 면접을 실시했다.
② 그리고 다음 15분은 면접관이 피면접자 20명에게만 적극적으로 고개를 끄덕

이며 수긍하는 태도를 보였고,

③ 그 후 마지막 15분은 다시 평범한 면접을 실시했다.

그 결과, 면접관이 고개를 끄덕였던 20명 가운데 17명이 그 시간대에서 발언양이 증가했으며, 면접관이 시종일관 일반적인 반응만을 보였던 나머지 피면접자들 40명은 대체로 일정량의 발언을 했다.

끄덕임은 맞장구와 같은 효과를 발휘한다. 끄덕임은 맞장구와는 달리 실제로 언어를 사용하지 않는다. 그러면서도 상대방이 말하는 내용에 청자(받아들이는 사람)가 어떤 반응을 보여 줌으로써 화자(표현하는 사람)의 승인 욕구를 만족시켜 대화가 한층 쉬워진다.

그러므로 전도 대상자와 이야기할 때 좀처럼 대화가 활발해지지 않아 고생한다면, 의식적으로라도 고개를 끄덕이며 수긍하는 태도를 보여 보자. 아마 상대방은 당신이 '자신의 이야기를 이해하고 있다'라고 느껴 안심하고 쉽게 말문을 열 것이며, 이로써 더욱 길고 깊은 대화를 나눌 수 있을 것이다.

이처럼 늘 고개를 끄덕이며 수긍하는 모습으로 상대방이 기분 좋게 이야기할 수 있는 환경을 제공하는 것이야말로 필요나 요구를 이끌어 내는 지름길이다.

주님이 이 땅에서 하시고자 했던 일

예전에 '가족오락관'을 보면 참 재미있는 코너들이 많이 있었다. 그중에 4~5명이 칸칸이 들어가서 귀에는 헤드폰을 쓰고 노래가 나온다. 맨 앞 사람이 MC가 보여 주는 단어를 큰 소리를 내든, 몸동작을 하든 전달해야 한다. 그런데 처음 단어와 마지막 사람의 말이 어떻게 변질되는지를 보면서 한참을 웃었던 기억이 있다. 예를 들어 "너는 썩 좋은 놈이야"이 단어가, "너는 속 좁은 놈이야" "너는 썩을 놈이야"로 변하기도 한다. 그런데 이런 일들이 기독교 안에서도 종종 발생하곤 한다. 이런 일들은 교회 안에서도 일어날 수 있고, 여러분의 신앙에서도 이렇게 변질되어 나타날 수가 있다. 우리 교회를 세우신 목적, 저와 여러분을 부르신 목적과 그 처음 정말 우리 교회가 주님이 부탁하신 그 명령을 수행하며 이 땅을 살아가면서, 전도자의 사명을 감당하려면, "주님이 이 땅에서 하시고자 했던 일이 무엇인지를 확인해 볼 필요"가 있다.

이 땅에 오신 예수님이 정말 하시고자 했던 일이 무엇이었을까? 예수님은 30년 동안 개인적인 시간을 보내시고 30세 되던 해부터 공적인 사역을 시작하시면서 주님이 첫 번째로 선포하신 메시지와 행하신 일은 그분이 무엇을 위해 이 땅에 오셨는지 명확하게 보여 준다.

첫째는, 복음을 전하는 일이고, 둘째는 복음을 전하는 일꾼을 만드는 일(사명자)이었다. 이 두 가지 일을 위해서 예수님이 오셨다는 사실은 본문에서 아주 분명하게 나타난다.

마가복음 1:15
이르시되 때가 찼고 하나님의 나라가 가까이 왔으니 회개하고 복음을 믿으라 하시더라

"때가 찼다" 때를 나타내는 매우 독특한 헬라어 "카이로스"가 사용되었다. 이 단어는 그냥 흘러가는 시간을 말하는 게 아니라 결정적인 시간을 의미합니다. 주님이 일하시는 때가 되었다는 것이다. 그러면 주님이 무엇을 하기 위해서 오셨을까? (14절) "요한이 잡힌 후 예수께서 갈릴리에 오셔서 하나님의 복음을 전파하여" 하나님의 복음을 전파하기 위해 오셨다.

두 번째로, 예수님이 오셔서 하고자 하셨던 것은 복음 전할 사람을 만드는 일이었다. 예수님은 복음을 전하는 데서 멈추지 않고 복음을 계속해서 전할 사람을 세우기 원하셨다. 그래야만 복음이 그들을 통해서 오는 세대에 계속 전해질 수 있기 때문이다. 그래서 주님은 제자를 부르셨다. (16절) "갈릴리 해변으로 지나가시다가 시몬과 그 형제 안드레가 바다에 그물 던지는 것을 보시니 그들은 어부라" 예수님은 고기를 잡고 있는 그들

에게 다가가서서 이렇게 말씀하셨다. "나를 따라 오너라 내가 너희로 사람을 낚는 어부가 되게 하겠다" 고기 잡는 것도 필요한 일이고 좋은 직업인데, 그들은 그보다 더 높은 부르심을 받고 있었던 것이다.

예수님을 따라가기 위해서 그들은 지금까지 하던 일들에서 손을 떼야만 했다. 굉장한 변화이다. 마가는 제자들이 주님의 부르심을 처음 받는 장면을 인상적으로 묘사하고 있다. (18절) "곧 그물을 버려 두고 좇으니라" 맨 처음 강조된 단어가 "곧", "즉시로"이다. 이것은 마가복음에서 가장 많이 나오는 단어 중 하나이다. "나를 따라 오너라, 내가 너희로 사람을 낚는 어부가 되게 하리라"는 예수님의 말씀에, 제자들이 어떻게 반응했을까? "선생님, 사흘만 시간을 주십시오. 그러면 생각해 보겠습니다" 이렇게 말하지 않았다. 손해일까? 이익일까?도 따지지 않았다. 그들은 그물을 버려두고, 배를 포기하고, 더러는 사랑하는 식구들과 잠시 이별을 하고, 예수님을 따라가기 시작했다.

왜일까? 더 높은 소명을 위해서이다. 이 세상을 변화시키기 위해서다. 그리고 이 세상에 살고 있는 사람들을 변화시키기 위해서이다. 우리가 언제 "물질" 때문에 주의 일을 했는가? "건강" "환경" "기도응답" 그런 것 없어도, 이 생명도 달라시면 십자가에 놓겠다고 고백하지 않았는가? 더 힘들 때도, 헌신했었다. 이유가 무엇인가? 바로 "믿음" 때문이었다. 그 믿음은 들음에서 나는데, 기도를 깊~이 할 때, 하나님을 더 뜨겁게 사랑하며 흘러 넘치게 된다. 죄인으로 지옥에 갈 수밖에 없는 나를 구원해 주신 그 사랑에 감사해서 아닌가? 그러므로 기도할 때 "편해지게 해 달라고 기도하지 말고, 강해지게 해 달라고 기도하기 바란다"

결국 신뢰가
마음을 열게 한다

전도자 코칭 노트 워크북
Evangelist coaching note work book

신뢰를 얻어 마음을 열게 하라

전도가 상대방의 마음을 여는 데서 시작되어야 함에도 불구하고 우리는 그동안 공격적인 전도법으로 다가선 경우가 많았다. 그러다 보니 마음이 경직되고, 더 굳게 닫아 버리게 되었다. 어떻게 해서든지 전도자를 피하려고 한다. 그래서 전도에서 신뢰감은 매우 중요하다. 상대방을 신뢰하면 그 사람이 하는 말을 믿게 되지만 상대방을 불신하면 그 사람이 하는 말을 믿지 못한다. 전하는 말만큼 전하는 사람이 중요하다는 것이다. 그런데 우리는 그동안 이런 자세를 견지하지 못했다. 오히려 불신을 주는 경향이 많았다. 신뢰감 형성에 우리는 노력하지 않았는지도 모른다. 신뢰가 깨어지면 무슨 말을 해도 사람들은 듣지 않고 마음을 닫아 버린다. 한국 교회가 이전과 다르게 전도가 잘되지 않는 이유 중 하나는 사회로부터 신뢰를 잃어버렸기 때문이다.

일제 강점기에 한국 교회는 국민들이 믿고 기댈 수 있는 곳이었다. 일본의 속국이었던 한국 정부의 고종 황제는 일본의 압박에 시달림을 받았다. 의지할 사람이 없었다. 고종 황제는 당시 기독교인을 믿었다. 기독교인에

의해 나라의 운명이 좌우되던 시기였다. 숫자적으로 1%도 안 되는 그리스도인이었지만 기독교는 당시 한국의 희망이었다. 김구, 조만식, 이상재 등 민족 지도자는 모두 기독교인이었다. 그런 영향으로 한국 교회는 기적적인 부흥을 경험하며, 20% 정도가 기독교인이 되었다. 왜 이렇게 놀라운 부흥이 일어났을까? 그것은 믿음의 선배들이 쌓은 교회와 기독교에 대한 탄탄한 신뢰감 때문이다. 그 힘은 100년이 지난 후까지 계속 이어져 오고 있다. 그러나 지금의 교회와 그리스도인들은 신뢰의 힘을 잃었다. 지금이라도 신뢰를 회복하는 것이 전도의 비결 중 비결이다.

이것은 개인 전도에도 그대로 적용된다. 어떻게 상대방에게 신뢰를 얻을까? 그것은 억지로 꾸며서 될 일이 아니다. 평상시에 믿음의 관계를 쌓고 설사 처음 만났다 해도 신뢰할 수 있도록 전도자가 인격적으로 성장해야 한다. 사마리아 여인과 예수님이 주고받은 대화를 보면 여자가 점차 예수님을 신뢰하는 것을 볼 수 있다. 여자가 자기의 약함을 솔직하게 드러내는 것은 예수님을 그만큼 신뢰했다는 증거이다. 전도할 때는 믿음이 중요하다. 진실은 전도의 큰 무기이기 때문이다. 전도는 물건 판매하는 것과 다르다. 그렇다면 언제 전도의 역사가 일어날까? 진실할 때이다. 전도자는 전도할 때 정직하고 진실하게 사람을 대해야 한다. 믿고 안 믿고는 다음 문제이다. 사람에게 진실을 전해 주는 것이다. 그것이 전도다.

전도에 성령의 역사가 사라지면 그것은 전도가 아니다. 진리의 영이 역사하기 위해서는 우리의 전도 방법도 당연히 정직해야 한다. 당장은 힘들어도 결국은 진실만이 상대방의 마음을 움직인다. 그것이 사람을 신뢰하게 만든다. 있는 그대로 솔직하게 다가서기 바란다. 그렇게 되면 상대방은 나를 신뢰하고 점차 마음을 열 것이다. 그래서 늘 이 부분을 위해 전도자가 기도해야 한다. 먼저 신뢰를 얻을 수 있도록 말이다. 진실하게 전도대상자에게 다가서 보라. 점차 여러분들에게 마음을 열 것이다.

호기심 갖기

전도 대상자가 하는 말을 잘 듣기 위해서는 우선 흥미가 있어야 한다. 상대가 말하는 내용에 궁금증이 있으면 얘기에 집중하게 된다. 사람은 누구나 자기가 재미를 느낀 분야에 관해서는 즐겁게 대화한다. 반면 잘 모른 주제에 관해 얘기하면 집중하기 힘들다.

생소한 일에 관해 대화할 때는 한 수 배운다는 생각으로 접근하면 마음이 편하다. 우리는 그 분야의 전문가가 아니기 때문에 모르는 것이 당연할 것이다. 대화하며 모르는 내용이 있으면 물어보라. 그것도 모르냐며 핀잔을 주는 사람은 드물다. 대부분 흔쾌히 설명해 준다. 설명하면서 또 신이 난다. 대화는 더 즐거워질 수밖에 없다.

아리스토텔레스는 "호기심이야말로 인간을 인간이게 하는 특성"이라고 주장했다. 호기심은 진정으로 경청이 이루어지게 하는 내면적인 요소이다. 낯선 것에 호기심을 가지라. 다양한 사람과 대화할 수 있고 더 많은 정보를 얻게 된다. 잘 몰랐던 일에 대해서도 관심을 두는 사람은 좋은 사람이 될 것이다. 지속적으로 경청하기 위해서는 호기심이 있어야 한다.

Tip 상대방의 생각과 욕구에 공감하라.

부르심을 입은 자와
내가 했다고 하는 자

복음 사역을 위해 부르심을 입은 자를 제자라고 한다. 다른 말로 사명자이다. "내가 내 힘으로 무엇을 했다고 하는 생각이, 교회를 망친다" 마가복음 1장 17절에서 "나를 따라 오너라", 20절에서 "곧 부르시니"라는 말씀과 같이 예수님은 부르셨다. (요15:16), (롬1:1), (롬1:7)에서도 예수님이 불러 주시니 우리가 일꾼 되었음을 말씀해 주고 있다. "부르심을 입은 자"와 "내가 했다고 하는 자"는 차이가 있다. "부르심을 입은 자"는 중간에 어려움이 있더라도 포기하지 않는다. 그러나 "내 힘으로 했다고 하는 자"는 중간에 어려움 있으면 포기하고 만다. 예를 들어 조기축구회에 가서는 적당히 뛰기도 하고, 중도에 포기할 수도 있다. 그러나 국가대표로 부름을 받았을 경우에는 이와 다르다. 힘들더라도 포기할 수 없다. 사람을 다르게 하는 것은 목표의 차이이며 부르심의 차이다. 무엇을 입을까? 무엇을 먹을까?가 우리의 목표가 될 수 없다. 부르심을 입은 자, 사명자들은 함부로 살아갈 수 없다.

베드로는 이전에는 고기 많이 잡게 해 달라는 낮은 수준의 기도를 했지만 예수님의 제자가 된 이후에는 많은 사람에게 복음 전할 수 있게 해 달라는 기도를 하였다. 목표가 원대하면 삶의 모든 것이 바뀌게 된다. 부산에서 제일 높은 금정산에 오를 때는 별다른 준비가 필요 없지만 에베레스트 산을 오르기 위해서는 철저한 준비가 필요하다. 우리는 무엇 때문에 살고 있는가? 구원받은 사람들이 이 땅에 존재하는 이유는 무엇인가? 장사도 하고, 취직도 하며, 직업을 가지고 살지만 그리스도인이라고 하면서 무엇 때문에 사는지에 대한 고백이 없다면, 우리는 진정한 그리스도인이라고 할 수 없다. 우리는 예수님 때문에 산다. 예수님이 나를 구원했고 예수님이 나에게 새로운 삶의 소망이 되었다면 예수님을 증거하기 위해 사는 것이다. 주님은 우리끼리 즐기라고 우리를 구원해 주시지 않았다. 아름다운 건물을 주신 이유는, 물질, 건강, 축복을 주신 이유! 단지 거기서 편안한 삶을 살도록 하기 위한 것이 아니다.

우리는 죄와 사망에서 구원하여 주신 예수님의 은혜를 입었고, 새로운 소망과 삶의 의미를 깨달았기 때문에 그리스도를 증거하지 않고는 견딜 수 없다. 주님의 몸 된 교회를 세우는 것, 성도를 섬기는 것, 주님은 이 땅에 오셔서 하나님과 사람사이, 사람과 사람사이 다리를 놓기 위해 오셨다. 그런데도 부르심을 입었다는 우리 모습을 되돌아볼 때는 너무나 부족하고 연약함을 보게 된다. 내가 과연 할 수 있을까? 나 같은 사람이 이 직분을 감당할 수 있을까? 그러나 실망할 필요가 없다. 예수님이 제자들을 부르셨을 때의 제자들의 모습은 모두가 못 배우고 약하며 부족함투성이었다. 예수님은 이 제자들의 성품을 잘 알고 뽑으신 것 같다. 계산할 줄 모르는 사람, 단순하지만 열정적인 사람, 그리고 무엇인가 정말 보람 있고,

소중한 일을 위해, 인생을 기꺼이 헌신할 수 있는 사람, 이런 사람이야말로 예수 그리스도의 제자가 되기에 적합한 사람이라고 생각한다. 예수님은 약한 그들을 부르셔서 사용하셨다.

약한 사람을 불러 쓰시는 근거는 고린도전서 1장 26절에 있다. 약한 자를 불러야 자기 힘으로 했다는 자랑하지 못하게 된다. 대신 전적인 하나님의 힘과 도우심으로 되었다고 고백하게 된다. 이같이 하나님은 약한 자, 부족한자 통해 일하신다. 그 이유는 자신을 자랑하지 아니하고 하나님의 영광을 드러내게 하기 위해서다. 깨지고 부서져야 하나님의 능력과 영광이 드러나게 된다. 그러므로 우리는 약한 자리에 서야 한다. 우리의 모든 사역에서, 모든 영광이 하나님께 있다는 고백이 나와야 한다. 약한 자가 왜 강한지 아는가? 비록 약한 질그릇이지만 그 안에 하나님의 보배를 담았기 때문이다.

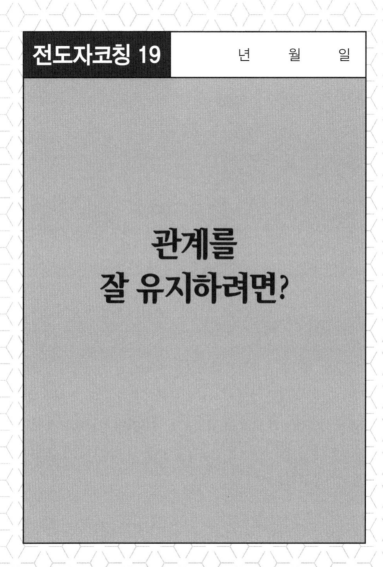

전도자코칭 19 　　　　　　년　　　월　　　일

관계를
잘 유지하려면?

전도자 코칭 노트 워크북
Evangelist coaching note work book

관계 유지하기

전도자는 복음 전할 기회를 찾고 또 그들을 전도하기 위해서는 '관계'라는 끈을 놓으면 안 된다. 전도 대상자를 만나는 일이 전도의 기본이자 출발점이다.

첫 번째로 그들을 지속적으로 만나기 위해서는 우선 '만날 거리'가 있어야 한다.

영업하시는 분들은 고객들의 관심사인 재테크, 건강, 여행 등 누구나 관심을 갖는 분야에 대한 정보를 제공해 준다고 한다. 그리고 매주 방문을 못 하는 분들에게는 한 달에 한 번씩은 꼭 방문하며 자료를 남겨 두며 정기적으로 만날 수 있는 장치를 만든다고 한다. 그리고 언젠가 그 일이 필요하면 연락을 준다고 한다.

또한 정보를 제공하는 일 외에도 만날 수 있는 명분을 만드는 것도 좋다. 교회에서 중식을 준비할 때 전도하는 곳을 이용한다든지, 물건을 살 때도 꼭 전도 대상자에게서 구입을 하는 것이다.

그리고 전도 대상자들과 대화를 통해 얻은 정보들을 활용하여 그들의 필요를 파악하고 부담이 되지 않을 만한 작은 선물을 주는 것도 좋다.

전도를 하다가 상가에 사장님과 얘기를 나누다 딸이 향수에 관심이 많아서 조향사가 꿈이라고 한다. 그다음 주에 만날 때 샘플로 모아 놓은 작은 향수 몇 개를 포장해서 드리니 얼마나 좋아하시는지 모른다. 바로 사진을 찍어서 딸에게 메시지를 보내면서 우리 딸이 엄청 좋아하겠다며 큰 감동을 받았다. 그러면서 자신이 팔고 있는 제품을 살짝 담아서 주는 것이다.

목적 없이 그냥 가서 대화를 나눠도 되고, 정보를 제공해도 괜찮고, 뭐라도 하나 선물해도 좋다. 겉으로 드러나는 현상만 다를 뿐 본질은 그 사람을 만나는 일이니까.

전도는 접촉점이 중요하다. 계속 만나기 위해서는 나만의 접촉점을 만들어 가는 게 중요하다.

그들과 지속적인 관계 유지를 위해 두 번째로 중요한 것은 '기록'하는 것이다.

예를 들어 누군가를 만나 대화했던 내용, 자녀 이름과 가족 상황 등을 메모해 두는 일이 필요하다. 여러분은 전도하고 있는 내용들을 기록하고 있는가? 지난 주, 지난 달, 1년 전에 누구를 만났는지 알 수 있는가?

나는 교회 개척 후 1년이 지난 후에 기록이 필요함을 느꼈다. 잠깐 전도하고 말 일이면 그런 수고가 아깝겠지만, 오래 하려면 과거 데이터를 저장해야 한다. 어디서 누굴 만나 무엇을 했는지, 그들의 인상착의와 무슨 대화를 나누었는지 등을 기록하는 것이다. 요즘은 스마트폰 캘린더나 메모장이 있으니까 기록을 남기는 일이 훨씬 수월해졌다.

"천재의 기억보다 바보의 기록이 더 정확하다"라는 말이 있다. 기억은 한계가 있다. 전도를 많이 나가다 보면 지난주에 누구를 만났는지 기억조차 못 한다. 지난주가 아니라 요즘은 3일 전, 아니 어제 일도 헷갈릴 때가 있다. 기억을 믿지 말고 기록을 남기시기 바란다. 기억은 사라지지만 기록은 남는다.

기록으로 남긴 정보를 바탕으로 전도 대상자와의 관계 관리를 효율적으로 할 수 있다. 그리고 우리는 그분들을 놓고 기도하면서 하나님의 인도하심을 구하는 것이다.

상대방 이야기를 끊지 말아라

이야기하는데 상대방이 내 말을 끊은 경험, 당해 보았을 것이다. 기분이 어떠했는가? 가볍게 무안했던 적도 있겠지만, 어떤 경우는 기억에 오래 남을 만큼 기분이 나쁘지 않던가? 말을 끊는 행동은 상대방의 의견을 무시하는 일이다. 내 생각과 다르더라도 일단은 들어야 한다.

내가 말을 끊을 수도 있겠지만 요즘은 휴대폰이 방해하는 경우가 많다. 벨소리는 대화를 방해하는 주범이다. 대화 중에 휴대폰 벨소리가 울리면 사람들은 "괜찮아요, 전화 받으세요"라고 말해 준다. 이 말을 듣고 전화를 받아도 정말 괜찮을까? 전화를 잠시 받고 나면 대화의 흐름이 원만히 이어지던가? 전화를 짧게 받더라도 대화는 중단된다.

아마도 대부분은 긴급히 받지 않아도 될 전화일 것이다. 결국 중요하지 않은 전화가 대화를 방해한 셈이다. 상대방을 존중한다면 그리고 정말 전도에 집중하기 원한다면 휴대폰은 진동모드로 변경하고 대화에 집중해야 한다.

무엇을 전해야 할까?

천국

사도행전 1:3

그가 고난 받으신 후에 또한 그들에게 확실한 많은 증거로 친히 살아 계심을 나타내사 사십 일 동안 그들에게 보이시며 하나님 나라의 일을 말씀하시니라

인간

로마서 3:23

모든 사람이 죄를 범하였으매 하나님의 영광에 이르지 못하더니

히브리서 9:27-28

한번 죽는 것은 사람에게 정해진 것이요 그 후에는 심판이 있으리니 이와 같이 그리스도도 많은 사람의 죄를 담당하시려고 단번에 드리신 바 되셨고 구원에 이르게 하기 위하여 죄와 상관 없이 자기를 바라는 자들에게 두 번째 나타나시리라

하나님

요한복음 3:16

하나님이 세상을 이처럼 사랑하사 독생자를 주셨으니 이는 그를 믿는 자마다 멸망하지 않고 영생을 얻게 하려 하심이라

로마서 5:8

우리가 아직 죄인 되었을 때에 그리스도께서 우리를 위하여 죽으심으로 하나님께서 우리에 대한 자기의 사랑을 확증하셨느니라

예수 그리스도

마태복음 17:8

제자들이 눈을 들고 보매 오직 예수 외에는 아무도 보이지 아니하더라

사도행전 3:6

베드로가 이르되 은과 금은 내게 없거니와 내게 있는 이것을 네게 주노니 나사렛 예수 그리스도의 이름으로 일어나 걸으라 하고

사도행전 4:12

다른 이로써는 구원을 받을 수 없나니 천하 사람 중에 구원을 받을 만한 다른 이름을 우리에게 주신 일이 없음이라 하였더라

구원

요한복음 1:12

영접하는 자 곧 그 이름을 믿는 자들에게는 하나님의 자녀가 되는 권세를 주셨

으니

전도자코칭 20　　　　년　　월　　일

선물도
타이밍이다

전도자 코칭 노트 워크북
Evangelist coaching note work book

선물을 통해
전도 대상자의 마음을 열어라

선물은 전도의 접촉점이 되고 좋은 연결고리가 된다. 우리는 막연하게 선물을 준 것 같은데, 어떻게 하면 효과적으로 선물을 할 수 있을까? 실제 적용할 수 있는 방법들을 5가지를 소개한다.

1. 그 사람을 연구해야 하고, 관찰, 기도해야 한다

"어떻게 내 마음을 잘 아느냐?"는 감탄사가 나오면 좋다. 그러기 위해서는 노력이 필요하다. 아무나 섬길 수 있는 것이 아니다. 나의 문제처럼 나의 일처럼 생각하고 기도할 때, 그들에게 맞게 작용한다.

2. 취향을 파악하라

내 취향을 알아준다는 것은 그만큼 나에게 관심이 있다는 말이다. 누구나 따뜻한 관심을 받으며 살길 원한다. 결국 만족도 100%를 보장하는 선물은 전도 대상자의 취향을 이해하는 데서 출발한다.

3. 선물도 타이밍이다

생일, 승진 등 선물을 받는 게 당연한 날에는 다른 선물도 많기 때문에, 자신의 선물이 묻힐 수도 있고, 감동 역시 줄어들게 마련이다. 타이밍을 조절하여 조금 일찍 아니면 생일이 끝나가는 시점에 선물을 보내면 제대로 효과를 볼 수 있다.

4. 비싼 것보다 최상품으로

선물을 할 때는 비싼 상품 중에서 싼 것을 고르는 것보다, 비싸지 않은 상품 중에서 최상품을 고르는 것이 훨씬 효과적이다. 예를 들어 고급브랜드 A사의 커피보다 브랜드 인지도는 조금 떨어지지만 선호도가 높은 B사의 커피 중 최고의 것을 선물하면, 받는 사람의 기쁨이 더 크다는 것이다.

5. 한 번에 주는 것보다 나누어 주라

비싼 기프티콘을 메시지로 한 번에 다 보내는 것보다 한 번에 하나씩 선물하는 것이 받는 기쁨을 더 크게 할 수 있다. 그러면서 만남의 기회를 갖는 것이다. 필요로 하는 것보다는 사고 싶어 하는 것을 선물하라.

선물을 준비하라

전도는 주로 말로 하지만, 그 말이 마음에 전달되기까지는 많은 장애물이 있다. 보통 사람들에게는 상대방에 대한 불신과 거부감이 깔려 있다. 특히 낯선 사람에게는 늘 경계심이 있는데 혹시 나를 해하려는 사람은 아닌지 늘 조심스럽다. 요즘은 사기꾼들과 이단, 사이비들이 너무 많아서 사람을 믿기 어려운 시대가 되었다. 코로나19 바이러스로 인해 사람들과의 만남은 더 어려운 시대가 되었다. 선의를 베풀어도 혹시 하면서 의심하게 된다. 그래서 전도를 하기 전에 먼저 신뢰를 갖게 하는 것이 중요하다. 그 중의 하나가 '주는 것'이다. 상대방에게 선물을 주는 것이다. 그냥 선물만 주지 말고 그 속에 마음을 담아 주면 사랑의 마음이 선물을 통해서 상대방에게 전달된다.

필자가 전도 나갈 때, 그때가 마침 어버이 날이라서 교회 집사님들과 함께 아로마 비누를 만들어서 예쁘게 포장하고, 카네이션에 "아버님! 어머님! 사랑합니다"라는 글을 넣어서 드렸다. 선물을 받아서 기분이 좋은 것도 있겠지만, 자신들에게 정성스럽게 선물을 주는 그 마음이 참 고맙다고 하셨다. 이처럼 음식 또는 부담스럽지 않는 작은 선물을 통해, 먼저 관계를 맺고 정이 들게 해야 한다. 선물은 누구든지 좋아한다. 선물은 말 그대로 거저 주는 것이다. 조건이 없다. 무슨 대가가 있으면 그것은 부담이 된다. 선물을 줄 때 너무 부담되는 선물보다는 부담이 안 되면서 생활에 필요한 것과 유익이 되는 선물을 주는 것이 좋다. 이런 면에서 선물을 접촉점으로 삼는 것이 필요하다.

성경은 "물질이 있는 곳에 마음이 있다"고 했다. 일단 사람이 물질을 주든지 물질을 받든지 하면 마음이 가게 된다. 누구든지 한두 번 선물을 받으면 생각과 마음이 자연히 선물을 준 그 사람에게 가게 된다. 주는 것이 받는 것보다 복이 있다고 했다. 선물을 준다는 것은 이미 그 속에 복음의 특징이 들어 있다는 점에서 의미가 있다. 복음은 선물이다. 예수님을 소개하는 것도 결국은 선물을 주는 것이다. 예수님은 선물 중에 최고의 선물이다. 전도자는 선물을 줄 때 이 선물보다 더 중요한 선물이 기다리고 있다는 면을 강조하면서 선물을 주면 좋으리라 생각한다.

선물은 전도의 접촉점이 되고 좋은 연결고리가 된다. 또한 선물은 방문이나 사람을 만나는 데 두려움을 해소해 주는 역할을 한다. 그리고 상대방에게 정을 주는 것으로 선물을 줄 때마다 정이 쌓이는 효과가 있다. 한 번의 선물로는 안 되고 지속적으로 선물을 하되, 부담이 안 되는 범위에서 경조사나 생일, 기념일 등에 맞추어 선물을 해도 좋다. 자녀나 가족을 위해 선물을 하는 것도 한 방법이다. 사람들은 가족 선물을 주면 아주 좋아하고 감사해한다. 가족까지 신경을 써 주는 것으로 생각하고 고마워한다. 선물은 거절 못 하는 특징이 있으므로 잘 활용하면 좋은 효과를 기대할 수 있다.

　작은 선물은 마음을 녹이고 거부감과 부담감을 줄이는 도구가 된다. 물론 선물에 정성을 담아야 하고 마음이 들어가야 한다는 것을 잊지 말자.

전도는 왜 해야 할까?

주님의 지상 명령이기 때문에

마태복음 28:19-20

그러므로 너희는 가서 모든 민족을 제자로 삼아 아버지와 아들과 성령의 이름

으로 세례를 베풀고 내가 너희에게 분부한 모든 것을 가르쳐 지키게 하라 볼지

어다 내가 세상 끝날까지 너희와 항상 함께 있으리라 하시니라

사도행전 1:8

오직 성령이 너희에게 임하시면 너희가 권능을 받고 예루살렘과 온 유대와 사

마리아와 땅 끝까지 이르러 내 증인이 되리라 하시니라

하나님께 영광을 돌리는 일이기 때문에

사도행전 11:18

그들이 이 말을 듣고 잠잠하여 하나님께 영광을 돌려 이르되 그러면 하나님께

서 이방인에게도 생명 얻는 회개를 주셨도다 하니라

영혼 최고의 가치이기 때문에

마가복음 8:35-36

누구든지 자기 목숨을 구원하고자 하면 잃을 것이요 누구든지 나와 복음을 위하여 자기 목숨을 잃으면 구원하리라 사람이 만일 온 천하를 얻고도 자기 목숨을 잃으면 무엇이 유익하리요

그리스도의 사랑이 강권하시기 때문에

고린도후서 5:14

그리스도의 사랑이 우리를 강권하시는도다 우리가 생각하건대 한 사람이 모든 사람을 대신하여 죽었은즉 모든 사람이 죽은 것이라

추수할 것이 많기 때문에

요한복음 4:35

너희는 넉 달이 지나야 추수할 때가 이르겠다 하지 아니하느냐 그러나 나는 너희에게 이르노니 너희 눈을 들어 밭을 보라 희어져 추수하게 되었도다

죽은 자의 소원이기 때문에

누가복음 16:27-28

이르되 그러면 아버지여 구하노니 나사로를 내 아버지의 집에 보내소서 내 형제 다섯이 있으니 그들에게 증언하게 하여 그들로 이 고통 받는 곳에 오지 않게 하소서

지옥도 확실히 있고 불신자는 반드시 지옥 가게 되어 있음을 알기 때문에

요한계시록 21:8

그러나 두려워하는 자들과 믿지 아니하는 자들과 흉악한 자들과 살인자들과 음행하는 자들과 점술가들과 우상 숭배자들과 거짓말하는 모든 자들은 불과 유황으로 타는 못에 던져지리니 이것이 둘째 사망이라

피의 책임을 면하기 위해서

에스겔 33:8-9

가령 내가 악인에게 이르기를 악인아 너는 반드시 죽으리라 하였다 하자 네가 그 악인에게 말로 경고하여 그의 길에서 떠나게 하지 아니하면 그 악인은 자기 죄악으로 말미암아 죽으려니와 내가 그의 피를 네 손에서 찾으리라 그러나 너는 악인에게 경고하여 돌이켜 그의 길에서 떠나라고 하되 그가 돌이켜 그의 길에서 떠나지 아니하면 그는 자기 죄악으로 말미암아 죽으려니와 너는 네 생명

을 보전하리라

화를 면하기 위해서

고린도전서 9:16

내가 복음을 전할지라도 자랑할 것이 없음은 내가 부득불 할 일임이라 만일 복

음을 전하지 아니하면 내게 화가 있을 것이로다

전도자코칭 21 년   월   일

듣는 능력을
길러야 한다

전도자 코칭 노트 워크북
Evangelist coaching note work book

듣는 능력 기르기 (1)
– 왜 중요한가?

   다른 사람의 이야기를 듣는 것은 어떠한 만남과 대화 속에서도 매우 중요하다. 그 대상이 누구든 다르지 않다. 우리는 특별히 전도를 하기 위해서는 듣는 능력을(경청) 길러야 한다. 듣는 능력은 인생을 통해 연마해 가야만 한다. 누구든지 이야기를 들어 주는 사람을 좋아하는 법이다. 잘 듣는 사람이 되기 위해서는 시간과 훈련이 필요하다.

1. 누구라도 자기의 이야기를 들어 주는 사람을 좋아한다

   더 구체적으로 말하면 자기한테 동의해 주는 사람을 좋아한다. 사람들은 자기 생각에 맞는 이야기(듣기 좋은 이야기)만을 골라 듣게 된다. 듣는 행동이 상대방에게 호의를 베푸는 일이다. 듣기 자체가 친절한 행동이다.

   한편 상대방에게 안 좋은 인상을 느끼고 있으면 심리적인 벽이 생기고 이 때문에 상대방의 이야기를 듣기보다는 머릿속에서 반론을 생각해 내는 일에 집중한다. 더구나 첫인상은 순식간에 결정이 난다.

   사실 관계형성만 잘되어 있다면 '반대의견 대처법' 같은 것은 필요하지 않다. 논리, 설득, 설명으로 그들이 바뀌는 것이 아니라 때로는 알면서도 그저 '교회사람'이 싫어서 거절할 수도 있기 때문이다. 그래서 전도할 때 우리는 밝은 미소와 여유를 잊어서는 안 된다. 누구를 만나든지 전도하는 그 순간만큼은 세상에서 가장 아름다운 미소로 전도 대상자를 만날 수 있어야 한다. 종이로 전하는 전도지는 거절할 수 있어도 우리의 미소로 전하는 전도지는 거절하지 못한다.

2. 당신이 진심으로 신뢰하고 있는 사람들은 어떤 사람들인가

틀림없이 당신을 잘 알고 있는 친한 친구, 가족이 아닐까? 오랜 세월 당신의 이야기를 잘 들어 주었기 때문이다. 그런데 생면부지의 사람을 신뢰한다는 게 쉬운 일은 아닐 것이다.

나 역시도 길에서 누군가를 만났을 때 그들의 말과 행동을 신뢰한다는 것은 쉽지 않았다. 그러므로 우리는 전도할 때 조급함을 버리고 먼저 그들의 이야기를 들어 주기 바란다. 거기서부터 전도가 시작되는 것이다.

3. 말이 너무 많아서 전도에 방해가 되는 경우가 있다

내가 너무 말이 많아서 때로는 쓸데없는 이야기까지 하는 바람에 전도 대상자와의 관계가 좋지 않게 형성되는 경우들이 있다. 그러나 '지나치게 말을 많이 들어 줘서 관계가 틀어졌다'라는 얘기는 들어 본 적이 없다. 상대방의 마음을 얻고 싶다면 먼저 들어야 한다. 들을수록 나에 대한 호감이 증가한다. 상대방이 자랑하고 싶은 주제를 물어보라. 신나게 대화하고 나면 당신을 더 좋아하게 된다. 화려하게 말을 잘하는 사람이 처음에는 돋보이지만 시간이 지날수록 환영받는 사람은 묵묵히 잘 들어 주는 사람이다.

전도에서 정말 중요한 것은 그들의 이야기를 잘 듣고 그들의 필요(Needs)를 확인하는 것이다. 그러고 나서 우리는 그들의 니즈와 상황에 맞게 다가서며 차츰차츰 마음이 열리는 것을 보고 복음을 전하는 것이다.

듣는 능력 기르기 (2)
- 여덟 가지 요령

사람들의 이야기를 잘 듣는 것은 고도의 스킬이다. 물론 습득하는 데에는 오랜 시간이 걸리지만 그만큼 배운 보람도 있다. 다음 여덟 가지 요령을 기억하면서 전도할 때 많은 도움이 되기 바란다.

1. 듣는 입장이 되어 상대방의 이야기를 촉구한다

가만히 귀를 기울이는 자세는 '좀 더 이야기 해 달라'라는 의사표현이다. 전도 대상자 스스로 이야기하도록 하는 것이 진짜 그들의 영적 상태를 파악할 수 있는 유일한 방법이다.

우리는 여기서 그들이 믿는 성도인지, 믿다가 낙심한 자인지, 무교인지, 불신자인지, 이단인지 등을 파악할 수 있어야 한다.

2. 당신의 이야기 양을 줄인다

이야기하면서 듣는 것은 불가능하다.

3. 모르는 것이 있다면 질문한다

4. 상대방의 이야기를 가로막지 않는다

5. 상대방의 이야기에 집중한다

핸드폰 벨소리가 울린다거나, 왔다 갔다 한다거나 등 정신이 산만해지는 요인을 배제한다.

6. 중요한 내용은 잊지 않도록 메모한다

메모하는 모습은 상대방에게 좋은 인상을 남기게 된다. 멍하니 듣고 있을 게 아니라 기억하고자 하는 마음을 전달한다. 그리고 그들의 이름, 인상착의, 가족사항 등을 기록하여 다음에 만날 때 얘기를 하면 훨씬 더 효과적이다.

7. 리액션이 중요하다

"그렇군요!" "역시~"와 같은 말로 맞장구를 친다. 전도 대상자의 말을 잘 듣고 있고, 그 의견에 동의한다는 것을 보여 주라. 고개를 끄덕이는 동작도 좋다. "좀 더 이야기해 주세요"와 같은 메시지도 전달한다. 일류 상담사도 맞장구를 통해 상대방의 이야기를 잘 이끌어 낸다.

8. 필요하다면 정보를 확인한다

받은 정보에 불명확한 점이 있으면 확인하더라도 실례가 아니다. 오히려 정확하게 이해하고 싶다는 의사전달로 보인다. 듣는 능력은 전도에 있어서 직접적인 영향을 준다. 상대방 이야기를 확실히 파악하고 될 수 있으면 정확하게 기억한다. 그리고 그들의 영적 상태를 파악하고, 어떻게 접근해야 할지를 기도하면서 지혜를 구한다.

일반적으로 '말하기'보다는 '생각하는' 속도가 더 훨씬 빠르다. 그래서 말하는 쪽보다 듣는 쪽이 시간의 여유가 생긴다. 우리는 들으면서 '이야기의 흐름이나 결론을 예상'하고 어떻게 복음을 전할지 기회를 찾아야 한다.

전도는 누가 해야 할까?

예수님을 믿는 모든 성도

누가복음 24:47-48

또 그의 이름으로 죄 사함을 받게 하는 회개가 예루살렘에서 시작하여 모든 족
속에게 전파될 것이 기록되었으니 너희는 이 모든 일의 증인이라

구원에 대한 확신과 말씀으로 무장된 사람

로마서 8:38-39

내가 확신하노니 사망이나 생명이나 천사들이나 권세자들이나 현재 일이나 장
래 일이나 능력이나 높음이나 깊음이나 다른 어떤 피조물이라도 우리를 우리
주 그리스도 예수 안에 있는 하나님의 사랑에서 끊을 수 없으리라

영혼을 사랑하는 사람

로마서 9:3

나의 형제 곧 골육의 친척을 위하여 내 자신이 저주를 받아 그리스도에게서 끊

어질지라도 원하는 바로라

죽도록 충성하는 사람

요한계시록 2:10

너는 장차 받을 고난을 두려워하지 말라 볼지어다 마귀가 장차 너희 가운데에

서 몇 사람을 옥에 던져 시험을 받게 하리니 너희가 십 일 동안 환난을 받으리라

네가 죽도록 충성하라 그리하면 내가 생명의 관을 네게 주리라

성령이 충만한 사람

사도행전 4:31

빌기를 다하매 모인 곳이 진동하더니 무리가 다 성령이 충만하여 담대히 하나

님의 말씀을 전하니라

전도자의 점검사항

· 성령의 인도를 받고 있는가? 구령의 열정이 있는가?

· 기도에 힘쓰고 있는가?

· 마음의 자세가 긍정적인가? 교만한 마음은 없는가? 자기 자랑은 없는가?

· 주님이 나와 함께하는 삶의 간증이 있는가?

· 인상은 좋은 편이가? 미소는 짓고 있는가? 옷은 단정한가? 언어에 지나침은 없는가?

"필요 없다"고 말하는 전도 대상자 대응법

전도자 코칭 노트 워크북
Evangelist coaching note work book

"필요 없다"고 말하는
전도 대상자 대응법

"필요 없어요!"라든지, "괜찮습니다~"라고 거절하는 경우들이 있다. 그럴 때 어떻게 대응해야 할까? 전도에 있어서 성공과 실패를 우리가 단정지을 순 없지만, 전도 코칭을 위해서 말씀드리자면, 전도를 성공하기 위해서는 상대방의 마음을 정확히 알아차리는 기술이 필요하다. 전도용품을 드릴 때 "우린 그런 거 필요 없어요" "저희는 괜찮습니다~" 등 이런 말로 거절당해 본 경험들이 있을 것이다.

심리학적으로 볼 때, 거절하는 사람들은 2가지가 있다고 한다. 하나는, 사람 만나는 것이 귀찮거나 또 하나는 교회 오라, 예수님 믿어라 듣는 게 싫고, 거절하기도 미안하니까 처음부터 거절한다고 한다. 그런데 전도자가 그 거절감에 마음 상해서 "이렇게 좋은 예수를 왜 안 믿냐면서" 마치 상대방이 잘못한 듯한 뉘앙스로 부담을 주는 경우도 있다. 상대를 배려하지 않는 전도는 상대를 불편하게 만들고 전도를 위한 좋은 관계를 형성하기 힘들어진다. 그보다는 일단 전도 대상자가 왜 거절하는지, 그 이유를 듣고 원인을 파악한 후 해결책을 모색하는 발전적인 태도를 가져야 한다.

보통 명의로 알려진 의사는, 청진기에만 의존하지 않는다고 한다. 환자에게 여러 가지 상황을 물어보고 진단하는 방식을 택한다고 한다. 그래서 전도할 때도, "왜 필요 없다고 하는지" "왜 괜찮다고 하는지" 그 이유를 물어보면 더 효과적이라는 것이다.

이렇게 질문해 보는 것이다. "혹시 왜 교회를 안 가시려는지 알 수 있을까요?" "왜 전도용품 안 받으세요? 이유라도 있으세요?"라고 질문을 해 보는 것이다. 진단에 따라 약을 처방하는 것처럼 전도 대상자의 대답에 따라 대응하는 방법을 결정하면 여러 가지 방법을 통해서 우리가 의도했던 방향으로 이야기를 이끌어 가야 한다. 우리도 밥 먹기 싫은데, 먹으라고 하면 불편할 때가 있다. 왜냐면 다이어트 중이거나 금식 중일 수도 있는데 계속 밥 먹으라고 하니까 말이다. 또 어디 가기 싫은데 계속 가자고 한다. 하지만 나는 이미 약속이 있고 다른 일을 해야 하는데 말이다. 그분들도 똑같다. 나름대로의 이유들이 있다. 그때는 충분히 기다렸다가 다음에 다시 가면 지금보다 나은 반응을 보일 것이다. 필자는 개인적으로 3번 정도 방문하고 그래도 거부하면 한동안 그곳을 가지 않다가 어떤 특별한 계기를 만들어서 다시 찾아간다. 그렇게 해서 관계형성을 해나가고 있다. 상대방의 입장을 잘 파악하고 그 사람이 원하는 것이 무엇인지를 파악하는 것이 최고의 전략이다. 여기서 핵심포인트는 "왜 필요 없다고 하는지" "왜 괜찮다고 하는지" 그 이유를 물어보면 더 효과적이고, 여러 가지 상황이 있더라도 우리가 의도했던 방향으로 이야기를 이끌어 가야 한다는 것이다.

전도 대상자의 말문을 열어라!
– 7:3 법칙

전도를 할 때 전도 대상자가 너무 말을 하지 않아 곤혹스러웠던 적이 있는가? 그분은 왜 말을 하지 않았을까? 원래 말이 없어서일까? 그 원인이 당신에게 있을 수 있다는 생각은 해 보지 않았는가? 즉, 당신이 지나치게 말을 많이 해서 상대적으로 전도 대상자가 입을 열지 못했을 수도 있다.

전도자가 꼭 기억해야 할 것 중 하나는 자신이 계속해서 말을 하면 상대적으로 전도 대상자는 말할 시간은 줄어들고, 그렇게 되면 전도 대상자의 마음을 알아내기 어려워진다는 것이다.

대화를 할 때 무조건 말만 하려 하지 말고, 앞서 말한 것처럼 고개를 끄덕이거나 눈을 마주치는 등의 비언어적 커뮤니케이션을 사용하자. 당신의 이런 행동은 말없이도 상대의 대화를 이끌어 내 상대방이 스스로 말할 수밖에 없게 만들고, 굳이 말하지 않아도 되는 부분까지 말하게 할 수도 있다.

그래서 중요한 건 7:3의 법칙이다. 전도 대상자가 7이고 전도자는 3이다. 사람은 누구나 자신이 말하고 싶어 한다. 전도도 마찬가지다. 전도 대상자의 얘기를 들어 주면서 전도 대상자가 믿고 있는 대상은 무엇인지, 교회 배경은 어떻게 되는지, 전도하고 있는 나를 어떻게 생각하는지를 파악하고 접근하면 훨씬 더 효과적인 전도가 될 것이다. 그리고 전도 대상자의 마음을 알기 위해선 당신도 마음을 열고 말해야 함을 잊지 말자.

전도자의 자세

담대함

데살로니가전서 2:1-2

형제들아 우리가 너희 가운데 들어간 것이 헛되지 않은 줄을 너희가 친히 아나니 너희가 아는 바와 같이 우리가 먼저 빌립보에서 고난과 능욕을 당하였으나 우리 하나님을 힘입어 많은 싸움 중에 하나님의 복음을 너희에게 전하였노라

순수함

데살로니가전서 2:3-5

우리의 권면은 간사함이나 부정에서 난 것이 아니요 속임수로 하는 것도 아니라 오직 하나님께 옳게 여기심을 입어 복음을 위탁 받았으니 우리가 이와 같이 말함은 사람을 기쁘게 하려 함이 아니요 오직 우리 마음을 감찰하시는 하나님을 기쁘시게 하려 함이라 너희도 알거니와 우리가 아무 때에도 아첨하는 말이나 탐심의 탈을 쓰지 아니한 것을 하나님이 증언하시느니라

부드러움

데살로니가전서 2:7

우리는 그리스도의 사도로서 마땅히 권위를 주장할 수 있으나 도리어 너희 가운데서 유순한 자가 되어 유모가 자기 자녀를 기름과 같이 하였으니

복음의 증인임을 확신

사도행전 22:15

네가 그를 위하여 모든 사람 앞에서 네가 보고 들은 것에 증인이 되리라

복음에 대한 자부심

로마서 1:16

내가 복음을 부끄러워하지 아니하노니 이 복음은 모든 믿는 자에게 구원을 주시는 하나님의 능력이 됨이라 먼저는 유대인에게요 그리고 헬라인에게로다

하나님의 능력의 확신

고린도전서 1:18

십자가의 도가 멸망하는 자들에게는 미련한 것이요 구원을 받는 우리에게는 하나님의 능력이라

예수님께로 인도

요한복음 1:40-42

요한의 말을 듣고 예수를 따르는 두 사람 중의 하나는 시몬 베드로의 형제 안드레라 그가 먼저 자기의 형제 시몬을 찾아 말하되 우리가 메시야를 만났다 하고 데리고 예수께로 오니 예수께서 보시고 이르시되 네가 요한의 아들 시몬이니 장차 게바라 하리라 하시니라

두려움을 극복하라

전도자 코칭 노트 워크북
Evangelist coaching note work book

두려움을 극복하라

전도를 시작하기 전에 극복해야 할 중요한 것 하나가 이다. 그것은 바로 두려움이다. 한번은 빌리 그래함 전도 집회에서, 전도의 가장 큰 장애물이 무엇인지 조사한 적이 있었습니다. 조사결과를 보니까, 9% 너무 바빠서 전도할 수 없다, 28% 무슨 이야기를 해야 할지 모른다, 12% 자기의 삶이 간증이 되지 못한다는 이유로 꼽았다. 그런데 그중 가장 많은 응답인 51%가 상대가 어떤 반응을 보일지에 대한 '두려움'이라고 답했다. 그러니까 전도하면서 상대방에게 거절당할 것 같은 두려움, 조롱거리가 된다거나, 이상한 사람 취급당할 것 같은 두려움을 말하는 것이다. 이런 두려움은 전도를 해 본 사람에게 늘 닥치는 문제다. 그런데 생각해 보면, 종교의 자유가 없는 곳에서는 복음 때문에 당하는 고난도 있지만 우리나라 같은 경우에는 가상적인 두려움이 대부분이다. 미리 그럴 것이라고 지레짐작하면서 처음부터 두려움을 갖는 일이 많다. 그러나 사실 그렇지 않다. 막상 전도를 해 보면 준비된 영혼을 많이 만나게 되고, 생각지도 못한 분이 기도 요청해 올 때가 있다. 또 어떤 분은 성경에 대해 관심이 많고, 예수님에 대해서 알고 싶어 하는 분들도 있다는 것이다.

실제 세상으로 나가서 전도를 해 보면, 물론 우리가 생각하는 어려움도 있지만 현장에서는 꼭 그런 것만은 아니다. 전도는 이론이 아니다. 전도는 전도하면서 터득해 나가야 한다. 우리가 조급한 마음과 공격적인 전도방법을 버린다면 그리고 인내를 갖고 다가선다면 보다 좋은 관계를 유지하고 복음을 전할 수 있을 것이다. 겉으로 표현하지 않아서 그렇지 깊게 들어가면 그분들도 우리와 동일한 고민을 갖고 있고, 동일한 아픔과 힘든 부분들이 있다. 아까 기도해드린 그분은, 기도 후에 자신의 아픔을 얘기했다. 그러면서 지금 당장은 교회 오지 않는다 하더라도, 힘들 때 목사님이 생각났다는 것과 대화중에도 자신도 언젠가는 교회를 갈 것 같다는 말씀을 하셨다. 우리가 생각하는 것 이상으로 사람들은 우리가 다가가 복음을 들려주기를 원하고 하나님에 대한 진실한 이야기를 듣고 싶어 한다. 그리고 위로를 받고 싶어 한다. 그래서 미리 겁먹지 마라는 것이다. 사람들이 거절하면 어떡하지? 손가락질하고 욕하면 어떡하지? 그런 두려움을 버리라는 것이다. 의외로 정말 많은 사람들이 따뜻한 사랑과 위로를 기다리고 있다. 만약 정말 강력하게 거절한다면 아직 때가 아니기에 조금 더 기다려야 하겠지만 우리가 지금까지 좋은 관계를 유지하고 있는 곳이라면 먼저 따뜻하게 다가서 보라 사랑은 두려움을 이긴다. 두려움은 사랑이 부족해서 생기는 거다. 우리가 사랑의 마음을 가지고 그들에게 다가서면 두려움은 어느새 사라질 것이다. 요한1서 4장 18절에 "사랑 안에 두려움이 없고 온전한 사랑이 두려움을 내쫓나니…" 그렇다. 전도의 출발은 사랑이고, 방법도 사랑이다. 전하는 분도 사랑이신 하나님이다. 모든 것이 다 사랑이다. 사랑이 있으면 두려움이 사라져 버릴 것이다.

전도는 화해시키는 일이다

보통 전도할 때 보면, 불신자를 교회로 데려오기 위해서 교회나 담임목사 또는 성도나 교회 프로그램 등을 자랑한다. 그런데 불신자는 이런 것에는 별로 관심이 없다. 오히려 교회나 기독교에 비판적인 사람을 만나게 되면 논쟁에 휩싸이고 서로 감정만 상하게 된다. 요즘처럼 한국 교회의 이미지가 추락한 상황에서 이런 방법으로 전도를 한다는 것은 쉽지 않다.

교회를 데려오는 것만이 전도는 아니다. 전도에 대한 새로운 사고의 전환이 필요하다. 초대교회 당시에는 지금처럼 건물로 된 교회가 없었다. 어느 곳이 교회인지 그냥 보아서는 알 수가 없었다. 그리스도인이 모이는 곳 그곳이 바로 교회였다. 그곳이 가정이든, 해변이든, 다락방이든, 동굴이든 상관없이 그리스도인이 모이는 곳, 그곳이 바로 교회였다. 삶의 현장에서 예수님을 만나게 해 줘야 하고, 그곳이 교회가 되도록 해야 된다. 그들의 삶 속에서 교회를 세우는 일이다. 그 방법 중 하나가, 평화를 전하는 일이다. 예수님은 제자들에게 집에 들어가서 전도할 때 "그 집에 평화를 빌라"고 가르치셨다. 불신자들은 어떻게 보면 하나님과 원수 된 사람들이다. 그래서 그들은 하나님을 싫어하고 '하나님'이나 '교회' '예수님' '성경'이란 말만 나오면 강한 거부감을 보인다. 마치 어떤 사람과 감정이 좋지 않으면 그 사람에 관계된 것은 무조건 반대하고 기분 나빠하는 것처럼 말이다. 여기에는 합리적인 논쟁은 의미가 없다.

그러면 어떻게 해야 될까? 당연히 하나님과의 관계를 좋게 만들어야 할 것이다. 즉, 하나님과 화해하도록 해 줘야 된다. 불신자들이 하나님에 대해 잘못된 편견과 고정관념이 있는 한 화해가 이루어지기는 어렵다. 전도자는 이런 사람들을 찾아가서 하나님과 화해시키는 일을 해야 된다. 즉, 전도자는 전도 대상자에게 지금도 하나님이 우리를 사랑하고 있음을 알려 주어야 한다. 예수님은 하나님과 인간의 원수관계를 화해시키기 위해서 자기 목숨을 십자가에서 내놓으시고 죽으셨다. 우리가 하나님을 만나는 길은 오직 예수님밖에 없다. 전도자는 이런 예수님의 화해 사건을 불신자에게 알려 주어서 화해하도록 도와주는 사람이다.

그리고 또 할 일이 있다. 우리의 삶으로 하나님의 사랑을 흘려보내는 것이다. 말로 전하는 복음이 아니라 삶으로 실천해 보이는 복음 말이다. 교회와 그리스도인의 삶이 세상 사람들이 보기에 인정받을 수 있는 삶이 되어야 한다. 그래야 '아~ 예수님 믿는 사람들은 다르구나!' 생각하기 때문이다.

지난주에 전도를 나갔더니, 어떤 분이 이런 말을 했다. "아니, 목사님! 이런 상황에도 전도를 나오세요?" 놀래는 분도 계셨지만, 오히려 변함없이 전도 나오는 저희들을 보며 힘이 난다고 하셨고, 따뜻한 말로 위로하는 저희들을 보며 감사하다고 하셨다. 꼭 노방전도가 아니더라도 그분들의 삶 속에 들어가 하나님의 사랑을 전하고 우리의 삶으로 보여 준다면, 어떠한 시대에도 변함없이 복음의 능력이 나타나리라 믿는다.

전도의 목적은 무엇일까?

하나님께 영광을 돌려 드리기 위하여

로마서 16:25-27

나의 복음과 예수 그리스도를 전파함은 영세 전부터 감추어졌다가 이제는 나타내신 바 되었으며 영원하신 하나님의 명을 따라 선지자들의 글로 말미암아 모든 민족이 믿어 순종하게 하시려고 알게 하신 바 그 신비의 계시를 따라 된 것이니 이 복음으로 너희를 능히 견고하게 하실 지혜로우신 하나님께 예수 그리스도로 말미암아 영광이 세세무궁하도록 있을지어다 아멘

교회의 발전을 위해(교회성장)

사도행전 2:41

그 말을 받은 사람들은 세례를 받으매 이 날에 신도의 수가 삼천이나 더하더라

하나님 나라가 장차 임하게 되므로

마태복음 4:23

예수께서 온 갈릴리에 두루 다니사 그들의 회당에서 가르치시며 천국 복음을
전파하시며 백성 중의 모든 병과 모든 약한 것을 고치시니

죄인 된 영혼들을 구원받게 하려고

사도행전 4:12

다른 이로써는 구원을 받을 수 없나니 천하 사람 중에 구원을 받을 만한 다른 이
름을 우리에게 주신 일이 없음이라 하였더라

비판을 뛰어넘어야
친구가 된다

전도자 코칭 노트 워크북
Evangelist coaching note work book

전도는 비판을 뛰어넘어야 한다

요즘 여러 가지 이유로 개신교, 교회의 이미지가 좋지 않은 것 같다. 그렇다 보니 전도하면서 여러 가지 비판에 부딪힐 때가 있다. 물론 비판의 이유들은 다양하다. 우리는 그 비판들은 제거할 수 없지만 비판에 대해 어떻게 대응하냐에 따라 평생의 적이 생기거나, 꼬리표처럼 나쁜 평판이 따라다닐 수도 있다. 반대로 오히려 좋은 평판을 얻고, 좋은 친구를 만들 수 있는 기회가 되기도 한다. 비판을 제거할 수 없기에, 비판을 대하는 우리의 태도가 참 중요하다. 위기가 기회라는 말이 있듯이 말이다. 그동안 여러분들은 비판을 받으면 어떻게 반응했는가? 비판을 받을 때 보통 4가지 반응을 보인다.

(1) 변명하는 반응 - 어린아이에게 지적했을 때, 상하관계일 때 많이 볼 수 있다.

(2) 무시하는 반응 - 부부 또는 부모와 자식 간에 보면, 상대의 비판에 단순히 반복되는 잔소리로 듣는다. 이런 경우는 무시하다 보면 비판을 멈

추는 경우도 있지만, 신뢰가 무너질 수 있다.

(3) 똑같이 되갚아주는 반응 - 말다툼할 때 보면 "그러는 너는 잘났냐?"라고 소리칠 때가 있다. 이런 경우는 상대를 적으로 만든 방법이다. 상대를 공격적으로 만들 수 있어서 조심해야 된다.

(4) 화를 내는 반응 - 가장 좋지 않은 방법이라 절대 금물이다. 화로 상대를 잠재우는 데 성공했을지 몰라도, 더 이상 좋은 관계는 유지할 수 없다.

화를 내면 지금껏 전도하면서 쌓아온 노력이 한 순간에 무너진다. 그렇다면 전도하다가 비판을 들을 때 어떻게 대응을 해야 할까? 비판에 대응하는 목적은 해명을 잘하기 위해서가 아니라, 상대의 비판을 긍정적으로 변화시키기 위해서이다. 그래서 상대의 말 중에서 긍정적인 부분을 확인하고 올바른 내용을 수용해야 된다. 여기서 중요한 건 "확인"과 "동의"다.

먼저 "확인" 단계에서는 - 상대의 비판을 확인하면서 자신을 추스르고 상대를 살펴보자. 구체적으로 무엇을 비판하는 건지를 확인해야 된다. 기독교인지, 교회인지, 목회자인지, 성도인지 아니면 '나'라는 사람이 불편한 건지 등 왜 비판하는지 확인을 해야 된다.

그런데 사실 이런 비판을 수용하는 게 정말 어렵다. 먼저는 표정부터 관리가 안 된다. 가능하면 표정은 자연스럽게 입꼬리를 약간 올리는 게 좋고, 시선은 상대의 눈을 바라보되 약간 아래쪽을 바라보면 좋다. 그리고 고개는 틈틈이 끄덕인다. 그러면 상대의 감정적 반발을 가장 효과적으로 잠재울 수 있다.

이제 "동의" 단계는 상대가 구체적으로 비판하는 것 중에 동의한 부분이 있으면 동의한다는 내용을 다시 상대에게 전달하는 것이다. 물론 무조건 좋은 게 좋다고 다 동의한다는 건 아니다. 사실을 기반으로 해서 동의를 해야 한다. 그러나 만약 상대가 비판이 아닌 무차별적인 비난을 퍼부어 견디기 힘들다면, 대화를 포기하고 돌아오는 게 좋다.

그리고 마지막으로 중요한 문장이 있다. "상대의 비판을 조언이라고 정의해서 상대를 긍정적인 상태로 유도"하는 것이다. 물론 고마운 일을 하지 않을 수도 있다. 하지만 조언이라 생각하고 고맙게 받아들이면 상대의 비판을 잠재우고 좋은 친구관계를 맺을 수 있다.

나 자신부터 파악하자

세상에서 영원한 것은 하나님의 말씀이다(사40:8). 그리고 세상에서 절대 바뀌지 않는 것 두 가지가 있다면 바로 자신의 과거와 타인이다. 또한 쉽게 변하는 것이 있다면 자신의 미래와 본인이다. 지금 내가 어떤 생각과 행동을 하느냐에 따라 나의 미래와 자신은 쉽게 변할 수 있고, 내 주위의 사람들까지 변화시킬 수 있는 원동력이 된다. 주위를 변화시키고, 전도 대상자를 변화시키고 싶다면 먼저 나부터 변화하자.

전도를 그만두려는 마음이 생길 때, 전도가 어려워서인가? 전도팀에서 상대하기 힘든 성도가 있어서인가? 아니면 뚜렷한 열매가 없어서인가? 그것은 그만큼 전도가 쉽지 않다는 것을 보여 주는 것이다. 먼저 우리가 전도를 잘하려면 자신의 성격부터 잘 알고 있어야 한다. 자신의 성격을 안다는 것은 자신의 잠재 능력과 가치관을 안다는 말과 같다.

자신이 전도자로 어디까지 성장할 수 있을지, 내가 전도하면서 어떤 좋은 장점을 갖고 있는지, 또는 나쁜 것은 무엇인지, 자신은 무엇에 열정적인지, 자신의 외모는 어떠한지, 자신의 성격은 어떠한지 알 수 있어야 한다. 왜냐하면 자신의 성격을 완전히 파악할 때 자신감 또한 얻게 되는 것이다. 자신에 대해 먼저 알고 나면 어떠한 상황에서 전도 대상자를 만나더라도 지혜롭게 대처할 수 있고, 호감 가는 사람이 되기 위한 나만의 기본 틀을 갖출 수 있을 것이다.

먼저 다음 질문에 답해 보자.

① 나의 버킷 리스트(The Bucket List, 죽기 전에 꼭 하고 싶은 것들) 는 무엇인가? 세 가지만 말해 보자.
② 살아가면서 가장 소중하게 여기는 가치는 무엇인가?
③ 나의 장점 세 가지는 무엇인가?
④ 나의 단점 세 가지는 무엇인가?
⑤ 전도에 대한 나의 열정 지수는 얼마인가? (1~10)

자신이 앞으로 무엇을 위해 어떻게 살아야 할지, 무엇을 잘하고 무엇을 고쳐야 하는지 파악하고 나면 나 자신을 더욱 잘 알 수 있다. 자신을 먼저 알아야 남을 이해하는 능력이 생기는 것이다.

자신의 커뮤니케이션 능력을 알아보자. (예, 아니오)

① 전도 대상자와 대화 시 나의 표정은 좋은가?
② 나는 평소 전도할 때 자신감이 있는가?
③ 많은 사람들 앞에서 조리 있게 말할 수 있는가?

④ 사람들에게 호감을 주는 편인가?

⑤ 처음 만난 사람과 자연스럽게 말할 수 있는가?

⑥ 상대의 이야기를 잘 들어 주는 편인가?

⑦ 말로 그림을 그리듯 생생하게 표현할 수 있는가?

⑧ 어떤 상황에서나 적극적으로 의사표현을 하는 편인가?

⑨ 전도할 때 곤란한 상황에도 유머와 위트를 섞어 가며 말하는가?

⑩ 상대의 말에 적절히 맞장구를 치는가?

⑪ 내 목소리는 전달력이 좋은 편인가?

⑫ 전도 대상자의 비판을 잘 받아들이는 편인가?

⑬ 전도 대상자의 부탁을 거절할 수 있는가?

⑭ 인간관계에서 리더십이 있는 편인가?

⑮ 전도팀원, 친구, 가족은 당신과의 대화를 즐거워하는가?

흔히들 성격은 고칠 수 없다고 하지만 고치기가 힘들 뿐이지 기도하면서 생각을 바꾸고 습관화하면 충분히 고칠 수 있다. 선천적으로 소유한 기질은 고치기 힘들 수도 있지만 경험된 후천적 특성은 어떤 생각과 행동을 하느냐에 따라 고칠 수 있다.

자신감을 갖는 가장 좋은 방법은 매번 전도 대상자와의 만남에서 담대하게 복음을 전했던 순간을 떠올리며 자기암시를 하는 것이다. 오늘 가장 잘한 일은 무엇인가? 최근에 칭찬 들었던 일은 무엇인가? 살면서 성취감을 느꼈던 순간은 언제인가? 남보다 잘한다고 느끼는 특별한 점은 무엇인가? 오늘 남에게 기쁨을 준 일은 무엇인가?

전도자를 위한 준비

고린도전서 9:16-23

16. 내가 복음을 전할지라도 자랑할 것이 없음은 내가 부득불 할 일임이라 만일 복음을 전하지 아니하면 내게 화가 있을 것이로다

17. 내가 내 자의로 이것을 행하면 상을 얻으려니와 내가 자의로 아니한다 할지라도 나는 사명을 받았노라

18. 그런즉 내 상이 무엇이냐 내가 복음을 전할 때에 값없이 전하고 복음으로 말미암아 내게 있는 권리를 다 쓰지 아니하는 이것이로다

19. 내가 모든 사람에게서 자유로우나 스스로 모든 사람에게 종이 된 것은 더 많은 사람을 얻고자 함이라

20. 유대인들에게 내가 유대인과 같이 된 것은 유대인들을 얻고자 함이요 율법 아래에 있는 자들에게는 내가 율법 아래에 있지 아니하나 율법 아래에 있는 자 같이 된 것은 율법 아래에 있는 자들을 얻고자 함이요

21. 율법 없는 자에게는 내가 하나님께는 율법 없는 자가 아니요 도리어 그리스도의 율법 아래에 있는 자이나 율법 없는 자와 같이 된 것은 율법 없는 자들을 얻고자 함이라

22. 약한 자들에게 내가 약한 자와 같이 된 것은 약한 자들을 얻고자 함이요 내가 여러 사람에게 여러 모습이 된 것은 아무쪼록 몇 사람이라도 구원하고자 함이니

23. 내가 복음을 위하여 모든 것을 행함은 복음에 참여하고자 함이라

에베소서 6:11-20

11. 마귀의 간계를 능히 대적하기 위하여 하나님의 전신 갑주를 입으라

12. 우리의 씨름은 혈과 육을 상대하는 것이 아니요 통치자들과 권세들과 이 어둠의 세상 주관자들과 하늘에 있는 악의 영들을 상대함이라

13. 그러므로 하나님의 전신 갑주를 취하라 이는 악한 날에 너희가 능히 대적하고 모든 일을 행한 후에 서기 위함이라

14. 그런즉 서서 진리로 너희 허리띠를 띠고 의의 호심경을 붙이고

15. 평안의 복음이 준비한 것으로 신을 신고

16. 모든 것 위에 믿음의 방패를 가지고 이로써 능히 악한 자의 모든 불화살을 소멸하고

17. 구원의 투구와 성령의 검 곧 하나님의 말씀을 가지라

18. 모든 기도와 간구를 하되 항상 성령 안에서 기도하고 이를 위하여 깨어 구하기를 항상 힘쓰며 여러 성도를 위하여 구하라

19. 또 나를 위하여 구할 것은 내게 말씀을 주사 나로 입을 열어 복음의 비밀을 담대히 알리게 하옵소서 할 것이니

20. 이 일을 위하여 내가 쇠사슬에 매인 사신이 된 것은 나로 이 일에 당연히 할 말을 담대히 하게 하려 하심이라

베드로전서 3:15-17

15. 너희 마음에 그리스도를 주로 삼아 거룩하게 하고 너희 속에 있는 소망에 관한 이유를 묻는 자에게는 대답할 것을 항상 준비하되 온유와 두려움으로 하고

16. 선한 양심을 가지라 이는 그리스도 안에 있는 너희의 선행을 욕하는 자들로 그 비방하는 일에 부끄러움을 당하게 하려 함이라

17. 선을 행함으로 고난 받는 것이 하나님의 뜻일진대 악을 행함으로 고난 받는 것보다 나으니라

내가 자신 있는
대상을 먼저 공략하자

전도자 코칭 노트 워크북
Evangelist coaching note work book

내가 자신 있는 대상을 먼저 공략하자

사람이라면 상처받기 싫어하고 어려운 것은 꺼린다. 전도할 때도 마찬 가지이다. 저항이 적은 길을 선택하기 쉽다. '거절감'을 느끼고 싶지 않기 때문이다.

그래서 어떤 전도자는 복음을 전하기보다 이런 저런 얘기를 하다가 그 냥 돌아오는 경우도 있다. 거절하지 않았기 때문에 다음에 또 기회가 있 을 거라 믿기 때문이다. 사실 전도하다 보면 전도지 하나 받아 주는 것만 으로도 위로가 되고 힘이 나는 건 사실이다.

그렇다면 전도자로서 계속 이런 식으로 교회 홍보만 해야 할까? 아니 다. 피하지 마라. 이제부터 전도는 내가 가장 자신 있는 대상을 공략하는 것이다.

어떤 분은 학생 전도가 자신 있고, 어떤 분은 나이 드신 분들, 어떤 분은 노방전도보다 관계전도가, 어떤 분은 우편함에 전도지 넣는 것이 자신 있다는 분들이 있다. 어쨌든 중요한 것은 그런 식으로 내가 자신 있는 대상을 먼저 공략하면서 차츰차츰 그 대상을 넓혀 가는 것이다.

전도의 최종목표는 좋은 인간관계를 구축해서 신뢰를 쌓고 복음을 전하는 것이다.

'거울은 먼저 웃지 않는다'라는 말이 있다. 내가 먼저 최대한 긍정적인 마인드로 상대에게 선한 영향력을 행사할 때 상대도 나와 비슷한 마음으로 반응한다는 것이다.

거절할까 두려워 마시고 자신감을 갖고 전도 대상자를 만나시기 바란다.

> **Tip** 기존 전도 대상자를 꾸준히 만나면서 새로운 전도 대상자를 개척한다.

전도는 걱정과 불안을
뛰어넘어야 한다

우리는 코로나로 인하여 그동안 전도를 미뤄 왔었고 또 막상 전도를 다시 시작하려고 하니 여러 가지 어려움들이 있다. 그래서 비판하는 사람을 친구로 만드는 지혜가 필요하고, 그다음에는 걱정과 불안을 뛰어넘어 평안으로 바꾸는 게 필요하다. 그래야 우리가 담대하게 복음을 전할 수 있다. 생각이 너무 많아지면 불안감이 찾아온다. 그러다 보니 불면증도 생긴다. 그래서 전도는 기도가 중요하다. 하나님을 가까이하면 두려움이 사라진다.

사실 요즘은 전도를 나가기 전에 상황을 먼저 보게 되는 것 같다. "코로나로 조심해야 하는데" 또 "사람들이 나를 어떻게 생각할까?" 이런 걱정과 불안 때문에 전도를 망설이는 것 같다. 사람의 소리는 들으면 들을수록 절망하게 되고 두려워하게 된다. 뉴스만 듣고, 인터넷 기사만 계속 보면서 살면 우리나라 망할 것 같다. 사람들과 대화만 하면 할수록 뭔 일이 일어날 것 같다. 그러나 하나님의 음성을 듣고 나면 두려움이 떠난다. 절망이 사라진다. 어떻게 하면 그 두려움이 사라질 수 있을까? 두려움이 사라지게 하는 중요한 방법 중에 하나는 하나님의 음성을 듣는 시간을 최대한으로 늘리고, 인간의 소리를 듣는 시간을 안 들을 순 없겠지만 최소한으로 줄이는 것이다. 그러면 영적으로 건강해지는 것이다.

디모데후서 1:7
하나님이 우리에게 주신 것은 두려워하는 마음이 아니요 오직 능력과 사랑과 절제하는 마음이니

두려워하는 마음이 아니라고 했다. 그런데도 두렵다면 그 마음은 누가 줬을까? 마귀가 준 거다. 여러분의 마음이 이유 없는 두려움으로 가득 찰 때, 나사렛 예수의 이름을 선포해야 된다. "예수 이름으로 마귀는 물러가라!" 우리의 감정을 공격하는 마귀는 물러가게 해야 된다. 하나님이 주시는 마음은 두려워하는 마음이 아니니까 세상의 소리가 아니라 하나님의 음성을 듣고 전도해야 더 담대할 수 있다. 사실 지나치게 걱정을 하다 보니, 전도 시작을 못 한다. 자신감도 떨어지고, 의욕도 떨어지니 그런 것이다.

그래서 중요한 원칙은 '걱정을 하지 마라!'가 아니라 '걱정을 효과적으로 해라!'라고 할 수 있다. 걱정을 생산적이고 문제해결적인 고민으로 바꾸는 습관이 필요하다. '만약 거절하면 어떡하지?'라는 걱정이 든다면 초점을 바꿔 소망이나 문제해결 상태에 맞추는 것이다. '지금 내가 할 수 있는 것을 무엇일까?'라고 질문하고 대답하고 실천할 수 있는 것으로 바꾸는 것이다.

필자도 개척 후 3년 만에 교회를 이전하고 이전한 그 지역에서 처음부터 전도를 시작해야 하니까 부담이 많이 되었다. 그렇지만 그냥 인사만 하겠다는 마음으로 일단 전도하러 나갔고 매주 나가다 보니까 내가 지금까지 쓸데없는 고민을 했다는 생각이 들었다. 왜냐면 전도 나가보니까 좋은 분들이 너무 많았기 때문이다. 그리고 하나님의 사랑과 위로가 필요하신 분들도 많다는 것이다. 걱정은 생각을 먹고 자란다. 걱정을 멈추려 하지 말라. 걱정은 머리에 쌓을수록 더 커지는 법이다. 생각이 아닌 활발한 움직임 즉, 전도활동을 통해 외부로 분산하고, 전도에 더 힘을 쏟아 보기 바란다.

필자가 매주 찾아가는 전도 대상자가 있는데, 지난주에는 얼굴 표정도 안 좋고 인상을 쓰고 그동안 드렸던 마스크도 다 돌려주면서 "우리는 마스크 많아서 안 받아도 된다~ 앞으로 안 와도 된다"며 거절하는 것이었다. 아~ 지금, 마스크가 문제가 아니라 뭔가 불편한 게 있는 것 같다는 생각이 들었다. 그래서 다음 주에는 확인을 좀 해 봐야겠다 싶어서. "혹시 무슨 일 있으세요? 갑자기 왜 그러세요?"라고 여쭈니, 그제서야 교회에 대한 불만들을 말씀하시는 것이다. 그 불만에 대한 적절한 설명을 해 주니까 의외로 "내가 잘 몰랐네요~ 오해했었네요" 하시면서 죄송하다고 하는 것이다. 그래서 이전과 같이 좋은 관계가 회복되었다.

그러니까 걱정과 불안은 실제로 전도의 현장에 나가거나 그런 대상을 만났을 때, 적절하게 대처함으로서 해결할 수 있는 문제라는 것을 기억하고 전도하면 된다.

그런데 이 글을 읽으면서도 공감은 하지만 사실 그게 잘 안될 때가 많다. 그래서 실제 전도에서 적용할 수 있는 걱정과 불안을 뛰어넘는 방법들을 알려 드리고자 한다.

1. 긍정적인 결과를 상상해야 한다

긍정적인 결과를 예상하면 행동이 좀 더 적극적이 되고, 긴장이 조절되어서 효율적으로 전도할 수 있다. 반면 부정적인 결과를 예상하면서 미리 포기하거나 걱정을 하게 되면 역시 부정적인 결과가 나온다. 그래서 직장에서 전도할 때, 자신이 원하는 모습을 미리 그리면서 기도하고 전도해야 된다.

2. 걱정만으로는 변하지 않는다. 연습하고 준비해야 된다

전도는 타고나는 게 아니라 끊임없는 연습과 현장경험을 통해서 단련되고 길러지는 것이다. 필자는 성격이 내성적이고 말이 별로 없고 조용한 편이다. 그런데 전도하러 가면 담대해지고 말이 술술술~ 나온다. 그 이유는 2002년도부터 약 7년 간 부산역에서 악기를 다 싣고 가서 찬양으로 복음을 전했다. 길거리 전도를 하면서 훈련과 단련이 되어서 그런 것이다. 꼭 기억하자 집에서 걱정만 하고 전도하지 않으면 달라지는 것은 아무것도 없다. 미흡하더라도 준비되어 있으면 걱정과 불안이 줄어들 것이다. 기도하면서 지혜를 구하시고, 지금부터 시작해 보기 바란다.

3. 주변 사람들과 걱정을 나눠야 한다

그리고 그 걱정을 주변 동역자들과 나누다 보면, 어떤 분은 "집사님! 기도하면서 그런 걱정을 왜 합니까? 성령님 의지하고 전도하면 됩니다~"라고 말할 것이다. 그 걱정은 내가 생각하는 것만큼 심각하지 않다는 것이다. 직장 내에 예수님 잘 믿는 동료들과도 그런 고민을 나누면 도움이 될 것이다.

4. 불안과 함께 지내는 것에 익숙해지면 좋다

전도를 하다 보면 어느 정도의 불안은 있다. 어떤 분이 이런 말을 했어요. "그럼에도 불구하고 예상하지 못한 일은 늘 생기기 마련이다. 그래서 인생이 재미있는 것 아니겠습니까?" 그렇다. 성령께서 언제 어떻게 역사하실지 모르기 때문에 전도는 참~ 재밌는 것이다.

5. 실패하면 또다시 도전하십시오

생각처럼 전도가 잘되지 않을 수도 있다. 그렇더라도 그것이 끝이 아니라 과정의 일부라는 것을 기억하라. 걱정했던 것, 불안했던 것들이 있다할지라도 우리는 다시 일어날 수 있다. 다시 전도하면 된다. 그것은 끝이 아니기 때문이죠. 그 부족함을 통해서 우리는 또 한 가지 배우는 것이고, 다시 도전할 수 있고, 다시 전도할 수 있다. 그래서 마음의 근력을 키우면서 전도에 임하면 큰 도움이 될 것이다. 직장에서의 전도! 다시 시작해 보자. 성령님께서 역사하실 것이다.

전도자의 삶

로마서 12:1-2

1. 그러므로 형제들아 내가 하나님의 모든 자비하심으로 너희를 권하노니 너희 몸을 하나님이 기뻐하시는 거룩한 산 제물로 드리라 이는 너희가 드릴 영적 예배니라

2. 너희는 이 세대를 본받지 말고 오직 마음을 새롭게 함으로 변화를 받아 하나님의 선하시고 기뻐하시고 온전하신 뜻이 무엇인지 분별하도록 하라

마태복음 6:33

그런즉 너희는 먼저 그의 나라와 그의 의를 구하라 그리하면 이 모든 것을 너희에게 더하시리라

마태복음 5:13-16

13. 너희는 세상의 소금이니 소금이 만일 그 맛을 잃으면 무엇으로 짜게 하리요 후에는 아무 쓸 데 없어 다만 밖에 버려져 사람에게 밟힐 뿐이니라

14. 너희는 세상의 빛이라 산 위에 있는 동네가 숨겨지지 못할 것이요

15. 사람이 등불을 켜서 말 아래에 두지 아니하고 등경 위에 두나니 이러므로 집 안 모든 사람에게 비치느니라

16. 이같이 너희 빛이 사람 앞에 비치게 하여 그들로 너희 착한 행실을 보고 하늘에 계신 너희 아버지께 영광을 돌리게 하라

에베소서 2:8-10

8. 너희는 그 은혜에 의하여 믿음으로 말미암아 구원을 받았으니 이것은 너희에게서 난 것이 아니요 하나님의 선물이라

9. 행위에서 난 것이 아니니 이는 누구든지 자랑하지 못하게 함이라

10. 우리는 그가 만드신 바라 그리스도 예수 안에서 선한 일을 위하여 지으심을 받은 자니 이 일은 하나님이 전에 예비하사 우리로 그 가운데서 행하게 하려 하심이니라

디도서 2:11-14

11. 모든 사람에게 구원을 주시는 하나님의 은혜가 나타나

12. 우리를 양육하시되 경건하지 않은 것과 이 세상 정욕을 다 버리고 신중함과 의로움과 경건함으로 이 세상에 살고

13. 복스러운 소망과 우리의 크신 하나님 구주 예수 그리스도의 영광이 나타나심을 기다리게 하셨으니

14. 그가 우리를 대신하여 자신을 주심은 모든 불법에서 우리를 속량하시고 우리를 깨끗하게 하사 선한 일을 열심히 하는 자기 백성이 되게 하려 하심이라

골로새서 3:22-23

22. 종들아 모든 일에 육신의 상전들에게 순종하되 사람을 기쁘게 하는 자와 같이 눈가림만 하지 말고 오직 주를 두려워하여 성실한 마음으로 하라

23. 무슨 일을 하든지 마음을 다하여 주께 하듯 하고 사람에게 하듯 하지 말라

로마서 6:12-13

12. 그러므로 너희는 죄가 너희 죽을 몸을 지배하지 못하게 하여 몸의 사욕에 순종하지 말고

13. 또한 너희 지체를 불의의 무기로 죄에게 내주지 말고 오직 너희 자신을 죽은 자 가운데서 다시 살아난 자 같이 하나님께 드리며 너희 지체를 의의 무기로 하나님께 드리라

고린도후서 2:14-16

14. 항상 우리를 그리스도 안에서 이기게 하시고 우리로 말미암아 각처에서 그리스도를 아는 냄새를 나타내시는 하나님께 감사하노라

15. 우리는 구원받는 자들에게나 망하는 자들에게나 하나님 앞에서 그리스도의 향기니

16. 이 사람에게는 사망으로부터 사망에 이르는 냄새요 저 사람에게는 생명으로부터 생명에 이르는 냄새라 누가 이 일을 감당하리요

'공감능력'을
갖춰야 한다

전도자 코칭 노트 워크북
Evangelist coaching note work book

불신자들 입장에서 생각하라

전도가 주님의 지상명령이라는 것을 알기에 열심히 전도하려고 노력하지만 대부분의 전도자들이 단지 교회를 알리는 정도에 그치고, 내 입장에서의 전도를 하려고만 하지 전도를 받는 불신자들의 입장에서 움직이고 있지는 않다.

그러나 만약 전도를 하면서 "불신자들을 가장 먼저 생각하라!"고 교육을 받고 전도를 했다면 어떨까? 복음이라는 가장 본질적인 것을 전하기 위해, 우리는 나의 물질, 시간, 형편들을 조금 내려놓고, 항상 불신자들을 위해 온 힘을 기울이게 될 것이다.

어떤 권사님이 간증을 하시는데 "저희 남편은 예수님을 믿지 않는데, 물건 배달을 가다가 ○○교회 앞에 신호를 받아서 차가 멈추면, ○○교회에서 전도하시는 분은 어김없이 캔커피에 명함 전도지 한 장 꽂아서 준다"라고 한다. 처음엔 '어디서 주는 거지?' '왜 주는 거지?' 생각했다가 몇 번 받고 나니, "여보, 내가 지금은 교회 안 가지만 만약 교회를 가게 되면 저

교회를 가고 싶다"라고 말했다고 한다.

만약 불신자들이 교회를 가게 된다면 나를 가장 먼저 생각해 주는 교회에 가지 않을까? 이것을 '공감능력'이라고 한다. 공감능력은 사람이 마음을 이해하는 데 반드시 갖추어야 하는 능력이다.

그런데 전도자는 그냥 전도만 하면 된다는 생각에 어떤 교육이나 훈련 없이 나가기도 한다. 물론 성령께서 역사하시면 이런 교육과 훈련은 아무 의미가 없다. 그러나 이 훈련이 우리로 하여금 더욱더 성령님을 의지하게 만든다.

보통 전도자들에게 이런 '공감능력'을 갖추고 있지 않다. 머릿속에는 오로지 '우리 교회 오게끔 하는 것'만 있을 뿐 불신자들의 입장과 상황을 고려하지 않는다.

공감능력을 기르기 위해 '나라면 과연 상대방이 어떻게 해 주기를 바라는가?'를 우선 생각해 보시기 바란다.

그리고 복음에 대한 충분한 지식을 갖추고 있어야 함은 말할 필요도 없다. 우리 교회의 자랑이라든지, 거절처리능력, 질문능력(일방적으로 얘기하는 게 아니라 적절한 질문을 통해 복음 제시), 시간 관리능력도 빼놓을 수가 없다.

여러분이 전도를 잘하고 싶다면 가장 먼저는 성령님을 철저하게 의지하고, 항상 불신자들의 입장에서 모든 것을 생각하시기 바란다. 그리고 나서 열매가 맺어지는 것을 기대하기 바란다.

계획적으로 행동하기

계획이 없는 목표는 단순한 희망사항에 지나지 않는다. 실현하고자 하는 목표가 있더라도 대부분의 사람들은 단지 그렇게 되고 싶다고 바라기만 할 뿐이다. 목표를 달성하고자 한다면 반드시 목표까지의 계획을 세워야만 한다.

다만 계획을 세우는 방법은 사람마다 다르다. 목표는 같더라도 자신만의 독특한 계획이 있다.

전도를 하기 위해선 우선 자기 자신의 목표를 설정하라.

즉, 교회나 전도팀에서 세운 전도목표가 아니라 개인의 목표를 설정한다. 형식적으로 전도팀에 나오는 사람, 복음메시지라든지 영접기도 등 전도에 대한 준비가 없는 사람이 예비 된 영혼을 만나는 순간 우리는 긴장해서 아무것도 생각나지 않아 허둥대다 놓쳐 버릴 때가 있다.

그게 반복되다 보니 우리는 전도에 대한 부담이 커지게 되고 사람들 만나는 게 두렵기까지 한다. 개인적인 목표를 설정하고 난 다음엔 전도팀의 목표를 세우는 것이다. 중요한 전도목표를 확인하고 달성하기 위해 노력해야 한다.

전도를 잘하고 싶다면 더 많은 사람들을 만나는 것이 유일한 방법이다. 많이 만나는 것을 우선으로 하고 계획을 세우시기 바란다.

확실하게 목표를 설정하고 계획적으로 행동하면 하루에 만날 수 있는 전도 대상자가 많아지고, 전도를 위해 할 수 있는 일이 현저히 늘어난다. 시간 낭비하는 일이 없도록 하루 일정을 미리 계획하는 것이 필요하다.

더 많은 전도의 열매를 기대한다면 아침 출근길 전도, 학교 등굣길 전도, 상가 전도, 병원 전도, 하굣길 전도, 퇴근길 전도 등 많은 시간을 투자하는 방법도 있다. 전도하는 시간이 길어졌으니 그만큼 가능성도 높아진 것이다.

전도자로서 살아가기 위해선 목표달성을 위해 충분한 시간과 노력 그리고 물질을 투자해야만 한다. 그리고 전도를 언제, 어디서, 어떻게 할 것인가 계획을 세우고 나서 시작하기 바란다. 지도책을 펴고 영적 지도를 그려 보고 건물들마다 전도 대상자의 영적 상태를 표시(믿는 성도, 불신자, 이단 등을 표시)하는 것도 좋은 방법이다.

어떤 전도자라도 자기 나름대로 습관이 있다. 그것이 전도사역에 있어서 효과적인지 아닌지 확실하게 재점검하기 바란다. 그러나 지금 잘하고 있다면 굳이 바꿀 필요는 없다.

전도자의 심정

신명기 31:6

너희는 강하고 담대하라 두려워하지 말라 그들 앞에서 떨지 말라 이는 네 하나님 여호와 그가 너와 함께 가시며 결코 너를 떠나지 아니하시며 버리지 아니하실 것임이라 하고

시편 126:5-6

5. 눈물을 흘리며 씨를 뿌리는 자는 기쁨으로 거두리로다

6. 울며 씨를 뿌리러 나가는 자는 반드시 기쁨으로 그 곡식 단을 가지고 돌아오리로다

로마서 1:14-15

14. 헬라인이나 야만인이나 지혜 있는 자나 어리석은 자에게 다 내가 빚진 자라

15. 그러므로 나는 할 수 있는 대로 로마에 있는 너희에게도 복음 전하기를 원하노라

고린도전서 3:6-9

6. 나는 심었고 아볼로는 물을 주었으되 오직 하나님께서 자라나게 하셨나니

7. 그런즉 심는 이나 물 주는 이는 아무것도 아니로되 오직 자라게 하시는 이는 하나님뿐이니라

8. 심는 이와 물 주는 이는 한 가지이나 각각 자기가 일한 대로 자기의 상을 받으리라

9. 우리는 하나님의 동역자들이요 너희는 하나님의 밭이요 하나님의 집이니라

누가복음 5:31-32

31. 예수께서 대답하여 이르시되 건강한 자에게는 의사가 쓸 데 없고 병든 자에게라야 쓸 데 있나니

32. 내가 의인을 부르러 온 것이 아니요 죄인을 불러 회개시키러 왔노라

누가복음 15:4-7

4. 너희 중에 어떤 사람이 양 백 마리가 있는데 그 중의 하나를 잃으면 아흔아홉 마리를 들에 두고 그 잃은 것을 찾아내기까지 찾아다니지 아니하겠느냐

5. 또 찾아낸즉 즐거워 어깨에 메고

6. 집에 와서 그 벗과 이웃을 불러 모으고 말하되 나와 함께 즐기자 나의 잃은 양을 찾아내었노라 하리라

7. 내가 너희에게 이르노니 이와 같이 죄인 한 사람이 회개하면 하늘에서는 회개할 것 없는 의인 아흔아홉으로 말미암아 기뻐하는 것보다 더하리라

요한일서 4:9-10

9. 하나님의 사랑이 우리에게 이렇게 나타난 바 되었으니 하나님이 자기의 독생

자를 세상에 보내심은 그로 말미암아 우리를 살리려 하심이라

10. 사랑은 여기 있으니 우리가 하나님을 사랑한 것이 아니요 하나님이 우리를

사랑하사 우리 죄를 속하기 위하여 화목 제물로 그 아들을 보내셨음이라

전도의
동역자를 만들라

전도자 코칭 노트 워크북
Evangelist coaching note work book

전도의 동역자를 만들라

　전도는 혼자 할 수 있지만 혼자의 일이 아니에요. 이걸 깨닫지 못하면 전도에 실패할 수밖에 없다. 전도는 믿음의 동역자가 필요하고 교회 간의 긴밀한 협력이 필요하다. 어떤 사람은 심는 일을 하고 어떤 사람은 씨를 뿌리는 역할을 한다. 또 어떤 사람은 거두기도 한다. 그러나 이런 과정들은 결코 혼자 할 수 없다. 한 영혼이 하나님께로 돌아오기 위해서는 수많은 사람들의 동역이 필요하다. 자녀양육을 생각하면 쉽게 이해할 수 있다. 자녀는 아빠나 엄마 혼자 키울 수 없다. 학교를 보내서 선생님들의 돌봄이 필요하고, 친구들과의 관계, 친척들과의 관계도 중요하다. 적어도 한 아이가 성인으로 성장해서 자립하기까지는 수많은 사람들의 도움이 필요하다. 이처럼 어린 영혼을 전도해서 성장시키기까지는 보이지 않는 많은 동역자들이 필요하다는 것이다.

　그렇다면 동역자를 만들려면 어떻게 해야 할까? 동역자 의식이 있는 교회 간의 긴밀한 협력이 필요하다. 교회 간의 네트워킹을 통해 전도용품, 전도 방법, 전도 장소, 전도 대상 등을 공유하면서 전도 장소와 시간 겹쳐서 불편함을 주지 않도록 하고, 전도 대상자들도 공유하면서 최고의 전도 전략을 세우는 것이다.

　필자가 운영하는 〈전도팀활성화프로젝트〉 밴드에는 전국 250여 명의 목회자 분이 계신데, 그곳에서 전도용품을 공유하고, 전도 대상자에게 접근했을 때 반응은 어떠한지, 또 이런 상황은 어떻게 대처하는 게 좋은지 서로 공유가 되니까, 전도에 있어서 얼마나 큰 도움이 되는지 모른다. 잘 생각해 보면 교회로 인도되어 온 사람들을 보면 이전에 누군가에게서 복음을 들었던 사람들이다. 전도는 개인이나 교회를 위한 전도가 아니라, 하나님 나라를 위한 전도다. 한 영혼이 전도되어 예수님을 믿고 어느 교회에 정착하든 중요한 건 예수 믿고 구원받는 것이니까 말이다. 이것만 기억하면 전도하면서 실족하거나, 그만두는 일은 없을 것이다. "예수 믿고 구원받는 것이 가장 중요하다!" "그리고 때가 되면 하나님께서 열매 맺게 하실 것이다" 그리고 한 가지 더 팁을 알려 드리면, 동역자들과 모였을 때 꾸준한 아이디어 회의가 필요하다. 코로나시대를 지난 지금 멈춰졌던 전도를 어떻게 하면 가장 효과적일까를 나누는 거다. 모였을 때 아이디어를 나누다 보면 참신한 아이디어와 전략들이 나올 수 있다. 앞에 소개드렸던 〈전도팀활성화프로젝트〉 밴드에 보면, 전도용품들이 참 다양하다. 매주 반찬을 만들어서 전도하시는 분, 아로마 비누, 도시락, 황토소금, 1 인분으로 포장된 쌀, 직접 만든 빵으로 또 어떤 분은 스님을 전도해서 동영상 인터뷰를 올리기도 한다. 이렇게 전도용품과 전도방법들을 공유하다 보니 전도에 참 많은 도움이 된다. 그리고 동역자들과 함께 전도하다 보니, 더 힘 있고 담대하게 복음을 전할 수 있었다.

동역자들과 함께 전도하라

전도는 혼자 하는 게 아니다. 전도가 어려운 이유 중 하나는 전도를 혼자 한다는 생각 때문이다. 그러나 생각을 바꾸어 전도를 혼자가 아닌 동역자와 함께 한다고 생각하면 쉽다. 보기에는 혼자 전도를 한다 해도 사실은 성령님과 함께 하는 것이다. 하나님과 함께 하는 일에 무슨 두려움이 있겠는가? 전도는 예수님을 증거하는 일이다. 전도자가 예수님을 세상에 증언하는 일은 성령께서 너무 좋아하시는 일이다. 그것을 가만히 보고 두실 리 없다. 성령은 적극적으로 전도자를 도와주시고 인도하시고 힘을 주신다. 반대로 우리가 영으로 느끼지 못하니까 전도가 힘든 거다. 주님이 제자들을 파송하고 전도하게 하셨을 때도 둘씩 짝을 지어 보내셨다. 전도는 혼자 하려면 어렵다. 성령께서 함께하시지만 그것은 우리가 성령 충만할 때 주님을 느낀다. 그렇지 못하면 혼자라는 생각을 저버릴 수 없다. 주님은 이것을 아시기 때문에 혼자 전도를 보내지 않고 팀으로 둘씩 짝을 지어 전도하게 하셨다. 우리가 전도할 때 전도의 짝을 찾는 게 참 중요하다. 처음에는 전도의 경험이 있는 분의 안내를 받아서 전도하면 도움이 된다.

필자도 처음 교회를 개척하고 제일 힘든 것 중 하나가 함께 전도 나갈 사람이 없다는 것이다. 전도용품들은 다 준비해놨는데 사람이 없었다. 그래서 일군을 보내 달라 기도하고 동역자를 보내 달라 기도를 했는데 지금은 하나님께서 함께 동역할 수 있는 분들을 많이 보내 주셨다. 성경에도 보면 전도자들이 혼자가 아니라 함께 전도한 사람들이 있다. 바나바와 바울이 전도의 짝을 이룬 좋은 모델이다. 또 바울과 실라, 마가와 바나바와 디모데, 브리스길라와 아굴라 부부 등도 바울의 좋은 동역자였다. 로마서 16장에 보면, 바울과 함께한 복음의 동역자들의 명단이 소개되어 있다. 바울의 위대한 전도를 위해서 수많은 동역자가 함께했음을 알 수 있다.

전도를 위해서는 동역자를 보내 달라고 계속 기도해야 된다. 전도뿐만 아니라 중보기도자도 필요하다. 전도는 영적 전쟁터에 나가는 것이기 때문에 준비가 필요하고 지원하는 시스템이 갖춰지면 효과적이다.

전도를 하고 싶은데 어려움이 있다고 해서 필자는 마산에 있는 모 교회에 다녀왔다. 그때 우리 교회 중보기도팀과 전도팀이 함께 갔다. 그곳 목사님과 대화할 때 중보기도팀은 성전에서 기도를 했다. 그리고 전도용품 하나 지원하는 것보다 동역자가 되는 게 중요하기 때문이다. 부족한 부분을 보완하는 배필과 같은 사람을 만나는 것은 큰 축복이다. 전도는 영적 전쟁이다. 이 전쟁을 혼자 할 수 없다. 큰 전쟁일수록 더 많은 믿음의 동역자가 필요하다.

전도자의 선포

마태복음 11:28-30

28. 수고하고 무거운 짐 진 자들아 다 내게로 오라 내가 너희를 쉬게 하리라

29. 나는 마음이 온유하고 겸손하니 나의 멍에를 메고 내게 배우라 그리하면 너희 마음이 쉼을 얻으리니

30. 이는 내 멍에는 쉽고 내 짐은 가벼움이라 하시니라

전도서 12:1-2

1. 너는 청년의 때에 너의 창조주를 기억하라 곧 곤고한 날이 이르기 전에, 나는 아무 낙이 없다고 할 해들이 가깝기 전에

2. 해와 빛과 달과 별들이 어둡기 전에, 비 뒤에 구름이 다시 일어나기 전에 그리하라

이사야 1:18

여호와께서 말씀하시되 오라 우리가 서로 변론하자 너희의 죄가 주홍 같을지라도 눈과 같이 희어질 것이요 진홍 같이 붉을지라도 양털 같이 희게 되리라

이사야 55:1-3

1. 오호라 너희 모든 목마른 자들아 물로 나아오라 돈 없는 자도 오라 너희는 와서 사 먹되 돈 없이, 값 없이 와서 포도주와 젖을 사라

2. 너희가 어찌하여 양식이 아닌 것을 위하여 은을 달아 주며 배부르게 하지 못할 것을 위하여 수고하느냐 내게 듣고 들을지어다 그리하면 너희가 좋은 것을 먹을 것이며 너희 자신들이 기름진 것으로 즐거움을 얻으리라

3. 너희는 귀를 기울이고 내게로 나아와 들으라 그리하면 너희의 영혼이 살리라 내가 너희를 위하여 영원한 언약을 맺으리니 곧 다윗에게 허락한 확실한 은혜이니라

이사야 55:6-7

6. 너희는 여호와를 만날 만한 때에 찾으라 가까이 계실 때에 그를 부르라

7. 악인은 그의 길을, 불의한 자는 그의 생각을 버리고 여호와께로 돌아오라 그리하면 그가 긍휼히 여기시리라 우리 하나님께로 돌아오라 그가 너그럽게 용서하시리라

마가복음 1:35-39

35. 새벽 아직도 밝기 전에 예수께서 일어나 나가 한적한 곳으로 가사 거기서 기도하시더니

36. 시몬과 및 그와 함께 있는 자들이 예수의 뒤를 따라가

37. 만나서 이르되 모든 사람이 주를 찾나이다

38. 이르시되 우리가 다른 가까운 마을들로 가자 거기서도 전도하리니 내가 이를 위하여 왔노라 하시고

39. 이에 온 갈릴리에 다니시며 그들의 여러 회당에서 전도하시고 또 귀신들을

내쫓으시더라

고린도후서 6:1-2

1. 우리가 하나님과 함께 일하는 자로서 너희를 권하노니 하나님의 은혜를 헛되이 받지 말라

2. 이르시되 내가 은혜 베풀 때에 너에게 듣고 구원의 날에 너를 도왔다 하셨으니 보라 지금은 은혜 받을 만한 때요 보라 지금은 구원의 날이로다

사도행전 4:10-12

10. 너희와 모든 이스라엘 백성들은 알라 너희가 십자가에 못 박고 하나님이 죽은 자 가운데서 살리신 나사렛 예수 그리스도의 이름으로 이 사람이 건강하게 되어 너희 앞에 섰느니라

11. 이 예수는 너희 건축자들의 버린 돌로서 집 모퉁이의 머릿돌이 되었느니라

12. 다른 이로써는 구원을 받을 수 없나니 천하 사람 중에 구원을 받을 만한 다른 이름을 우리에게 주신 일이 없음이라 하였더라

요한복음 3:14-17

14. 모세가 광야에서 뱀을 든 것 같이 인자도 들려야 하리니

15. 이는 그를 믿는 자마다 영생을 얻게 하려 하심이니라

16. 하나님이 세상을 이처럼 사랑하사 독생자를 주셨으니 이는 그를 믿는 자마다 멸망하지 않고 영생을 얻게 하려 하심이라

17. 하나님이 그 아들을 세상에 보내신 것은 세상을 심판하려 하심이 아니요 그로 말미암아 세상이 구원을 받게 하려 하심이라

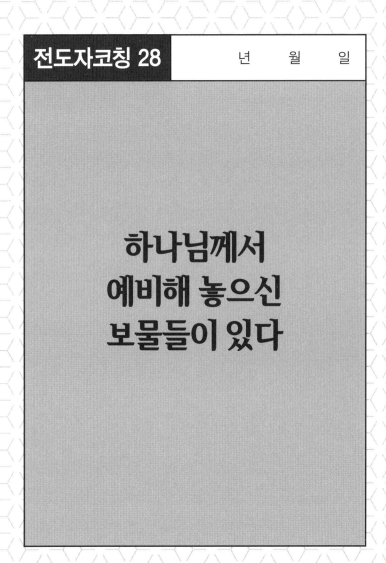

전도자코칭 **28**   년   월   일

하나님께서
예비해 놓으신
보물들이 있다

전도자 코칭 노트 워크북
Evangelist coaching note work book

보물찾기

요즘은 상가든 길에서든 사람들을 만나고, 대화하는 게 쉽지가 않다. 대부분의 사람들은 둘 중에 하나이다. 핸드폰을 보거나, 핸드폰에서 음악을 듣거나이다. 어떤 때는 "예수 믿으세요!"라는 말보다 "저희 교회 검색 한 번 해 보세요"가 저들에게 더 공감이 될지 모르겠다. 어차피 핸드폰으로 검색을 하고 있으니 말이다.

전도는 사람을 직접 만나서 전하는 것이 가장 효과적이다. 그러나 요즘은 사람을 만나기 힘들고, 거절당하기 일쑤다 보니 간접전도에 많이 의존한다. 하지만 가장 좋은 전도 방법은 역시 사람을 만나는 것이다. 많은 사람들이 전도하다가 낙심하는 이유는 바로 거절 때문이다. 몇 번 전도를 시도하다가 거절당하니까 그만 중단해 버린다.

길에서 커피 전도를 하는데 내가 계속 거절당하자 옆에 찹쌀떡 장사하는 아주머니께서 보시더니 "장사를 왜 이렇게 못 해요?" 하며 나와 보라고 했다. 하지만 그분 역시 거절당하니까 하는 말이 "나는 돈 받고 장사하는 거라 거절당해도 상관없는데, 돈도 못 받는데 거절당하니까 참 자존심 상해서 못 하겠다"고 한다. 이처럼 거절당하는 것은 마음을 참 상하게 만든다. 이런 상황에서 어떻게 전도를 해야 할까?

이것을 극복하는 방법은 바로 예수님이 주신 지혜이다. 전도는 예비된 영혼을 찾아내는 일이다. 하나님이 준비해 놓으신 영혼을 찾아내는 일이다. 어딘가에 숨겨져 있을 보물을 찾는 것이다. 보물을 찾기 위해 바위틈도, 나뭇가지 사이도, 수풀도 뒤지면서 열심을 내던 모습을 기억하는가? 보물을 찾았을 때 그 기쁨은 또 얼마나 큰가? 이런 생각으로 전도를 하는 것이다. 그러다 예비된 영혼을 찾았을 때 "와~! 찾았다!" 얼마나 기쁘고 감격적일까?

분명히 어디엔가 하나님께서 예비해 놓으신 보물들이 있다. 이 집 저 집을 돌다 "아, 이 집도 아니네" "아, 이 사람도 아니네" 할 수 있을 것이다. 그러나 그렇게 한 집 한 집 찾다 보면 언젠가는 그 보물을 찾게 될 것이다. 인내하고 포기하지 말고 기쁜 마음을 예비된 영혼! 그 보물을 찾아보자.

예수님과의 만남으로 초대하라

전도는 무엇일까? 예수님을 만나게 하는 것이다. 우리는 이것을 복음이라고 한다. 모든 전도의 과정은 여기에 초점을 맞춰야 한다. 아무리 다른 과정을 잘한다 해도 예수님을 만나지 못하면 아무런 의미가 없다. 결국 예수님을 만나야 한다. 예수님과 만나기 위해서는 예수님을 만날 수 있는 시간과 기회를 준비해야 한다. 예수님을 만나게 한다는 것은 복음 이야기를 듣는 것이다. 그 복음을 통해서 우리 안에 예수님이 인격적으로 들어오신다. 물론 이야기를 듣는다고 예수님께서 영으로 들어오는 것은 아니다. 그 말씀을 나의 말씀으로 듣고 받아들일 때 가능하다. 로마서 10장 10절, "사람이 마음으로 믿어 의에 이르고 입으로 시인하여 구원에 이른다"는 말씀이 있다. 그래서 전도자는 예수님을 만나게 하는 일에 최선을 다해야 하고, 이것을 위해 기도해야 한다. 사탄은 그것을 너무나 잘 알기에 예수님을 만나지 못하게 노릴 것이고 그 마음을 빼앗으려고 힘쓸 것이다. 복음이 들리게 하는 것도 중요한데 복음의 씨가 마음에 심겨져야 한다. 그렇게 하려면 전도 대상자의 마음이 좋은 밭이 되어야 한다. 단단한 땅이나 돌밭, 가시밭이 되어서는 안 된다. 그래서 성령께서 역사하시도록 간절히 기도해야 된다.

고넬료는 베드로를 초대해서, 예수님에 대한 복음의 메지시를 들었다. 그러자 놀라운 성령의 역사가 모인 사람들 가운데서 일어났다. 초대된 사람들은 고넬료가 잘 아는 친구와 친척들이었다. 복음을 듣기 전까지는 친근한 관계를 갖는 것이 중요하다. 이들은 복음을 들을 준비가 된 사람들이었다. 그런 사람들에게 복음은 놀라운 역사를 나타낸다. 그래서 지금까지 전도하면서 좋은 관계, 친근한 관계가 형성되었다면 예수님을 소개해 보기 바란다.

복음을 효과적으로 잘 전하기 위한 꿀팁은 이거다. 지그문트 프로이트라는 심리학자는 "비유는 내 집처럼 편안하게 해 준다"라는 말을 했다. 비유를 통해서 복음을 설명하는 거다. 예를 들어, '뇌'에 대해서 설명한다면 뇌가 머리에 있는 건 알겠는데 구체적으로 무슨 역할을 하는지 어떻게 생겼는지 설명하기가 쉽지 않다. 그럴 때 뇌는 무엇이든 흡수하는 스펀지 같고 아무것도 가둬두지 않는 거름망과도 비슷하다. '뇌'는 어렵지만 스펀지나 거름망은 쉽게 이해가 된다. 들은 내용을 시각화하면 이해가 빠르다는 것이다. 내가 해변에 있다고 상상하면 해변이 떠오른다. 비유도 마찬가지다. 필자는 보신탕을 즐겨 먹진 않지만 처음 먹을 때 육개장이라 속아서 먹었다. 먹는 내내 보신탕이 아니라 육개장이라는 생각으로 먹었다. 그러니까 필자의 생각 속에는 보신탕이 아니라 육개장이라는 생각이 존재한다. 다시 말하면 복음을 비유를 통해서 전할 때 보다 효과적으로 전할 수 있을 것이다.

우리가 좋은 이야기일수록 중요한 이야기일수록 시간을 충분히 두고 좋은 분위기 속에서 결정적인 얘기들을 하듯이 복음을 전하는 그런 분위기 예수님을 만날 수 있는 시간과 기회를 잘 만들어야 한다. 그리고 비유를 통해서 복음을 전달한다면 훨씬 더 효과적일 것이다.

전도자가 받을 위로

별과 같이 영원토록 빛난다

다니엘 12:3

지혜 있는 자는 궁창의 빛과 같이 빛날 것이요 많은 사람을 옳은 데로 돌아오게

한 자는 별과 같이 영원토록 빛나리라

기쁨으로 열매를 거두게 된다

시편 126:5-6

눈물을 흘리며 씨를 뿌리는 자는 기쁨으로 거두리로다 울며 씨를 뿌리러 나가

는 자는 반드시 기쁨으로 그 곡식 단을 가지고 돌아오리로다

하늘의 기쁨을 누린다

누가복음 15:7

내가 너희에게 이르노니 이와 같이 죄인 한 사람이 회개하면 하늘에서는 회개할 것 없는 의인 아흔아홉으로 말미암아 기뻐하는 것보다 더하리라

사람을 얻는다

잠언 11:30
의인의 열매는 생명 나무라 지혜로운 자는 사람을 얻느니라

영혼을 구한다

야고보서 5:20
너희가 알 것은 죄인을 미혹된 길에서 돌아서게 하는 자가 그의 영혼을 사망에서 구원할 것이며 허다한 죄를 덮을 것임이라

면류관의 상급을 얻는다

시편 21:3
주의 아름다운 복으로 그를 영접하시고 순금 관을 그의 머리에 씌우셨나이다

요한계시록 2:10
네가 죽도록 충성하라 그리하면 내가 생명의 관을 네게 주리라

야고보서 1:12

시험을 참는 자는 복이 있나니 이는 시련을 견디어 낸 자가 주께서 자기를 사랑하는 자들에게 약속하신 생명의 면류관을 얻을 것이기 때문이라

고린도전서 9:25

이기기를 다투는 자마다 모든 일에 절제하나니 그들은 썩을 승리자의 관을 얻고자 하되 우리는 썩지 아니할 것을 얻고자 하노라

디모데후서 4:8

이제 후로는 나를 위하여 의의 면류관이 예비되었으므로 주 곧 의로우신 재판장이 그 날에 내게 주실 것이며 내게만 아니라 주의 나타나심을 사모하는 모든 자에게도니라

데살로니가전서 2:19

우리의 소망이나 기쁨이나 자랑의 면류관이 무엇이냐 그가 강림하실 때 우리 주 예수 앞에 너희가 아니냐

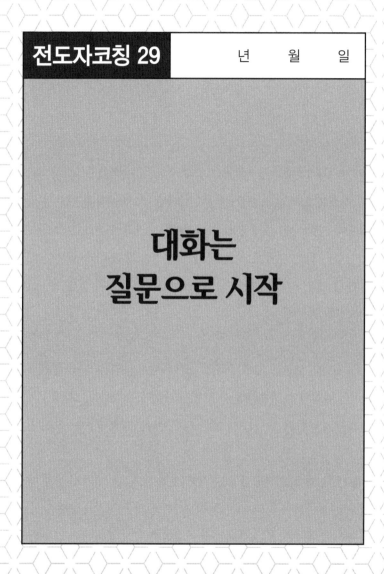

전도자코칭 29 　　년　　월　　일

대화는
질문으로 시작

전도자 코칭 노트 워크북
Evangelist coaching note work book

커뮤니케이션은 질문으로 시작

전도자들은 모르는 사람들을 많이 만난다. 그런 분들과 대화하기란 매우 힘들다. 더군다나 말주변도 없고, 성경 지식도 부족하면 스스로가 위축돼서 무슨 말을 해야 할지 몰라서 망설여지고, 오히려 질문이라도 해 올까 봐 두렵다. 그래서 항상 '나는 어떻게 하면 전도를 잘할 수 있을까?' 하는 고민이 있었다.

자, 그렇다면 오늘 코칭에 주목해 보기 바란다. 처음 만나는 분들에게는 공통적인 관심사에 대한 질문을 하면서 대화를 시작한다. 그리고 '이거라면 반드시 대답하고 싶어질 거야!'라고 생각되는 질문을 하는 것이다.

예를 들어, 개그맨 신동엽 씨는 우리가 보기에 유머감각이 아주 뛰어나고 장난을 좋아하는 사람이다. 만약 그를 만난다면 "지금까지 당신이 남긴 유행어 중에 최고의 유행어는 무엇입니까?" "그 유행어가 탄생된 배경은 어떻게 됩니까?"라고 물어보면 어떨까? 흥미로워하지 않을까? 누구나 할 수 있는 흔한 질문과 달리 그 사람이 즐겁게 얘기할 수 있는 내용이니까 아마도 대답해 줄 가능성이 높을 것이다.

그럼 전도에 적용을 해서 우리가 어떤 카페의 사장님을 만났다. 역시 일상적이고 보편적인 대화를 나누고 난 뒤에 우리는 자연스럽게 카페 사장님에게 "사장님~ 여기는 올 때마다 손님이 왜 이렇게 많아요? 그 비결이 뭐예요?" "사장님~ 올 때마다 느끼는 건데 여기는 인테리어가 탁월한 것 같아요. 누구 아이디어예요?"라고 하면 사장님은 분명히 대답하고 싶어질 것이다. 질문자가 인상에도 남을 것이고, 전도자만 어필하는 게 아니라 자기한테 흥미를 갖고 질문해 주었기에 그 사장님에게도 특별한 기억으로 남을 것이다.

이처럼 질문을 통해 커뮤니케이션을 하는 방법은 다양한 상황에서 사용할 수가 있다. 그러므로 전도 나가서 겁먹지 말고 하나님께 지혜를 구하면서 '이거라면 반드시 대답하고 싶어질 거야!'라고 생각되는 질문을 해보기 바란다.

'그래 이거야!'라고 할 수 있는 질문을 찾아내기까지는 시간이 걸린다. 상황에 맞게 수정할 필요도 있다. 나 역시도 전도를 계속 나가다 보니 어떤 질문을 해야 듣고 싶은 대답을 들을 수 있는지를 조금씩 알게 되었다.

예를 들어 "교회 못 오시죠?"라고 질문을 하면 "네"라는 당연한 답을 듣지만 "교회 오실 수 있죠?"라는 질문을 하면 어떤 분은 미안해하시면서 "죄송해요" 또 어떤 분은 "다음에 시간 날 때 꼭 한 번 갈게요"라는 답이 온다는 것이다. 똑같은 거절이지만 전혀 다른 반응의 답이 오는 것을 볼 수 있다.

그리고 그 거절에 대한 나의 반응은 짧고 경쾌하다. 미안함을 줘서는 안 된다. 그게 부담으로 바뀌면 그다음부터 만나서 대화하는 게 힘들어지기 때문이다. 언제든지 기회를 열어 놔야 한다. 잘 짜인 하나의 질문으로 방금 만난 상대방과의 마음의 교류가 가능해지기도 한다. 이러한 도구를 잘 사용한다면 당신에게 흥미를 갖고 자신과 관련된 일을 자발적으로 이야기해 줄 것이다. 그러는 동안 조금씩 인간관계가 구축되어 가는 것이다.

Tip 나만의 질문 리스트를 구체적으로 정리해 보는 것도 좋은 방법이다.

예수님의 사명(마4:23-25)

여기에 예수님의 공생애 사역을 정의하는 세 가지 표현들이 있다. 예수님은 가르치셨고(teaching), 전파하셨으며(preaching), 고치셨다(healing).

우리가 마태의 이 표현을 주목해 볼 필요가 있었다. 예수님의 원수들이 예수님을 대적할 때 최소한 그의 행하신 놀라운 표적들에 대해서는 도전할 수가 없었던 이유를 아는가? 그 이유는 예수님이 병을 고쳐 주신 사람들이 한두 명이 아니었기 때문이다. 그들 주변에 늘 돌아다니는 수많은 사람들이 예수님에 의하여 병 고치심을 받았기 때문이다.

여기 '모든 앓는 자'들이 예수님께 데려와졌고, 예수님은 그들을 고치셨다. 데가볼리는 갈릴리의 북동부에 위치하고 있는 지역이다. 그리고 유다 지역은 물론 이스라엘의 최남단이다. 그리고 요단강 건너편이라면 이스라엘의 동쪽 끝인 것이다. 그야말로 동서남북 사방에서 구름 떼와 같은 무리들이 예수님께 나아왔다.

마음을 여는
칭찬의 기술

전도자 코칭 노트 워크북
Evangelist coaching note work book

마음을 여는 칭찬의 기술

"남의 좋은 점을 발견할 줄 알아야 한다. 그리고 남을 칭찬할 줄도 알아야 한다. 그것은 남을 자기와 동등한 인격으로 생각한다는 의미를 갖는 것이다"

– 괴테

칭찬이란 타인을 나와 동등한 인격으로 대한다는 말이다. 사람은 누구나 장단점이 있다. 비판하는 시각에서 보면 단점부터 보이지만, 긍정적 시선으로 접근하면 장점을 찾을 수 있다. 전도를 위해 좋은 관계를 쌓기 원한다면 괴테의 말처럼 장점을 발견할 줄 알아야 한다. 서로를 알아가는 과정에서 주고받은 칭찬은 관계를 돈독하게 한다. 진심을 담은 칭찬은 긴 여운을 주는 법이다.

그런데 칭찬을 잘하려면 진심과 함께 표현하는 요령이 필요하다. 세상일이 진심만으로는 이루어지지 않기 때문이다. 일상에서 활용할 수 있는 '칭찬의 기술'을 다섯 가지 살펴보겠다.

첫째, 칭찬은 상대방이 애정을 갖고 있는 '관심사'에 초점을 맞춰야 한다.

타인을 칭찬할 때 흔히 하는 실수는 자기 관심사에서 출발한다는 것이다. 본인이 비중 있게 생각하지 않는 일은 다른 사람이 칭찬해도 별 감흥이 없다. 흥미를 가지고 애정을 느끼는 일에만 예민하게 반응하기 때문이다. 사람들은 저마다 관심사가 다르다는 사실을 유의해야 한다.

상가 전도를 하다가 옷집에 들렀다. 인테리어가 독특해서 이것저것 물어보고 관심을 보이곤 했다. 그리고 사장님에게 칭찬하는 말을 건넸다.

"옷집 인테리어가 예사롭지 않네요. 소품이며 거울이며 천장 조명까지 정말 훌륭합니다. 신경 많이 쓰셨네요. 사장님 디자인 감각도 좋으시네요. 제가 전도하면서 많은 옷집을 다녀 봤는데 사실 이 집이 가장 멋진 것 같아요"

"아 그래요? 인테리어가 괜찮아 보여요? 좋아 보인다니 기분이 좋네요. 사실 인테리어하면서 고민도 많이 하고, 이것저것 다시 고치기도 했어요. 그렇게 하다 보니 거의 제 손을 거쳐 완성되었답니다"

이렇게 인테리어와 관련된 얘기를 한참 했다. 시간 가는 줄 모르고 신나게 대화를 이어 나갔다. 사장님은 흥분해서 말하고, 나는 맞장구치며 들어 주고… 오랫동안 만나 왔지만 그날처럼 기분이 좋아 보이는 날은 없었다. 행복한 얼굴이었다.

이와 같이 칭찬은 상대방이 고무될 수 있어야 효과가 커진다. 만약 그분이 재능을 보였던 인테리어에 대한 미적 감각이 아니라 사업적 능력을 칭찬했다면 그처럼 즐거워했을까? 아닐 것이다. 그런 말은 다른 데서도 들을 수 있는 '뻔한' 칭찬이기 때문이다.

칭찬은 내가 관심 있는 대상을 찾아 언급하는 일이 아니다. 상대방이 자랑하고 싶은 재능을 발견해 밖으로 드러내는 일이다. 특히 상대방이 평상시 잘 듣지 못하는 장점을 언급할 때 효과는 커진다. 숨어 있던 장점과 인간적인 매력을 찾아냈을 때 말하는 이에게 고마움을 느끼지 않을까?

최고의 칭찬은 그도 몰랐던 장점을 발견하는 일이다. 잠재된 재능을 누군가가 발견해 준 일은 오랫동안 기억에 남는다. 그걸 찾아 준 사람이 다르게 보인다.

사람을 만나면 관찰하시기 바란다. 그리고 찾아내야 한다. 따뜻한 시선으로 그를 바라보면 예전에 미처 몰랐던 장점을 발견할 수 있을 것이다.

둘째, 칭찬은 '구체적인 행동'을 언급하는 것이어야 한다.
"잘했습니다" "매너가 좋으시네요" "인상이 참 좋으세요"와 같은 표현은 추상적이다. 이런 말은 흔히 하는 인사치레로 들릴 수 있다. 자칫 상투적이라고 상대가 느낀다면 아무 말도 하지 않는 것만 못하다.

구체적인 행동을 꼭 집어 칭찬해야 기억에 남는다. '친절하다'는 말보다는 "지난번 전도할 때 제가 참 곤란했었는데, 옆에서 도와주셔서 감사합니다"처럼 특정한 행위를 언급해야 듣는 이가 오래 기억한다. 칭찬은 그 사람의 성격이나 성향이 아닌 '행동'을 대상으로 해야 한다.

《설득의 정석》에서 황현진 저자는 이와 관련해 쉬운 말로 정리했다. '형용사'가 아닌 '동사'에 초점을 맞춰 칭찬하라는 말이다. 상태와 현상을 나타내는 '형용사'는 그 사람 혹은 사물이 가진 본래 속성이다. 원래 그러하니 칭찬해도 감흥이 떨어진다.

반면 동작을 표현하는 '동사'는 행위자가 의지를 갖고 한 일이다. 그에 대해 언급하면 당연히 마음이 더 크게 반응한다. 기억하기 바란다. 칭찬은 '형용사'가 아닌 '동사'에 관해 할 때 효과가 커진다.

셋째, '반전'이 있는 칭찬이 더 좋다.

칭찬은 가볍게 부정적인 면을 언급하면서 시작하면 효과가 크다. 예를 들어, "교회에 별로 관심 없는 줄 알았는데, 지난번 교회 청소 때 꼼꼼하게 청소하는 걸 보고 깜짝 놀랐습니다. 교회를 정말 사랑하는 마음을 느꼈다고 할까요. 그동안 제가 잘못 알고 있었네요"라는 표현은 좋은 예다.

부정적인 선입견이 있었는데, 이번에 긍정적인 이미지가 생겼다는 말이다. 반전이 있는 표현은 듣는 사람의 마음에 오래 남는다.

전도 나갔을 때도 마찬가지다. "사장님~ 처음에 굉장히 쌀쌀맞게 대해서 되게 차가운 분인 줄 알았는데, 매주 만나다 보니 정말 인격적이고 따뜻한 분이시네요. 그래서 이 가게에 손님이 항상 많군요!" 이런 말을 들을 때 더 기분이 좋지 않을까? 칭찬은 가벼운 부정으로 출발해 강한 긍정으로 마무리하는 방식이 좋다.

넷째, '간결한' 칭찬이 좋다.

듣기 좋은 말도 길어지면 의도를 의심받는다. 실수할 수도 있다. 짧게 말해도 진심 어린 칭찬은 상대방 마음에 오래 남는다. 주절주절 늘어놓지 말고 지나친 부연도 삼가는 게 좋다.

다섯째, '공개적인' 칭찬이 좋다.

조언은 둘이 있을 때, 칭찬은 여러 사람이 있을 때가 기회이다. 칭찬을 들으면 그 자체로도 기분 좋고, 다른 사람들이 있으면 자랑까지 겸하게 되니 마음이 더 흡족해한다. 공개적인 칭찬이 어려운 경우는 제삼자를 통해 말이 전달되게 하는 방법도 있다.

다른 사람을 통해 부정적인 말이 전달되면 분노가 배가 되지만, 타인을 통해 듣게 되는 칭찬은 기쁨이 몇 배가 된다. 조언은 은밀하게, 칭찬은 공개적으로 하는 게 좋다.

전도 대상자의 마음을 얻고 싶다면 상대방의 장점을 발견하고 기쁜 마음으로 칭찬하기 바란다. 타인의 장점을 찾아내려는 노력은 좋은 습관이다. 특히 남들이 발견하지 못한 장점을 찾아내 칭찬하면 호감은 커지는 법이다.

우리는 흔히 이런 표현을 쓴다. "칭찬할 일이 있어야 칭찬을 하지" "도무지 장점이라곤 찾아볼 수가 없네"

장점만 있는 사람이 없듯 단점만 있는 사람도 없다. 찾아내려고 노력하면 사소한 재능도 보인다. 그가 가진 장점은 저절로 드러나지 않는다. 여러분이 찾아내야 한다. 진가를 알아줄 때 당신은 그에게 좋은 친구가 될 수 있고, 전도할 수 있는 좋은 기회도 얻게 될 것이다.

예수님의 교훈(마5:1-12)

예수님은 먼저 심령이 가난한 자의 복에 대하여 말씀하신다.

심령의 가난함이란 우리들이 주님의 도우심을 필요로 하는 존재라는 것에 대한 인식이다. 우리들이 주님의 도우심이 필요한 존재라는 인식이 있는가? 아니면 주님의 도움 같은 것은 절대 필요가 없다고 생각하고 있는가? 심령의 가난함이란 바로 자신의 영혼의 목마름과 굶주림에 대한 뼈 아픈 인식을 의미하는 것이다.

바울 사도는 우리들에게 올바른 자기 평가(Self-estimate)를 가지도록 권하고 있다. 이것은 결국 이 세상 사람들의 태도와는 완전히 상반되는 태도인 것이다. 세상 사람들은 저마다 자기가 최고라고 생각한다. 그래서 스스로를 찬양하고 자기 자랑에 들어차 있다.

그렇다고 해서 이것이 가난한 영혼을 자랑하라는 것도 아니다. 영혼의 갈망함을 가진 상태가 되라는 것이지, 아주 저급한 영적 상태를 자랑하라는 것이 아니다. 물론 하나님께서 지나친 자기 비하를 원하시는 것은 더 더욱 아니다. 우리는 심령의 가난함을 늘 느끼는 사람들이 되어야 한다. 하지만 우리가 약할 그때에 우리는 더욱 강하고, 또한 우리는 비록 가난하지만 모든 사람들을 부요케 하는 자들이 될 수 있는 것이다.

예수님은 두 번째로 애통하는 자의 복에 대하여 말씀하신다.

우리는 우리들의 죄에 대한 애통함이 있어야 한다. 그럴 때에 주님의 위로하심이 우리에게 있을 것이다. 우리는 우리의 죄로 인하여 곤고해야 한다. 그래서 여호와의 이름을 의탁할 때 하나님의 보호하심 안에 거할 수 있는 것이다.

세 번째는 온유한 자의 복이다.

온유함(Meekness)이란 유약함(Weakness)을 말하는 것은 아니다. 특별히 온유한 자의 받는 복이 '땅을 기업으로 받는 것'이라는 점이 흥미롭다. 두 가지 의미를 생각할 수 있다. 하나는 훗날 우리 주님이 다스리는 나라에서 우리들이 받게 될 축복을 말하는 것이요, 다른 하나는 이 땅에서의 우리들의 활동 영역을 뜻하는 것이다.

예를 들어, 마음이 교만한 사람들은 점점 더 활동 영역이 제한된다. 왜냐하면 그를 환영해 주는 곳이 점점 줄어들기 때문이다. 하지만 마음이 온유한 사람은 모든 사람들이 그를 원한다. 그러니까 어디에 가든지 환영을 받는 것이다. 그러니 이 땅, 어디에도 못 갈 곳이 없는 것이다. 얼마나 많은 땅을 기업으로 받는 것인가?

네 번째는 의에 주리고 목마른 영혼의 복이다.

육에 속한 사람은 의에 대한 목마름이나 굶주림이 없다. 오직 육체의 소욕에 대한 목마름이 있을 뿐이다. 의에 대한 굶주림과 목마름을 해소해 줄 수 있는 유일한 길이 무엇일까? 바로 예수 그리스도이다. 예수님이 해답이시다.

다섯 번째는 긍휼히 여기는 자의 복이다.

"긍휼히 여기는 자는 복이 있나니 그들이 긍휼히 여김을 받을 것임이요" 사람들은 이 부분에 대하여 오해를 가지고 있다. 우리가 다른 사람을 긍휼히 여기는 것이 우리 주님의 긍휼을 입는 전제조건은 아니다. 디도서에서 바울이 말한다. 우리는 어떠한 의로운 행위도 갖기 전에 벌써 주님의 긍휼하심을 따라 거듭나고 새롭게 된 것이다. 그러므로 우리가 남을 긍휼히 여기는 것은 벌써 우리들이 긍휼히 여김을 받았기 때문에 우리가 꼭 행해야 할 일인 것이다.

사람이 자비와 긍휼이 없다는 것은 자신에게나 주변 사람들에게나 비극이다. 우리 예수님은 자기 자신은 엄청난 긍휼을 입었으면서도 다른 사람들에게 긍휼 베푸는 일에 인색했던 한 관원의 비유를 우리에게 들려주신다. 그는 그에게 베풀어졌던 긍휼이 취소되고 도리어 무서운 징계가 다가왔다. 우리는 많은 긍휼을 받은 자들이므로 더욱 다른 사람들에게 긍휼을 베풀기를 힘써야 한다.

여섯 번째는 마음이 청결한 자의 복이다.

성경에는 우리들의 마음을 깨끗하게 하는 세 가지가 있다. 그 첫째는 우리의 믿음이다. 둘째는 하나님의 말씀이다. 그리고 물론 세 번째는 그리스도의 보혈이다. 사실 우리들 중 누구도, 정직한 사람이라면 자신의 마음이 하나님을 볼 수 있을 만큼 깨끗하다고는 말할 수 없을 것이다. 그래서 우리는 늘 마음이 청결하게 되도록 믿음과 말씀의 지식, 그리고 그리스도의 보혈의 피를 의지하는 삶을 살아 나아가야 할 것이다.

일곱 번째는 화평케 하는 자의 복이다.

우리에게 화평을 가져오신 분은 바로 예수님이시다. 그는 그의 보혈로 의로우신 하나님과 불의한 우리 죄인들 사이에 화평을 이루셨다. 우리는 먼저 그리스도께서 우리들에게 주신 하나님과의 화평을 누리는 것이 중요하다. 하나님과의 화평의 풍성함은 우리들로 하여금 많은 사람들에게 화평을 끼칠 수 있는 사람들이 되게 한다.

여기 '화평케 하는 자'는 문자 그대로 'Peace-maker'이다. 화평을 조장하는 사람이다. 확실히 이 세상에는 화평을 조장하는 사람들이 있고, 불화를 조장하는 사람들이 있는 것 같다. 그 언어나 사고가 항상 다른 사람들을 평화롭게 만드는 사람들이 있다. 하지만 반대로 항상 다른 사람을 불안하게 하는 사람들이 있다. 다른 사람을 판단하지 마라. 그것 자체가 서로를 불안하게 하는 것이니까. 우리는 화평을 만드는 사람들이 되기 위해 애써야 한다. 그것이 우리 주님께서 기뻐하시는 일이다.

이 팔복의 마지막, 여덟 번째 복은 의를 위하여 핍박받는 자들의 복이다.

예수님께서 여기 의를 위하여 핍박을 받은 자들이 복이 있다고 말씀하
실 때에는 아주 긴 부연 설명을 붙이고 계신다. 우리가 헌신된 크리스천
들로서 이 세상을 사는 것은 그리 쉬운 일이 아니다. 우리가 살고 있는 이
세상이 하나님이나 혹은 하나님의 자녀들에게 그리 친화적인 곳이 아니
기 때문이다. 우리가 원하든 원하지 않든 우리들과 세상 사이에는 극명한
부딪침이 있다. 신실한 크리스천들은 이 세상과 사뭇 다르기 때문이다.

여기 나타난 팔복의 조항들만 해도 보라. 여기 우리 주님께서 복 있다
고 하신 것들 중 이 세상 사람들이 복 있는 사람의 조건이라고 생각할 만
한 것이 있다고 보는가? 아마 하나도 없을 것이다. 이 세상은 교만을 찬양
한다. 이 세상은 죄악된 것들을 향하여 말할 수 없는 목마름을 가지고 있
다. 그러니 자연히 우리가 주님의 편에 설 때에 이 세상과 원수가 될 수밖
에 없고 따라서 이 세상으로부터의 핍박과 박해를 각오해야 하는 것이다.

하지만 이어지는 말씀에서 예수님은 우리들이 어떻게 이 세상과 싸워
서 이길 수 있는지를 가르쳐 주신다. 우리는 맛을 내는 소금이 되어야 하
고, 또한 조용히 이 세상을 예수님의 빛으로 비추는 빛의 자녀들이 되어
야 한다.

마음을 여는 키워드
'기대'

전도자 코칭 노트 워크북
Evangelist coaching note work book

마음을 여는 키워드 '기대'

전도에 실패한 사람들은 대개 외부적인 요인을 탓한다.

"전도용품이 뒤떨어지는 것 같아요"
(좋은 관계만 형성된다면 전도용품은 그리 중요하지 않다. 상대방은 훨씬 더 좋은 것을 먹고, 사기도 한다.)

"장소가 별로 좋지 않은 것 같아요"
(정말 장소, 위치가 좋지 않을 경우도 있다. 그러나 장소보다 더 중요한 것은 한 장소에 꾸준히 나가는 것이다.)

"요즘 전도해도 안 되고, 전도에 관심도 없어요"
(전도 나가 보라, 모두가 거절하고 관심 없는 것은 아니다.)

"날씨가 좋지 않아요"
(그때가 기회이다. 아무도 하지 않을 때 전도하는 것, 당연히 나오지 않

을 거라는 상대방의 기대를 꺾을 때 신뢰를 얻게 된다.)

"전도 같이 나갈 사람이 없어요"
(나 혼자 전도하는 것이 아니라 성령님이 함께하신다. 혼자라도 계속 나가야 한다.)

외부적 요인으로 전도 나가지 않을 그럴듯한 이유가 많다.

왜 이런 현상이 나타나는 걸까? 인간은 늘 선택을 하며 살아간다. 그러나 전도자는 내 입장에서의 선택이 아니라, 하나님의 마음을 알아야 한다. 전도 대상자도 늘 선택을 하며 살아간다. 하지만 세상 그 누구도 아무런 이유 없이 선택하지는 않는다. 뭔가를 선택했다는 건? 그것에 대한 뭔가를 '기대'한다는 뜻이다.

예를 들면 청소기는 집안일이 편해질 거라는 기대감, 화장품은 예뻐질 수 있다는 기대감, 안마 의자는 피로감이 풀릴 거라는 기대감, 원액기는 우리 가족이 건강해질 거라는 기대감으로 산다. 다시 말해 현재와 미래가 달라질 수 있다는 기대감을 가지고 뭔가를 선택한다는 것이다.

즉, 인간 행동의 주된 동기 요인은 행동 전보다 후에 더 나아지려는 욕구에 있다. 전도 대상자들이 복음을 거절하는 것은 복음을 몰라서인 것도 있지만 교회를 가 봤자, 예수를 믿어 봤자 달라질 게 뭐가 있나? 특히 불교 신자들은 '종교는 다 똑같다'라고 생각한다. 복음이 주는 능력과 기대감을 잘 설명할 수 있어야 한다.

바로 예수 믿기 전(before)과 후(after)를 잘 설명할 수 있어야 한다. 이것이 바로 간증이다. 아무리 여러 가지 설명을 해도 간증이 주는 효과를 무시할 순 없다. 전도에 대한 얘기를 막연하게 듣다가도 예수 믿기 전에는 어렵고 힘들었는데, 예수 믿고 나서 이렇게 달라졌다는 얘기를 듣는 순간 '확신'으로 바뀐다. 여기에 상상력이 더해진다. 결국 '아, 나도 저렇게 바뀔 수 있겠구나'라고 생각하게 되는 것이다. 이처럼 '기대'는 전도 대상자의 마음을 움직이게 만드는 원동력이다.

자, 그러면 다음의 내용 중에서 어떤 이야기가 더 기대감을 갖게 만들까?

· 1안: 우리 교회 오세요. 우리 교회 참 좋아요. 목사님 말씀도 좋고, 참 훌륭하세요.

· 2안: 예수 믿으세요. 예수 믿으면 복 받아요. 모든 문제가 다 해결돼요. 꼭 교회 오세요.

· 3안: 요즘 장사는 좀 어떠세요? 힘드시지 않으세요? 네, 그러시군요. 요즘 경기가 어려워서 다른 곳도 다 힘들다고 하더라구요. 제가 꼭 기도해 드릴게요. 얼마 전에 저희 교회 오신 분이 계신데, 이분이 그 전에는 그렇게 고생을 많이 했는데, 예수 믿고 기도하면서 마음이 그렇게 편안해졌다고 해요. 사

장님도 그렇게 될 거예요.

누가 봐도 '3안'에 마음이 끌릴 것이다. 3안의 메시지가 설득력 있는 이유는 '교회 와야 한다. 예수 믿으세요'에서 끝나지 않고, 작은 기대나마 가질 수 있도록 만들었기 때문이다.

만약 이렇게까지 해도 전도 대상자가 거절한다면 아직 관계 형성이 잘 이루어지지 않은 것이다. 상심할 필요 없다.

내가 전도를 할 때 상대방은 무엇을 가장 중요하게 생각할까? 그것은 자신에게 미치는 영향이다.
불교신자 외 다른 종교인에게는 종교를 바꾸는 부담감, 무교인에게는 종교를 가져야 하는 부담감 등 어떤 사람이든 자신에게 미치는 영향을 생각하게 된다. 그리고 마음이 어느 정도 열린 분들이라면, 자신이 무엇을 얻을 수 있는가를 늘 생각한다.

결국 전도 대상자의 마음을 끌어당기는 가장 명확한 방법은, 전도 대상자의 필요(Needs)를 파악하고, 구체적으로 기대하게 만드는 것이다.

예수님의 가르침(마22:23-40)

마태복음 22:23-28

23. 부활이 없다 하는 사두개인들이 그 날 예수께 와서 물어 이르되

24. 선생님이여 모세가 일렀으되 사람이 만일 자식이 없이 죽으면 그 동생이 그 아내에게 장가 들어 형을 위하여 상속자를 세울지니라 하였나이다

25. 우리 중에 칠 형제가 있었는데 맏이가 장가 들었다가 죽어 상속자가 없으므로 그 아내를 그 동생에게 물려주고

26. 그 둘째와 셋째로 일곱째까지 그렇게 하다가

27. 최후에 그 여자도 죽었나이다

28. 그런즉 그들이 다 그를 취하였으니 부활 때에 일곱 중의 누구의 아내가 되리이까

사두개인들은 부활을 믿지 않는 자들이었다. 유대인들의 관습에 따라 일곱 형제의 맏이에게 시집을 간 여인이 있었다면 그래서 그 형제들이 순서대로 줄줄이 죽는다면 그녀는 헐리웃의 여인들과 같은 꼴이 될 것이다. 이들은 예수님께 도전할 뿐만 아니라 부활에 대한 논리를 우스갯거리

로 만들고자 하는 것이다. 그들은 이중적인 시도를 하고 있는 것이다. 하지만 예수님은 이미 이들의 질문 속에서 그들이 두 가지 관점에서 실수를 하고 있다는 것을 보셨다. 그래서 예수님이 말씀하셨다.

29. 예수께서 대답하여 이르시되 너희가 성경도, 하나님의 능력도 알지 못하는 고로 오해하였도다

그들은 성경을 몰랐다. 그리고 그들은 하나님의 능력에 무지했다. 예수님의 설명은 아주 간단했다.

30. 부활 때에는 장가도 아니 가고 시집도 아니 가고 하늘에 있는 천사들과 같으니라

이 말씀이 우리들이 죽으면 천사가 된다는 것은 절대 아니다. 하지만 하늘나라에서 우리가 더 이상 결혼을 하지 않는다면 점에서 천사와 같다는 말씀이었다. 하늘나라에서는 이 땅에서의 결혼관계와 같은 그런 삶이 지속되지 않는다는 말씀이다.

31. 죽은 자의 부활을 논할진대 하나님이 너희에게 말씀하신 바
32. 나는 아브라함의 하나님이요 이삭의 하나님이요 야곱의 하나님이로라 하신 것을 읽어 보지 못하였느냐 하나님은 죽은 자의 하나님이 아니요 살아 있는 자의 하나님이시니라 하시니

하나님은 아브라함과 이삭과 야곱의 하나님이시라고 하셨다. 그리고 하나님은 죽은 자가 아닌 산 자의 하나님이시라면 아브라함과 이삭과 야곱은 아직도 산 자라는 것이다. 그들은 죽은 자들이 아니고 산 자들이다. 왜냐하면 그들은 죽은 것이 아니라, 변화된 것이다. 예수 그리스도께서 변화산에서 변형되셨던 것처럼, 그것이 신자들의 죽음인 것이다.

33. 무리가 듣고 그의 가르치심에 놀라더라

이번에는 바리새인들 차례이다.

이제 헤로디안들과 사두개인들은 더 이상 할 말이 없었다. 바리새인들은 이제까지 이 두 그룹과 예수님의 대화를 듣고만 있었다. 바리새인들은 다윗 왕국이 유다 땅에 다시 이루어지는 것을 바라고 있었던 사람들이다. 따라서 그들은 이 일을 위해서 헤로디안들과도 손을 잡을 수 있었던 것이다. 이미 헤로디안들과 사두개인들 모두 예수님을 책잡는 데 실패했다. 그래서 이제 바리새인들이 나서고 있다.

34. 예수께서 사두개인들로 대답할 수 없게 하셨다 함을 바리새인들이 듣고 모였는데
35. 그 중의 한 율법사가 예수를 시험하여 묻되

바리새인들은 한 율법사를 데려왔다. 그는 아주 현명한 율법사였고, 서기관이었으며, 모세의 율법에 전문가였다.

36. 선생님 율법 중에서 어느 계명이 크니이까

예수님의 대답을 들어보자.

37. 예수께서 이르시되 네 마음을 다하고 목숨을 다하고 뜻을 다하여 주 너의 하나님을 사랑하라 하셨으니
38. 이것이 크고 첫째 되는 계명이요

예수님이 십계명 중의 어느 한 계명을 지적하지 않으셨다는 것을 주목해 보아야 한다. 그리고 예수님은 두 번째 율법을 주셨다.

39. 둘째도 그와 같으니 네 이웃을 네 자신 같이 사랑하라 하셨으니

이 두 계명은 모든 모세의 계명을 요약한 것이다. 그리고 우리는 이 율법을 들을 때에 우리가 이 계명에 못 미치는 사람들이라는 것을 안다. 그러므로 우리는 율법으로는 구원을 얻지 못한다.

유머 감각 키우기

전도자 코칭 노트 워크북
Evangelist coaching note work book

유머 감각 키우기

타인을 웃게 하는 능력은 가치가 있다. 함께하는 이를 재미있게 하는 사람은 인기가 많다. 어디를 가든지 환영을 받는다. 같이 있으면 즐겁다는 기대는 그 사람과 만나는 일을 더 반갑게 만든다. 유머는 사람의 마음을 여는 열쇠이다. 미국 34대 대통령을 지낸 아이젠하워(Dwight David Eisenhower) 역시 유머를 강조했다. "유머 감각은 리더십의 한 부분이다. 사람을 끌어모으고, 무언가를 성취해 내는 능력이다"

문제는 남을 웃게 만드는 일이 어렵다는 데 있다. 타고난 유머 감각이 있지 않은 한 후천적으로 길러야 할 재능이다. 쉽게 얻어지지 않는다. 유머 감각이 있는 사람은 타인의 심리를 잘 이해하고 다양한 상황에서 유연한 사고를 한다. 위트와 해학, 풍자는 사람의 마음과 상황 전체를 알아야 가능하다. 노력으로 얻기 힘든 재능이다.

나 역시도 유머 감각이 없어서 나름대로 노력은 하지만 여간 쉬운 일이 아니었다. 설교 중 분위기 전환을 위해 유머를 했다가 분위기가 더 다운되었던 경험이 있다. 예배 후 교역자실에 들어오니 ○○ 전도사님께서 "목사님은 왜 유머를 다큐로 하시냐"면서 "유머는 배워서 되는 게 아니라 타고나야 한다"라고 한참 웃으며 얘기했던 기억이 있다.

자, 그렇다면 대화에서 너무 중요한 이 유머 감각을 포기해야 할까? 그렇지 않다. 웃길 수 없다면 내가 웃어 주는 방법이 있다. 유머 있는 사람이 되기 위해 노력하되 웃어 주는 연습도 필요하다. 유머보다 미소가 나을 수도 있다. 사람들은 자기 얘기를 재미있어 하고 웃어 주는 사람을 좋아하기 때문이다.

심리학에 '정서적 전염(emotional contagion)'이라는 개념이 있다. 슬픈 사람 옆에 있으면 우울한 감정이 생기고, 밝게 웃는 사람 옆에 있으면 덩달아 기분이 좋아진다는 뜻이다. 유치원에 가서 어린아이들을 보면 알 수 있다. 한 아이가 울면 따라 울고, 웃으면 모두 따라 웃는다. 감정은 전염된다. 찡그리는 사람보다 웃는 사람이 인기가 많다. 웃어 주는 사람이 되어야 할 이유이다.

많이 웃어라. 매력 있는 사람이 된다. 타인을 웃게 만들고 나도 많이 웃으면 주변 사람들이 행복하다. 행복을 주는 사람! 유머는 멋진 재능이다.

예수님의 천국 교훈(마25:31-46)

31. 인자가 자기 영광으로 모든 천사와 함께 올 때에 자기 영광의 보좌에 앉으리니

32. 모든 민족을 그 앞에 모으고 각각 구분하기를 목자가 양과 염소를 구분하는 것 같이 하여

33. 양은 그 오른편에 염소는 왼편에 두리라

34. 그때에 임금이 그 오른편에 있는 자들에게 이르시되 내 아버지께 복 받을 자들이여 나아와 창세로부터 너희를 위하여 예비된 나라를 상속받으라

35. 내가 주릴 때에 너희가 먹을 것을 주었고 목마를 때에 마시게 하였고 나그네 되었을 때에 영접하였고

36. 헐벗었을 때에 옷을 입혔고 병들었을 때에 돌보았고 옥에 갇혔을 때에 와서 보았느니라

37. 이에 의인들이 대답하여 이르되 주여 우리가 어느 때에 주께서 주리신 것을 보고 음식을 대접하였으며 목마르신 것을 보고 마시게 하였나이까

38. 어느 때에 나그네 되신 것을 보고 영접하였으며 헐벗으신 것을 보고 옷 입혔나이까

39. 어느 때에 병드신 것이나 옥에 갇히신 것을 보고 가서 뵈었나이까 하리니

40. 임금이 대답하여 이르시되 내가 진실로 너희에게 이르노니 너희가 여기 내 형제 중에 지극히 작은 자 하나에게 한 것이 곧 내게 한 것이니라 하시고

41. 또 왼편에 있는 자들에게 이르시되 저주를 받은 자들아 나를 떠나 마귀와 그 사자들을 위하여 예비된 영원한 불에 들어가라

42. 내가 주릴 때에 너희가 먹을 것을 주지 아니하였고 목마를 때에 마시게 하지 아니하였고

43. 나그네 되었을 때에 영접하지 아니하였고 헐벗었을 때에 옷 입히지 아니하였고 병들었을 때와 옥에 갇혔을 때에 돌보지 아니하였느니라 하시니

44. 그들도 대답하여 이르되 주여 우리가 어느 때에 주께서 주리신 것이나 목마르신 것이나 나그네 되신 것이나 헐벗으신 것이나 병드신 것이나 옥에 갇히신 것을 보고 공양하지 아니하더이까

45. 이에 임금이 대답하여 이르시되 내가 진실로 너희에게 이르노니 이 지극히 작은 자 하나에게 하지 아니한 것이 곧 내게 하지 아니한 것이니라 하시리니

46. 그들은 영벌에, 의인들은 영생에 들어가리라 하시니라

물론 우리 주님은 사랑의 주님이시고, 우리들이 이웃에게 사랑을 베풀기를 원하신다. 하지만 이 비유는 단순히 우리 성도들이 이웃을 사랑하도록 권고하시는 비유는 아니다. 왜냐하면 예수님을 믿고 구원을 얻은 성도들이 다른 사람을 사랑하는 데 실패했다고 해서 영원히 지옥 불에 던져진다는 것은 다른 복음과 맞지 않기 때문이다.

대환난 기간 중에 모든 나라들은 마지막 기회를 얻게 될 것이고, 그때에

우리 주님의 복음을 받지 않을 뿐만 아니라, 그 복음을 전하는 유대인과 또한 선지자들을 향하여 행한 그들의 태도가 우리 주님께 심판을 받게 될 것을 말씀하는 것이다.

전도자코칭 33

년   월   일

상식을 늘려라

전도자 코칭 노트 워크북
Evangelist coaching note work book

상식을 늘려라

사람들은 자기가 아는 만큼 들을 수 있다. 나는 대학에선 컴퓨터공학을 전공했고, 해군에서도 전산을 담당했었고, 대학 졸업 후에는 교수님과 IT 벤처를 창업해서 일을 했었다. 그래서 컴퓨터 관련된 얘기가 나오면 지금도 할 얘기가 많다. 교구를 담당하면서 심방을 가면 성도님들의 직업이 컴퓨터 관련 일을 하시는 분들이면 아주 어려운 대화들도 쉽게 할 수 있었다.

반면 주식에 대해선 무지하다. 주식 관련된 일을 하시는 성도님들을 만났을 땐 그 내용이 전혀 흥미롭지도 않고 그 용어조차 알아듣지 못했다. 마치 외국 사람과 얘기하는 느낌이라고 할까. 전혀 알아듣지를 못한다. 내용도 모르면서 억지로 웃어야 하는 그런 기분이라고 할까. 진지하게 말씀하시는데 화제를 돌리기도 힘들어서 바로 예배를 드렸던 기억이 있다.

지금 생각해 보면 그 성도님들은 그런 얘기하는 게 참 즐거웠던 것 같다. 그런데 거의 알아듣지 못하니까 얼마나 힘들었겠는가? 그래서 그날

저녁에 나는 주식에 대해서 인터넷 검색을 하면서 그때 들었던 단어들을 공부했던 기억이 있다. 뭔지 몰라도 용어라도 알아듣겠다는 마음이었다.

사람은 누구나 자기가 모르는 분야는 집중해서 들을 수 없다. 특히 기독교 용어가 그렇다. 교회에 대해서 전혀 알지 못하는 사람들은 어떻겠는가? '아멘' '할렐루야' '구원' '복음' 등 우리에겐 너무나 중요한 단어이지만 그들에게는 이해하기 힘든 내용이다. 그래서 대화는 당연히 지루해질 것이다.

전도 대상자와 친해지고 싶다면 상대방의 취미 생활에 대해서 얘기를 들어 줄 수 있어야 한다. 그리고 상가에 전도를 나간다면 그 업종에 대한 기본 지식 정도는 공부를 하고 가면 훨씬 도움이 된다. 그렇지 않고서는 가까워지는 데 분명 한계가 있다.

한동안 아는 목사님과 함께 심방을 다닌 적이 있었는데, 그 목사님은 상식이 탁월했다. 심방 가는 곳마다 음악이면 음악, 미술이면 미술, 정치, 경제 할 것 없이 다방면에 상식을 갖추고 있었는데, 무엇을 얘기해도 그 분야에 대해 목사님이 말씀하시면 성도님은 깜짝 놀라면서 "목사님이 그런 거 어떻게 아세요? 이런 건 전공자들 아니면 잘 모르는 건데" 하면서 마음을 활짝 여는 것이다.

전도자에게 있어서 상식이 풍부해져야 하는 이유이다. 자신이 잘 모르는 영역에 관해서는 정보를 찾고 지식을 쌓아야 한다. 신문과 잡지 또는 인터넷 기사를 멀리하지 마라. 세상 돌아가는 이야기의 흐름을 놓치지 말아야 한다. 전도 대상자를 만나 대화하는데 모르는 주제라고 해서 상대방 말을 중단시킬 수는 없는 것이다. 상식이 풍부해지면 대화가 더 편안해지고, 그 대화를 통해서 우리는 자연스럽게 교회를 다녀 봤는지 그리고 우리 교회를 알고 있는지 나아가 예수 그리스도에 대한 복음을 전할 수 있게 될 것이다.

예수님의 고난(마26:1-5)

마태복음 26장의 모든 일들은 십자가를 포인트하고 있다. 보기에 따라서 예수님이 십자가에 달리신 일이 권세를 가진 인간들에 의하여 주도되고, 예수님은 무력하게 그들에게 당하신 것처럼 보일 수도 있겠지만 우리가 사건을 보다 면밀히 살피고 또 이면에 감추어진 영적인 흐름을 이해한다면 우리가 이제까지 배워 온 대로 십자가와 관련된 모든 사건에서 그 모든 환경을 컨트롤해 가신 분은 바로 우리 주님이심을 발견하게 될 것이다.

예수님은 항상 하나님의 시간표에 따라 움직이셨으며, 모든 일들을 주장하셨다. 예수님은 결코 로마제국의 권세와 종교지도자들의 경쟁심 사이에서 처참하게 죽으신 희생자가 아니셨다. 우리는 이 마태복음 26장에 나타난 내용들을 경외의 마음으로 바라보아야 한다. 왜냐하면 이 모든 일들이 우리 주님과 역동적인 관계를 가지고 있기 때문이다.

마태복음 26:1

예수께서 이 말씀을 다 마치시고 제자들에게 이르시되

감람산(Olivet Discourse) 설교를 마치시고 예수님이 제자들에게 말씀하셨다. 감람산 설교는 예수 그리스도의 재림에 대한, 그리고 세대의 마지막에 대한 제자들의 질문에 답하신 예수님의 설교였다.

마태복음 26:2

너희가 아는 바와 같이 이틀이 지나면 유월절이라 인자가 십자가에 못 박히기 위하여 팔리리라 하시더라

예수님은 감람산 설교가 끝나자 즉시 예수님의 죽으심에 대하여 직접 언급하셨다.

마태복음 26:3-5

3. 그때에 대제사장들과 백성의 장로들이 가야바라 하는 대제사장의 관정에 모여
4. 예수를 흉계로 잡아 죽이려고 의논하되
5. 말하기를 민란이 날까 하노니 명절에는 하지 말자 하더라

우리는 이 유대 지도자들에게서 흥미로운 이야기를 듣는다. 2절에서 예수님은 제자들에게 이미 그가 죽으실 것이라고 말씀하셨다. 이것이 가이사랴 빌립보 지방에서부터 예루살렘까지 오시면서 지난 6개월 사이에 여섯 번이나 자신의 죽음에 대하여 말씀하신 것이다. 그리고 2절에서 예수님은 이미 자신의 죽으심의 때를 설정하셨다. 그것은 이틀 지난 후 곧 유월절이었다. 하지만 여기 2-5절에서 보면 종교지도자들은 다른 계획을 가지고 있었다. 바로 예수님을 십자가에 넘겨줄 장본인들이 계획하기를 유

월절이 지난 후에 예수를 죽이자는 것이었다. 그러나 예수님은 유월절에 자신이 죽으실 것이라고 하셨다. 그런데 예수님이 언제 죽으셨는가? 유월절이다. 예수님의 대적들이 예수님을 죽일 시간을 정한 것이 아니다. 예수님이 정하신 것이다.

  마태복음에서 예수님은 왕이시다. 예수님은 명령권자이시고 모든 것을 주관하시는 분이시다. 종교지도자들의 예수님을 향한 미움은 그를 죽이자는 결안에 이르렀다. 그들은 그들의 방법으로 예수님을 죽이려 했지만 허락되지 않았다. 우리는 여기에서 십자가에 가까이 이를수록 예수님의 왕 되심이 더욱 선명하게 나타나고 있음을 본다.

정(情)을 많이 주자

전도자 코칭 노트 워크북
Evangelist coaching note work book

정(情)을 많이 주자

"나는 나라를 지킬 수 없습니다. 좌절에 빠진 사람을 도울 수도 없습니다. 지혜를 줄 수도, 아픔을 대신할 수도 없습니다. 그러나 그 사람들과 마음을 함께하는 다른 누군가가 있다는 사실 하나는 전해 줄 수 있습니다. 그래서 나는 위로가 됩니다. 때론 용기가 되고 때론 감사가 되기도 합니다. 오늘도 누군가가 다시 미소 짓고 힘낼 수 있도록 이 땅의 모든 사람들과 마음을 나누는 나는 당신의 情입니다"

"말하지 않아도 알아요. 그냥 바라보다가~"

− 초코파이 情 CF

한국 사람들은 이성적이라기보다는 감성적이고 정에 매우 약하다. 그래서 한 초코파이 광고도 이런 정(情)을 앞세워 사람들의 감성을 자극해서 대단한 매출을 올렸다. 이처럼 우리는 전도할 때 정을 무시하고 전도를 할 순 없다. 머리가 아닌 마음이 열려야 하고 마음이 닫히면 모든 것이 닫히기 때문이다.

사람들은 옳은 말(복음)인 걸 알지만 듣지 않는 이유는 무엇일까? 사람들은 좋은 사람의 말을 듣고 싶어 하기 때문이다. 지금부터라도 정을 고려한 전도가 필요하다. 시간이 걸리더라도 우선 정을 쌓고, 그것을 기반으로 전도를 하면 좋다.

그동안의 전도법을 한번 생각해 보자. 마음보다는 머리에 의존한 전도법이 많았다. 사람보다는 전도의 내용과 전도용품에 더 많은 관심이 있었다. 그래서 복음 내용을 암기하고 그대로 해야만 했고, 또는 극단적이거나 공격적인 멘트가 많았다. 전도는 사람에게 하는 것이다. 사람은 동물과 다르게 감정을 가진 존재이다. 감정을 무시하고 접근하는 것은 문제가 있다.

이제는 머리로 시작하는 것이 아니라 마음으로 시작하는 전도를 해 보자. 마음을 나눌 수 있는, 정을 쌓을 수 있는 방법들을 연구하고 전도하면 좋은 효과가 있을 것이다.

그렇다면 정은 어떻게 쌓을 수 있을까?
천릿길도 한 걸음부터라는 속담을 잘 알 것이다. 가장 먼저는 친절하게 말 한마디를 건네는 것이다. 그리고 미소와 함께 가벼운 인사를 하게 되면 상대로 하여금 편안하게 만들고 다음에 만났을 때는 더 반갑게 인사를 할 수 있을 것이다.

그리고 어느 정도 대화를 주고받고 조금 정이 쌓아지면 이제는 주는 방법으로 정을 쌓는다. 예를 들면 작은 선물이라든지 봉사 등 그들의 필요한 부분들 캐치하고 도와주는 것이다. 그렇게 해서 관계가 형성되고 정이 생기면 전도하기가 쉬워진다.

한국 사람은 정에 약하다는 말을 많이 하지 않는가? "교회를 옮기고 싶어도 정 때문에 그럴 수 없다" "내가 정 때문에 제자양육 받는다" "정 때문에 봉사하고 있는 거다" 등 정으로 시작되다 보니 어느 순간 자연스레 예수님을 인격적으로 영접하는 일이 일어난다.

실제로 아는 지인이 집과 교회가 굉장히 먼 곳인데, 주변에서는 가까운 교회로 옮기라고 해도 매주 빠지지 않고 가고 있다. 그 이유 중 하나가 바로 정 때문이었다. 목사님과의 정 때문에 힘들어도 앞으로 계속 갈 거라고 한다.

그렇다면 정을 맺는 방법은 무엇일까? 간단하다. 정을 많이 주면 된다. 마음을 많이 주고, 늘 전도 대상자에게 관심을 두고 있으면 상대방도 알게 된다.

지금부터 전도할 때 그리스도의 사랑을 많이 주고, 정을 쌓아 보자.

예수님의 부활(마28:1-10)

여기 두 마리아가 예수님의 무덤을 찾아온다.

마태복음 28:1

안식일이 다 지나고 안식 후 첫날이 되려는 새벽에 막달라 마리아와 다른 마리아가 무덤을 보려고 갔더니

다른 복음서의 기록에 의하면 이들은 예수님의 시신에 향품을 넣으려고 찾아왔다.

마태복음 28:2-3

2. 큰 지진이 나며 주의 천사가 하늘로부터 내려와 돌을 굴려 내고 그 위에 앉았는데

3. 그 형상이 번개 같고 그 옷은 눈 같이 희거늘

왜 돌이 굴려졌을까? 예수님이 나오시기 위해서일까? 아니다. 예수님은

돌문이 옮겨졌을 때, 이미 밖에 계셨다. 무덤 문은 예수님이 나오시기 위해서가 아니라, 사람들로 하여금 예수님의 무덤 안으로 들어가게 하기 위해서 열려진 것이다.

마태복음 28:4

지키던 자들이 그를 무서워하여 떨며 죽은 사람과 같이 되었더라

아마 이 자리에서는 무서워 죽을 뻔했겠지만 이 군사들은 평생 이 순간이 자랑거리였을 것이다. 천사를 직접 보았으니까.

마태복음 28:5-6

5. 천사가 여자들에게 말하여 이르되 너희는 무서워하지 말라 십자가에 못 박히신 예수를 너희가 찾는 줄을 내가 아노라
6. 그가 여기 계시지 않고 그가 말씀하시던 대로 살아나셨느니라 와서 그가 누우셨던 곳을 보라

무덤 문이 열렸을 때, 이미 예수님은 그 안에 계시지 않았다. 나중에 예수님은 문들이 닫혀 있는 방 안으로 들어가셨다.

마태복음 28:7

또 빨리 가서 그의 제자들에게 이르되 그가 죽은 자 가운데서 살아나셨고 너희보다 먼저 갈릴리로 가시나니 거기서 너희가 뵈오리라 하라 보라 내가 너희에게 일렀느니라 하거늘

여기까지가 예수님의 부활하심에 대한 천사의 메시지였다. 이제부터는 이 부활의 사실을 증거하는 일이 사람에게 주어졌다. 천사의 메시지를 종합하면, "와서 보라. 그리고 빨리 가서 전하라"는 것이었다.

그리고 두 마리아에게 예수님이 나타나셨다.

마태복음 28:8

그 여자들이 무서움과 큰 기쁨으로 빨리 무덤을 떠나 제자들에게 알리려고 달음질할새

이 여인들에게는 무서움과 큰 기쁨이 있었다. 이것이 주님의 임재 속에 사는 신자의 감정이다. 무서움과 큰 기쁨….

마태복음 28:9-10

9. 예수께서 그들을 만나 이르시되 평안하냐 하시거늘 여자들이 나아가 그 발을 붙잡고 경배하니
10. 이에 예수께서 이르시되 무서워하지 말라 가서 내 형제들에게 갈릴리로 가라 하라 거기서 나를 보리라 하시니라

예수님은 갈릴리에서 그들을 만나시겠다고 약속하셨다.

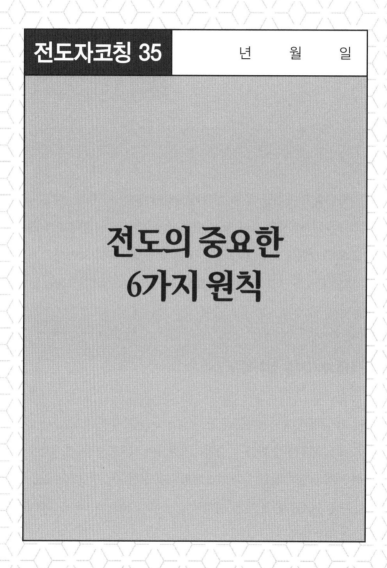

전도자코칭 35   년   월   일

전도의 중요한
6가지 원칙

전도자 코칭 노트 워크북
Evangelist coaching note work book

전도의 중요한 6가지 원칙

많은 사람들이 물건을 살 때 신뢰하는 사람에게 구입한다. 전도자의 이미지, 교회의 이미지를 널리 알려 주는 것도 사람이다. 성실하게 전도를 하고 있으면 교회에 대한 좋은 소문이 퍼진다. 전도자로 살아가기 위해선 여섯 가지 원칙을 세우는 것이 중요하다. 전도를 잘하시는 분들을 보면 공통점이 있다.

1. 복음 메시지를 정확하게 안다

언제 어느 때에 예비된 영혼을 만나 복음을 전하게 될지 모른다. 그래서 우리는 복음 메시지를 반드시 숙지하고 있어야 한다. 복음 메시지에 대한 충분한 지식이 뒷받침된 대화는 상대방에게 강한 자신감을 보여 줄 수 있다. 이 강한 자신감은 환경을 뛰어넘어 구원의 확신, 그리스도의 사랑에 대한 자신감이다.

요즘 전도자를 만나 보면 복음 메시지에 대한 확실한 숙지도 없이 "전도

나가는 게 중요하지 뭘 준비하냐"라며 그냥 나간다. 그러나 성령님은 준비된 곳에 역사하신다.

> **Tip** 복음 제시 내용들을 날마다 숙지할 것, 기본기가 중요하다.

2. 전도 대상자를 안다

요즘 교회와 목회자, 성도들에 대한 안 좋은 얘기들이 많은 것은 사실이다. 그러나 그 점을 우리가 잘 알고 기도하고 있다면, 그리고 전도 대상자의 성향에 대해서 잘 알고 있다면, 굳이 그 문제까지 끄집어내지 않고도 복음을 전할 수 있다. 예수 믿는 것에 대한 기쁨과 참 행복, 구원에 초점을 맞춰야 한다.

> **Tip** 지속적으로 전도 나가다 보면 전도 대상자들을 알게 된다. 메모장을 활용해서 기록해 둘 것

3. 전도 목표를 세워야 한다

전도의 열매는 하나님께서 주시는 것이지만 우리는 목표를 세워야 한다. 목표가 있는 곳에 계획과 방향을 정할 수 있고 실행할 수 있다. 이때 중요한 것은 지속하는 것이다. 단순히 전도를 지속하는 것만으로도 좋은 열매를 거둘 수 있을 것이다.

4. 약속은 반드시 지켜라

약속은 두 가지다. 전도 대상자와 직접 한 약속과 나 혼자만의 일방적인 약속이다. 전도 대상자와 한 약속은 무슨 일이 있어도 지켜야 한다. 그리고 나 혼자만의 약속은 'ㅇ요일 ㅇ시 ㅇㅇ장소에 꼭 나가서 전도하는 것'이다.

전도는 신뢰가 생명이다. 똑똑한 사람이 중요한 것이 아니라 '과연 그 사람을 믿을 수 있느냐'가 중요하다. 그 말에 책임지는 사람, 말과 행동이 똑같은 사람이 신뢰를 얻을 수 있다.

5. 의연한 태도로 꾸준히 한다

전도를 하다 보면 가장 힘든 것이 거절당하는 것이다. 그렇더라도 복음에 확신을 가지고 의연한 태도로 유지하는 것이 중요하다. 입장 바꿔서 생각해 보면 나도 처음 보는 사람에게 이름, 연락처를 가르쳐 주지 않았다. 나도 길거리에서 전단지를 나눠 줄 때 거절한다. 관계가 형성되지 않으면 누구나 다 그렇다.

그러니 절대로 포기하지 마시기 바란다. 씨는 뿌리면 뿌릴수록 열매는 많아진다. 전도는 현재의 전도 대상자와 미래의 전도 대상자로 나눌 수 있다. 현재의 전도 대상자에 집중하고, 미래에 전도할 대상자를 위해 기도하기 바란다.

6. 모든 것에 성령의 역사하심을 기대한다

우리가 아무리 확실하고 빈틈없는 계획을 세워도 성령께서 역사하시지 않으면 그건 아무것도 아니다. 전도는 공식이나 방법이 있는 것이 아니다. 전도에는 왕도가 없다. 다만 우리의 의지가 약하기에 교육과 훈련을 통하여 복음 전도를 지속하기 원하는 것이다. 그 가운데 성령께서 역사하실 것이다.

예수님의 승천과 재림(행1:6-11)

사도행전 1:6

그들이 모였을 때에 예수께 여쭈어 이르되 주께서 이스라엘 나라를 회복하심이

이 때니이까 하니

제자들은 예수님께서 말씀하신 하늘나라가 이 땅에 세워질 정치적인

왕국이라고 생각했었다. 그러나 그게 아니었다.

사도행전 1:7

이르시되 때와 시기는 아버지께서 자기의 권한에 두셨으니 너희가 알 바 아니요

때와 기한은 아버지의 권한이다. 우리가 할 일은 그날이 오기까지 성령

충만한 삶을 사는 것이다.

사도행전 1:8

오직 성령이 너희에게 임하시면 너희가 권능을 받고 예루살렘과 온 유대와 사

마리아와 땅 끝까지 이르러 내 증인이 되리라 하시니라

바울은 우리가 성령 세례를 받을 때에 어떻게 변화되는지 말했다.

고린도후서 3:18
우리가 다 수건을 벗은 얼굴로 거울을 보는 것 같이 주의 영광을 보매 그와 같은 형상으로 변화하여 영광에서 영광에 이르니 곧 주의 영으로 말미암음이니라

이것이 바로 우리 주님을 증거하는 삶의 개요이다. 사도행전은 증인들의 삶의 모습을 기록하고 있다. 예루살렘에 핍박이 오자, 사도들은 사마리아로 갔다. 바울은 예수님의 복음을 소아시아와 헬라, 그리고 유럽을 거쳐 로마까지 전했다. 마태는 인디아로 복음을 전하러 갔다. 이렇게 복음은 온 세계로 퍼져나갔다.

이 말씀을 하신 후 예수님이 승천하셨다.

사도행전 1:9
이 말씀을 마치시고 그들이 보는데 올려져 가시니 구름이 그를 가리어 보이지 않게 하더라

예수님을 가렸던 구름은 다름 아닌 Shekinah cloud였을 것이다. 이스라엘 자손들이 광야에서 보았던 그 구름 말이다.

사도행전 1:10-11

10. 올라가실 때에 제자들이 자세히 하늘을 쳐다보고 있는데 흰 옷 입은 두 사람이 그들 곁에 서서

11. 이르되 갈릴리 사람들아 어찌하여 서서 하늘을 쳐다보느냐 너희 가운데서 하늘로 올려지신 이 예수는 하늘로 가심을 본 그대로 오시리라 하였느니라

우리는 에스겔 선지자의 책을 배울 때에 예수님께서 올라가신 그대로 이 땅에 다시 오실 때에도 감람산 위에 그 발이 우뚝 서시게 될 것이라고 배웠다. 예수님은 다시 오신다. 여호와의 증인들처럼 예수님이 비밀리에 이 땅에 재림하셨다는 것은 거짓말이다. 이 성경은 분명히 예수님께서 가심을 본 그대로 다시 오신다고 했다. 예수님의 재림의 때에 온 천하 만민이 그의 재림을 볼 것이다.

당신을 오랫동안 기억시키는 법

전도자 코칭 노트 워크북
Evangelist coaching note work book

당신을 오랫동안 기억시키는 법

사람들은 하루에도 수십에서 수백 명을 만난다. 그중에서 처음 본 '나'를 기억하기란 쉬운 일이 아니다. 거의 잊힌다고 보면 된다. 내가 무슨 말을 했는지는 더더욱 기억하지 못할 것이다. 그렇다면 어떻게 그들에게 '나'를 오랫동안 기억시킬 수 있을까?

1. 나와 관련 있어야 더 오래 기억한다

전도 대상자와 몇 차례 만남을 지속하다 보면 전도 대상자는 당신에 대한 첫인상을 조금씩 변화시켜 가면서 실제 당신의 모습 그대로를 받아들인다. 하지만 이것도 항상 전도를 나가서 만나야 가능한 것이지 지속적으로 만나지 않으면 불가능하다.

세상 사는 이야기를 하면서 자신의 사적인 부분을 이야기하는 등, 전도와 관계가 없어도 당신을 보여 주는 정보를 제공해야 깊이 있는 관계를 유지할 수 있다.

"최근에 이곳으로 이사를 했어요"

"일이 바빠도 가끔은 운동을 해야겠다는 생각이 들어서 헬스를 시작했어요. 운동을 안 하다가 해서 그런지 많이 힘드네요"

"저는 대학에서 컴퓨터를 전공했습니다"

"저는 강원도 영월에서 태어났는데, 거제도에서 학창시절을 보냈어요"

이처럼 당신의 사적인 정보를 제공하면 전도 대상자는 겉으로 보이는 당신의 모습 이외의 모습을 상상하게 되고, 보다 더 친밀하고 가깝게 느껴진다. 그렇다면 당신이 그곳을 떠난 다음에까지 그 모습을 오랫동안 기억시키려면 어떻게 해야 할까?

그것은 자신과 관련된 일은 친근하게 느껴져서 시간이 흘러도 자연스레 강한 인상이 남는다.

"□□□에 이사 오셨어요? 제 친구가 거기에 살아서 자주 놀러 갔어요"

"헬스 좋아하세요? 저도 최근에 시작했는데 많이 건강해지는 것 같아요. 어디 헬스장 다니세요?"

"○○대학에서 컴퓨터를 전공했다고요? 저는 ○○대학에서 웹디자인을 전공했어요. 그래도 조금 비슷하네요. 공부할 때 어렵진 않던가요? 지금은 전공을 살려서 일하고 계시나요?"

전도 대상자의 정보에 맞춰 자신의 정보를 제공하면 당신의 인상을 더욱 강하게 심어 줄 수 있다. 전도 대상자는 자신과 관련이 있는 사람을 가장 먼저 기억해 낼 것이고, 다음에 만날 땐 훨씬 더 가깝게 느낄 것이다.

2. 그렇다면 만나지 못할 땐 어떻게 해야 할까?

처음 만난 전도 대상자가 당신에게 좋은 인상을 느꼈다고 하자. 그리고 함께 나누었던 대화들을 기억해 내서 문자(카톡)로 그때의 사진이나 관련된 정보들을 보낸다. 장사를 하시는 분이라면 그 업종에 관련된 질문을 한다. 그러면 전도 대상자는 당신에 대해 더 좋은 인상을 갖는다. 사람은 어느 사안에 대해 생각하면 할수록 그것에 대해 가지고 있던 생각이 더욱 굳어진다. 이 경우 한번 '좋다'고 생각하면 큰 변화가 없는 한 '더욱 좋다'라는 생각을 갖는다.

전도 대상자는 이 점을 기억하여 만나지 않을 때도 호감도를 높이기 위한 노력을 게을리해서는 안 된다.

3. 헤어질 때는 여운을 남겨라

또한 헤어질 때도 신경 써야 한다. 전도 대상자가 당신을 '또 만나고 싶다'고 생각하도록 해야 한다. 적어도 부담을 느끼게 만들지 말아야 한다. 그러려면 이야기가 끝나갈 무렵, 조금씩 다음 만남의 여지를 남겨 두는 것이 좋다. 한 번에 모든 얘기를 다 하지 말라는 것이다.

그리고 "사장님 인상이 참 좋아~" "가게 분위기 참 좋다~" "이래서 손님이 많구나!" 하며 가게를 나온다. 나오면서 의도적으로 하는 말이 상대방 기억 속에 아주 오래 남는다. 만남에 대한 여운을 남겨 두면 당신을 만나기 전에도 "참, 그분 좋은 사람이야. 어느 교회에서 나왔지?" 하며 한 번쯤 기억해 낸다.

이렇듯 전도 대상자와의 만남에서 오랫동안 좋은 기억에 남게 만든다면 우리의 전도는 한결 쉽게 다가설 수 있고, 복음 전할 기회들도 만들 수 있을 것이다.

사람의 창조(창2:7)와
사람의 죽음(창2:16-17)

창세기 1장에서 '하나님'이라는 단어는 모두 32번 나왔다. 성경은 하나님이 계시다는 사실에 대하여 설명하려고 애쓰지 않는다. 왜냐하면 하나님이 존재하신다는 사실은 이미 기정사실이기 때문이다. 성경은 친히 말씀하고 있다.

먼저 하나님은 인간의 육체를 흙으로 지으셨다. 흥미로운 것은 인체의 성분을 화학적으로 분해하면 모두 열다섯~열일곱 가지의 성분을 가지고 있는데, 이것들이 다 땅에서 추출할 수 있는 것들이라는 것이다. 하나님은 흙을 취하셔서 육체를 지으시고 그 코에 생기를 불어넣으셨다. 이로써 인간은 하나님과의 교제(Fellowship)가 가능한 존재가 된 것이다. 이것이 다른 피조물들의 창조와는 완전히 구분되는 요소인 것이다.

사람의 죽음은 본래부터 하나님의 뜻하신 바가 아니었다. 하나님은 사람에게 첫 번째 율법을 주셨다. 그것은 바로 선택의 자유의 올바른 사용에 관한 것이었다. 인간은 세상을 다스릴 일종의 왕으로 지음을 받았다.

그러나 왕이 되려면 먼저 자기 자신을 잘 다스려야 한다. 자기에 대한 다스림이 없는 왕은 폭군이 될 것이다. 그래서 하나님은 아담에게 그가 하나님에 의하여 통제된 사람임을 인식시키고자 하신 것이다.

우리는 육체의 옷을 입고 있다. 육체는 흙으로 빚어졌다. 그러나 그 속에는 영이 있다. 이것은 하나님께로부터 왔다. 그 사이에 우리들의 이성 곧 혼이 있는 것이다. 혼에는 육적 혼이 있고, 영적 혼이 있다. 육체의 이끌림을 따라 살 것인가, 영의 이끌림을 따라 살 것인가? 항상 이것이 우리들의 문제이다.

오직 선악과만이 보암직도 하고, 먹음직도 했던 것은 아니었다. 동산의 모든 나무들과 그 실과들이 보암직도 하고, 먹음직도 했던 것이다. 그러나 사탄은 성도에게 하나님께서 허락하신 많은 것들을 보지 못하게 하고, 하나님께서 허락지 않은 것에 대한 욕심을 갖게 함으로써 하나님께 대한 순종과 사랑을 버리게 만드는 것이다.

하나님은 선악과를 먹으면 반드시 죽는다고 하셨고, 아담과 하와는 선악과를 먹었다.

작지만 강력한 힘
- 메모

작지만 강력한 힘
– 메모

전도팀을 훈련하며 현장 전도에 나갔을 때, 나는 ○○○ 권사님과 함께 전도를 하며 버스 정류장에 있는 남자분을 전도하였다. 남자분은 처음엔 무관심했지만 나중엔 마음을 열고 교회 오시겠다고 하자 권사님은 폰을 꺼내며 전화번호를 알려 달라고 했고, 그 남자분은 친절하게 연락처를 알려 주었다. 그 찰나에 기다리고 있던 버스가 오자 권사님은 "감사합니다. 이번 주일에 꼭 만납시다. 연락드리겠습니다" 하며 인사하셨고, 그때 핸드폰이 딱 닫혀 버렸다. 그 당시 권사님은 폴더폰을 쓰고 계셨다. 저장도 하지 않은 상태라, 전화번호는 그대로 사라져 버렸다.

우리는 스마트폰이 생활에 많은 부분들을 차지하고 있어서 전도할 때 역시도 가장 먼저 스마트폰을 꺼내서 전화번호를 저장하거나, 메모하거나, 교회를 검색해서 보여 주곤 한다. 그러나 이번 코칭 주제처럼 메모가 얼마나 중요한지를 한번 생각해 보고자 한다. 단순히 전화번호만 기록하는 것이 아니라 전도 대상자의 핵심 정보들을 기록해 두자. 잘 쓴 메모 하나가 추후에 전도할 때 큰 도움이 될 것이다.

첫 번째, 메모의 기술은 적극적으로 의식하며 메모해야 한다.

전도 대상자와 대화를 나누며 어떠한 정보를 얻었다고 해도 필요할 때 사용하지 못하면 그 정보는 아무 쓸모없다. "그러고 보니 그런 말을 들어본 것 같아요…"와 같은 상태라면 결과적으로 듣지 않은 것과 마찬가지다. 정보란 필요할 때 언제든 꺼내 쓸 수 있어야 하며 이 점이 무엇보다 중요하다.

두 번째, 메모의 기술은 듣고 있는 내용과 연관된 자신만의 경험을 함께 메모한다.

예를 들면 전도 대상자들을 통해 들은 이야기가 "예전에 교회를 다녔는데 지금은 안 다니고 있어요"라고 한다면, '예전에 나도 예수님을 믿지 않았던 경험'이나 '교회는 다녔지만 예수님을 만나지 못했던' 자신의 경험을 토대로 메모하면 이해가 쉽다. 인상착의, 가족사항, 신앙배경 등 순간순간 얻은 정보들을 메모해 놓고 숙지한 다음 전도 대상자를 만났을 때 그러한 정보들을 연결하면 대화하는 데 큰 도움이 되며 자연스레 복음으로 연결할 수 있을 것이다.

세 번째 메모의 기술, 메모에 구조를 갖추면 이해가 쉽다.

1. 함께 간 사람은 누구인가? ○○○권사님과 함께
2. 어느 장소에서 전도를 했는가? ○○시장에서 전도를 했는데 대체적으로 장사가 잘되지 않아서 손님은 많이 없음
3. 어떻게 전도를 시도했는가? 테이블을 설치하고 건강차 전도를 하였다.

4. 결과 − 반응은 어떠했는가? 커피는 안 마시는데 몸에 좋은 건강차를 소개하고 드리니 다들 좋아하셨다.

5. 전도하면서 느낀 점은?

   − 방앗간 사장님: "내 얼굴 보이소! 내가 착하게 생겼나!" 거칠었지만 그럴 만한 이유가 있어 보임. 다음번에 물건을 좀 팔아 줘야겠다는 생각을 함

   − 족발집 사장님: 얘기를 나누다 보니 같은 고향 사람이라 마음이 열림, 교회 한 번 오시기로 함

   − 식당 사장님 1: 손님이 많이 없어서 다음 점심 때 밥 먹으러 가면서 얘기를 해 봐야겠음

   − 식당 사장님 2: 60대 중반, 오시는 단골손님들이 있어서 바빠 보였지만 복음 전할 수 있도록 좋은 관계 형성 필요

   − 마트 사장님: 30대 초반, 교회를 다녔지만 바빠서 교회 못 가고 있다고 함, 가족 모두 교회 다님

   − 식육점 사장님: 50대 중반, 불교를 믿지만 잘 가지 않음. 아침에 ○○산에 오전 5시 30분에 매일 등산, 남편과 사이가 안 좋음. 교회에 관심을 보이기 시작함, 좋은 관계가 형성됨. 계속 가도 될 것 같음

   − 생선집 사장님: 믿다가 낙심한 분, 교회에 대한 상처, 불만이 있음. 기도해 드리고 왔음

효과적으로 전도하기 위해서는 계속 끊임없이 기도하고 생각해야 한다. 이때 머릿속에 떠오르는 생각들을 발전시키려면 결국 쓰는 것밖에 없다. 종이에 생각을 써 내려 가면 복잡하던 머릿속이 점점 명쾌해진다. 마음에 담지 말고 메모로 끄집어내야 한다.

전도할 때 무슨 말을 어떻게 해야 할지 모를 때도 전도 내용을 메모하고 기록해 보라. 원활한 커뮤니케이션이 가능해질 것이다. 뿐만 아니라 다음 번에 전도 대상자를 만났을 때, 나누었던 대화의 정보들을 기억하고 있을 때 우리는 끊어지지 않는 대화로 효과적인 전도를 할 수 있을 것이다.

지식을 무기로 만드는 것이 바로 메모의 기술이다.

아담과 하와(창3:1-21)

인간은 혼자서는 완전할 수 없다. 그렇다면 왜 하나님은 처음부터 아담과 하와를 함께 지으시지 않으셨을까? 그것은 아담에게 누군가 자기와 함께 있을 사람이 필요하다는 것을 인식시키기 위함이었을 것이다. 여러분은 여러분의 배우자를 얼마나 소중히 여기는가? 아담은 모든 동물들에게 적절한 이름을 지어 줄 만큼 지혜로웠다. 아담은 모든 동물들의 이름이 하나도 중복되지 않게 지을 만큼의 기억력을 가지고 있었다. 이것은 우리를 매우 놀라게 한다. 우리는 종종 돌 몽둥이를 휘두르며 긴 머리카락을 가진 여자를 데리고 다니는 원시인들의 모습을 보아 왔다. 하지만 이것은 잘못된 상상이다. 초창기 인류는 우리보다 훨씬 더 지적 능력을 갖추고 있었다.

또한 이들은 우리들보다 훨씬 강한 체력을 가지고 있었다. 사람들이 죄를 지은 후로 유전자에 변화를 일으켜서 사람들의 생명은 급격히 줄어들게 되었다. 오늘날도 사람들은 인체에 해로운 것들이라고 보고된 것들만 즐겨 먹으려 하지 않는가? 초창기의 인류는 900여 세까지 살았다. 하지만 오늘날 그렇게 사는 사람들이 어디 있는가?

남녀 간의 관계에 대해서도 하나님은 한마디로 규정을 지어 주셨다. 아내는 남편의 예속물이 아니다. 반쪽이다. 또한 아내의 직무는 남편을 돕는 일이지 남편을 다스리는 일은 아니다. 여자는 남자의 옆구리에서 취하였다. 머리에서 취하지 않았으니 여자가 남자 머리 위로 올라가려 하면 안 된다. 발에서 취하지도 않았으니 남자는 여자를 발밑에 깔고 올라가려 하면 안 된다. 옆구리에서 취했으니 남자와 여자는 동등한 인격을 소유하고 있으며, 서로에게 서로가 있을 때에만이 온전케 되는 것이다.

여자라는 이름도 역시 아담이 지었다. 히브리어로 '여자'라는 단어는 '남자'라는 말과 아주 유사하다. 남자는 'ish'이며, 여자는 'ishshah'이다. 하나님은 남자를 먼저 지으시고, 여자를 나중에 지으셔서 남자에게 이끌어 오셨다. 남자는 언제나 능동적(aggressive)이며 여자는 그에 대한 반응을 나타내는 피동적 존재이다. 그래서 사실 아내가 남편에게 행하는 것들은 대부분 아내에게 행한 남편의 행위의 그림자이기도 한 것이다.

결혼을 한 남자는 이제 더 이상 아버지와 어머니의 다스림을 받는 자리에 있지 않고, 아내에 대한 책임을 감당해야 할 자리에 있다는 뜻이다. 그리피스 토마스 박사(Dr. Griffith Thomas)는 창세기 3장을 성경의 축(軸)이라고 불렀다. 창세기 1장과 2장에서 우리는 무죄한 인간을 볼 수 있다. 세상은 모든 것이 완벽했고, 하나님과 인간의 아름다운 사귐이 나타나 있었다. 하지만 4장 이하에서 우리는 참담한 인간의 실상을 보게 되는 것이다. 질투와 살인, 거짓말, 사악, 퇴폐, 반역과 심판으로 가득 차 있다. 도대체 이것들이 어디서부터 온 것일까? 그 해답이 3장에 있는 것이다. 창세기 3장에서 우리는 인간의 타락을 보게 된다.

무인불승(無忍不勝)
- 인내 없는 승리는 없다

무인불승(無忍不勝)
– 인내 없는 승리는 없다

없을 무(無), 참을 인(忍), 아니 부(不), 이길 승(勝), '무인불승'이란 인내 없는 승리는 없다는 뜻이다. 이것은 전도에도 그대로 적용된다. 전도는 씨를 뿌리는 것과 같다. 씨를 뿌린다고 바로 열매가 맺히는 것이 아니듯 땅에 뿌리를 내리고 자라나는 시간이 필요하다. 사람도 성장의 시기가 각각 다르다. 사람마다 다양한 상황과 배경이 있다. 그래서 이 전도 방법만이 정답이라고 말할 수 없는 이유도 바로 이것이다. 전도자가 이것을 알고 출발한다면 당장 열매가 맺히지 않는다고 쉽게 실망하지는 않을 것이다.

연세가 지긋하신 어느 권사님이 계셨다. 그분은 1년 동안에 100명을 전도하여 '전도왕'이 되었다. 그 권사님이 전도를 잘할 수 있는 비결은 무엇일까? 권사님은 우선 전도를 계획하면서 철저하게 전도 대상자를 찾았다. 대상자를 찾으면 그를 위해 오랫동안 기도했다. 때로는 금식하며 기도했다. 그런 다음 전도 대상자의 집으로 찾아가서 복음을 전했는데, 이렇게 철저한 기도의 뒷받침이 된 전도는 많은 열매를 거둘 수 있게 되었다.

한번은 오랫동안 기도하고 전도 대상자를 찾아가게 되었다. "계십니까? 저는 ○○교회에서 왔습니다. 예수 믿고 천당 갑시다" 권사님의 전도 내용은 이렇게 간단했다. 그 전도 대상자의 대답 역시 간단했다. "나는 교회에 안 가요!" 이 대답을 들은 권사님은 아주 밝은 표정과 따뜻한 말씨로 "아! 그러세요. 그럼 안녕히 계십시오" 하고 돌아오게 되었다. 그러고는 한 주 후에 다시 그 집을 방문했다. 권사님은 역시 "계십니까? 예수 믿고 천당 갑시다" 했더니, 그 전도 대상자는 지난번보다 더 언성을 높이며 "교회 안 간다는데 왜 왔어?"라고 하는 것이다. 그래도 권사님은 아주 밝은 표정으로 "아! 그래요. 안녕히 계십시오. 하고 인사한 후 돌아왔다.

권사님은 전도 대상자를 위해 집중적으로 기도했다. 그리고 일주일 후에 다시 방문하게 되었다. "계십니까? 예수 믿고 천당 갑시다" 이때 안에서 사람이 나오더니 경상도 사투리로 "저 할마시 교회 안 간다는데 왜 또 왔어?" 하면서 얼굴에 침을 뱉고는 들어가 버리는 것이다. 정말 기가 막힌 일이 벌어지고 말았다. 그런데도 권사님은 "아! 그래요" 하면서 친절히 인사하고 손수건으로 얼굴을 닦으면서 돌아왔다.

사실 권사님은 속이 많이 상했지만 자신에게 침 뱉은 그 사람을 불쌍히 여기며 그를 위하여 더욱 기도했다. 기도하는 중에 주님이 조롱당하시고 얼굴에 침 뱉음을 당하신 장면이 떠올랐다. 거기서 큰 위로를 얻게 되었다. 다시 용기를 낸 권사님은 간절히 기도한 후 다시 그 전도 대상자의 집을 찾아갔다. "계십니까? 예수 믿고 천당 갑시다" 그 집주인이 나와 보니 지난번 자기가 얼굴에 침을 뱉은 그분이었다. 다시는 오지 않을 것으로 생각했을 뿐만 아니라 조금은 미안한 생각이 들어서 이렇게 말했다. "지난번 일은 너무 죄송해요. 제가 화가 나서 그랬는데 잘못했어요. 제가 미안해서 이번만 교회 가 줄 테니 다시는 저희 집에 찾아오지 마세요" 이 말을 들은 권사님은 너무 기쁘고 감사하여 "아 그러지요" 하고 돌아왔다.

결국 그분은 교회에 첫걸음을 내딛게 되었다. 놀라운 것은 처음 교회 온 그날 목사님의 설교를 통해서 큰 감동을 받았고 예수 믿기로 결단했다. 할머니 권사님에게 너무 미안해서 한 번만 인사차 오겠다던 그분의 발걸음은 계속되었다. 더욱 감사한 것은 그가 확신에 찬 마음으로 교회에 오게 되면서, 그 주변의 많은 사람들을 전도하게 되었다는 사실이다.

참으로 감동적인 전도 이야기이다. 여기서 우리는 "그 권사님의 인내가 참 대단하시다"라는 생각과 더불어 과연 전도는 놀라운 능력임을 깨닫게 된다. 이처럼 전도에는 인내의 과정이 필요하다. 그러나 인내로 한 영혼을 얻을 수 있다면 그보다 보람되고 가치 있는 일은 없을 것이다.

전도는 끝까지 포기하지 말아야 한다. 죽는 순간까지도 포기하지 말고 복음을 전하고 최선을 다해야 한다. 한 영혼을 전도하면 그 영혼이 또 다른 영혼을 또 전도하고, 계속해서 영혼의 열매들이 맺히게 될 것이다. 열매가 설익었을 때 따면 맛이 없다. 쓸모도 없다. 이렇듯 전도의 열매가 잘 맺힐 때까지 기다려야 한다. 하나님께서 가장 좋은 때에 열매를 딸 수 있게 할 것이다. 포기하지 말고 계속해서 복음을 전하자. 분명 좋은 결실이 있을 것이다.

니고데모(요3:1-15)

니고데모는 개인적으로 매우 부자였을 것이다. 왜냐하면 요한복음 19장에서 예수님의 시신을 장사지낼 때에 그는 아리마대 요셉과 함께 아주 값비싼 향유를 가지고 왔던 것을 통해서 알 수 있는 것이다. 게다가 니고데모는 진리를 알고자 하는 열심을 갖춘 사람이었다. 흥미로운 것은 니고데모가 밤중에 예수님을 찾아온 사실에 대해서 완전히 상반되는 신학자들의 의견이 있다는 것이다.

많은 사람들이 니고데모가 사람들의 눈을 피해서 밤중에 예수님을 찾아왔다고 생각하고 있다. 그러나 어떤 분들은 니고데모가 사람들이 전혀 예수님께 몰려들지 않는 밤중을 택한 것이 예수님과 보다 깊은 대화를 나누고 싶었기 때문이었다고 한다. 그것이 어느 쪽이든 한 가지 분명한 것은 니고데모가 그 마음에 진리를 알고자 하는 심한 갈증을 가지고 있었다는 사실이다. 예수님은 이것을 귀히 보시는 것이다.

요한복음 3장 2절에 이렇게 되어 있다. "그가 밤에 예수께 와서 이르되 랍비여 우리가 당신은 하나님께로부터 오신 선생인 줄 아나이다 하나님이 함께 하시지 아니하시면 당신이 행하시는 이 표적을 아무도 할 수 없음이니이다"

니고데모가 "우리가"라고 했을 때, 그것은 바리새인들을 지칭하는 것이다. 그는 먼저 한 사람의 바리새인으로 예수님께 온 것이다. 바리새인들은 예수님을 하나님께로부터 오신 한 분의 선생님으로 알았다. 오늘날도 예수님께 이런 태도를 취하는 사람들이 많다. 그들은 예수님을 구주로 믿지 않는다. 그가 행하신 표적들도 믿지 않는다. 다만 좋은 선생님이라고 생각한다. 하지만 여기에서 보듯이 예수님 당시에는 심지어 예수님의 대적들이라도 예수님의 행하신 기적은 믿었다.

다음 절인 요한복음 3장 3절에는 예수님이 니고데모의 말을 가로막고 계신 것을 볼 수 있다. "예수께서 대답하여 이르시되 진실로 진실로 네게 이르노니 사람이 거듭나지 아니하면 하나님의 나라를 볼 수 없느니라"

니고데모는 나름대로 한참 예수님을 칭찬하면서 예수님의 마음을 좀 사보려고 애쓰고 있는 것이다. 그런데 예수님은 불시에 그의 말을 가로막으시면서 "본론으로 들어가자"라고 말씀하시는 것이다. 예수님은 니고데모가 외적으로 단순히 기적을 좇는 무리들과 같이 되지 말고 하나님의 나라의 진면모를 볼 수 있기를 원하셨다. 그러려면 거듭나야 한다는 것이다.

예수님이 "You must be born again"이라고 하셨을 때, "again"이라는 단

어는 헬라어로 '아노덴; Anothen'이다. 이는 'From above' 즉 '위로부터'라는 의미를 가지고 있는 것이다. 그러니까 예수님의 말씀은 육신적인 출생으로는 안 되고 하나님께로부터 다시금 태어나야 한다는 것을 말씀하신 것이다. 그러나 니고데모는 이것을 이해하지 못했다. 그는 오직 눈에 보이는 이 세상, 즉 육신적으로 태어난 일생에 관한 것밖에는 몰랐던 것이다. 그래서 이렇게 묻는다.

요한복음 3:4-5

4. 니고데모가 이르되 사람이 늙으면 어떻게 날 수 있사옵나이까 두 번째 모태에 들어갔다가 날 수 있사옵나이까

5. 예수께서 대답하시되 진실로 진실로 네게 이르노니 사람이 물과 성령으로 나지 아니하면 하나님의 나라에 들어갈 수 없느니라

많은 경우 여기 "물과 성령으로 거듭난다"는 것을 '물세례와 성령 세례'를 받아야 한다는 것으로 이해한다. 그러나 예수님은 여기에서 물세례의 예식을 의미하시는 것이 아니다. 세례는 우리를 구원할 수 없다. 다만 예수님은 과연 사람이 어떻게 위로부터 다시 태어날 수 있는가를 설명하고 계신 것이다.

그다음 예수님은 성령의 역사에 대하여 의문을 제기할 필요가 없음을 선언한다.

요한복음 3:7-8

7. 내가 네게 거듭나야 하겠다 하는 말을 놀랍게 여기지 말라

8. 바람이 임의로 불매 네가 그 소리는 들어도 어디서 와서 어디로 가는지 알지 못하나니 성령으로 난 사람도 다 그러하니라

바람은 임의로 분다. 오늘날의 첨단 과학으로도 그 바람의 방향을 임의로 바꿀 수는 없다. 여름철이 되면 어김없이 태풍들이 몇 번씩 일어난다. 또한 바람은 눈에 보이지 않지만 우리는 바람이 부는 것을 알 수 있다. 왜냐하면 나뭇잎이 흔들리는 것이 증거하고 있다. 성령의 사역도 마찬가지이다. 우리는 이 성령의 역사가 어떻게 해서 우리를 변화시키는지 알지 못한다. 하지만 우리는 우리 주변에서 새롭게 된 많은 사람들을 통하여 역사하고 계시는 성령님의 일하심을 볼 수 있다.

우리는 여기에서 니고데모가 보여 주는 태도를 본받아야 한다. 그가 처음 예수님께 왔을 때에는 바리새인으로서의 가면을 쓰고 왔다. "우리가…"라고 하면서 바리새인들의 입장을 대변하고 있었다. 예수님은 "사람이 거듭나야 하리라"라는 말씀으로 그의 가면을 벗겨 내셨다. 그러나 "사람이 늙으면 어떻게 날 수 있사옵나이까"라는 질문으로 그는 아직 율법사로서의 가면을 쓰고 있었다. 그러나 예수님은 "거듭난다고 하는 것이 그런 율법적이고 인간적인 일이 아니라, 성령의 일이라는 것"을 말씀을 하심으로써 그의 율법사로서의 가면도 벗겨 내셨다.

이제 니고데모의 본성이 나온다. 그 가면들의 뒤에는 어린아이같이 순

진한 한 사람이 서 있었다. 그는 더 이상 바리새인도 아니었고, 율법사도 아니었다. 다만 진리를 탐구하고자 하는 한 순진한 어린아이였다. 바로 이것이 예수님께서 원하시는 우리들의 모습이다.

이제 니고데모는 완전히 어린아이처럼 묻는다.

요한복음 3:9-10

9. 니고데모가 대답하여 이르되 어찌 그러한 일이 있을 수 있나이까

10. 예수께서 그에게 대답하여 이르시되 너는 이스라엘의 선생으로서 이러한 것들을 알지 못하느냐

요한복음 3:11-13

11. 진실로 진실로 네게 이르노니 우리는 아는 것을 말하고 본 것을 증언하노라 그러나 너희가 우리의 증언을 받지 아니하는도다

12. 내가 땅의 일을 말하여도 너희가 믿지 아니하거든 하물며 하늘의 일을 말하면 어떻게 믿겠느냐

13. 하늘에서 내려온 자 곧 인자 외에는 하늘에 올라간 자가 없느니라

여기에서 예수님은 아주 중요한 힌트를 주고 계신다. 예수님은 하늘에서 오셨다. 그리고 예수님의 사역 때까지 아직 아무도 하늘에 들어가지 못했다. 엘리야는 어디로 갔는가? 에녹은 어디로 갔을까? 그들은 모두 아브라함의 품, 혹은 낙원이라고 불리는 곳으로 간 것이다. 그러나 예수님이 부활하셨을 때 음부에 내려가셔서 거기 갇힌 자들을 모두 이끌고 천국

으로 가신 것이다. 그 이후로부터 비로소 천국에 대한 증거들이 성경에 등장하기 시작하는 것이다.

하지만 예수님이 이 지상에 계신 그때까지는 아무도 천국에 가 보지 못했다. 이어서 예수님은 성경 전체를 통해서 우리가 가장 친밀해하는 말씀을 니고데모에게 주셨다.

요한복음 3:16
하나님이 세상을 이처럼 사랑하사 독생자를 주셨으니 이는 그를 믿는 자마다 멸망하지 않고 영생을 얻게 하려 하심이라

요한복음 3장의 열쇠가 되는 두 구절이 있다. 그것은 "사람이 거듭나야 하리라"와 "인자가 들려야 하리라"이다. 이 두 구절이 어떻게 연관이 있을까? 예수님의 십자가가 없이는 사람의 거듭남은 없다. 이 위대한 일이 이루어진 동기는 오직 '사랑'이다. 하나님의 사랑이 이 일을 가능하게 했다.

전도를 포기하게
만드는 유혹 1

- 돌발상황

전도자 코칭 노트 워크북
Evangelist coaching note work book

전도를 포기하게 만드는 유혹
– 돌발상황

우리가 전도를 포기하게 하는 감정의 유혹에 빠지지 않기 위해서는 그 것이 무엇인지에 대해 알아 둘 필요가 있다. 전도를 포기하게 만드는 원 인으로는 다음의 세 가지 이유가 있다.

1. 예외(돌발 상황)
2. 불안('거절하면 어떡하지?'라는 생각)
3. 슬럼프(열매가 맺히지 않을 때)

이 중 한 가지라도 이기지 못한다면 그 사람은 앞으로 나아가지 못하고 제자리걸음만 하게 된다.

1. 예외

우리가 매일 아침마다 달리기를 하기로 결심했다고 치자. 평상시보다 이른 시간에 일어나서 준비 운동을 하고 달리기를 시작했다. 물론 쉬운 일은 아니었겠지만 상쾌한 공기를 마시며 운동하고 나니 몸도 마음도 가볍고 기분도 좋아졌다. 이렇듯 매일 아침 달리기가 순조롭게 진행되는가 싶더니 머지않아 아침에 비가 내렸다. 모처럼 익숙해진 습관도 이 예외의 상황 때문에 갈등을 하게 되고 좌절되는 순간이다. 비뿐만 아니라 오랜만에 운동을 하니 근육통까지 생겨 이참에 오늘 하루만 쉬자, 라는 그럴듯한 변명으로 운동을 포기하게 만든다.

이처럼 우리가 처음 전도를 시작할 때, 이제 나도 복음 전하며 살아야지 결단하고 전도팀 모임에 나오기 시작했다. '주님의 지상명령이니 내가 전도를 해야지 쉬고 있으면 안 되지' 하는 마음으로 시작했는데, 어느 날 비가 오고, 몸도 좋지 않고, 마침 집안에 일도 생겼다. 그럴듯한 변명을 통해 전도하지 못하는 상황이다.

그렇다면 '예외'라는 유혹은 왜 우리에게 전도를 못 하게 막을까? 그것은 '지금 이대로' 있는 것이 편하기 때문이다. '지금 이대로'라는 사단의 유혹이 더 달콤하고, 우리를 전도하지 못하게 만든다.

그런데 잘 생각해 보면 '예외'라는 유혹의 정체는 '자기 자신'이다. 물론 비가 오는 것이나, 몸이 좋지 않다는 것은 우리가 제어할 수 없는 문제이긴 하지만, 이것을 어떻게 받아들일 것인가 하는 선택권은 자신에게 있다. 어쩔 수 없다고 체념한다면 예외라는 유혹에 넘어간 것이고, 우리는 또다시 원래 상태로 돌아가 버린다.

'예외'라는 요소는 사소한 이유와 핑계를 가지고 찾아와 우리를 유혹한다. 전도 의지를 꺾으려 한다. 그렇다면 '예외'라는 유혹에 넘어가지 않을 방법이 필요하다. 다섯 가지 단계를 소개한다.

① 하고 싶은 일을 상상한다

아침에 달리기를 꾸준히 했을 때 변화된 나의 몸 상태를 상상한다. 마찬가지로 전도를 통해서 많은 사람들이 예수님을 만나서 행복해하는 모습을 상상하는 것이다. 우리 교회의 빈자리가 꽉꽉 채워지는 상상을 하는 것이다.

② 욕심 부리지 않는다

조금이라도 했으면 한 것으로 친다. 매일 아침 일찍 일어나서 운동하는 것은 쉬운 일이 아니다. 때론 밖에 나가서 달리기는 못했을지라도 집 앞마당에서 스트레칭이라도 했다면 한 것으로 치는 것이다. '그래도 아침 일찍 일어나서 조금이라도 운동했다!'며 긍정적으로 받아들이는 것이다. 전도할 때 역시 복음을 못 전할 수도 있고, 예비된 영혼을 못 만날 수도 있다. '그래도 오늘 전도하러 나갔다'며 순종한 내 자신을 칭찬하는 것이다.

③ 할 수밖에 없는 상황을 만든다(enclosure)

인클로저(enclosure)라는 것은 근대 영국에서 행해진 농업의 방법으로 '둘러치기'라고도 한다. 즉, 할 수밖에 없는 상황으로 자신을 몰아넣는 것이다.

예를 들면 헬스장에서 퍼스널트레이닝(PT)을 받기 위해서 회비를 내고 트레이너의 지도를 받으면, 빠지고 싶어도 돈이 아까워서 못 빠지듯이 우리 자신을 그런 상황으로 몰아넣는 것이다. 전도를 할 수밖에 없는 상황을 만드는 것이다. 하나님의 크신 은혜를 받아서, 사명을 받아서, 하나님과 약속을 해서 등 전도를 할 수밖에 없는 상황을 만드는 것이다.

④ 항상 대안을 준비한다

'플랜 B'라는 말을 들어보았을 것이다. 처음 세운 계획이 실패했을 때를 대비해 준비해 두는 대체 수단이다. 아침에 달리기를 하려는데 비가 내릴 경우에는 '헬스장에 가서 런닝머신을 뛴다' '집 안에서 스트레칭을 한다'는 플랜 B를 미리 정해서 비가 오니 쉬겠다는 변명을 미연에 방지하는 것이다.

전도하러 가는 날, 비가 오거나 컨디션이 안 좋거나 집에 일이 생겼을 때 등 전도 못 나갈 상황이 생기면 우리는 플랜 B를 가동하는 것이다. 비가 오는 날에는 병원전도를 가겠다, 컨디션이 안 좋은 날에는 전도팀 모임에 가서 열심히 기도하겠다, 집에 일이 생겼을 시 급한 일이 아니라면 전도를 우선적으로 하거나, 집안일을 처리하고 근처에서 전도를 하겠다는 플랜 B로 전환함으로써 '예외'라는 공격을 비켜갈 수 있는 것이다.

⑤ 하고 싶게끔 만든다

기분에 강하게 영향을 끼치는 것이 현재 처해 있는 환경이다. 도서관에 가면 책을 읽고 싶은 이유는 도서관이라는 환경이 책을 읽고 싶게끔 만들기 때문이다. 헬스장에 가면 운동을 하고 싶게끔 만드는 이유도 환경이다. 즉 그것을 하고 싶은 기분이 나게끔 일부러 환경을 만든다는 것이다. 자신이 처해 있는 환경을 바꿔서 하고 싶은 기분이 들게 하고, 계획한 행동을 계속하게 만드는 것이다.

그래서 교회의 영적 분위기, 전도팀의 영적 분위기는 너무나 중요하다. 내가 환경에 따른 기분의 변화를 정확하게 파악할 필요가 있다. 개인전도가 힘들다면 전도팀에 합류해서 짝전도에 힘을 쏟고, 관계전도가 힘들다면 노방전도를 하는 등 전도를 하고 싶게끔 만드는 환경을 만들어야 한다.

간음하다 잡힌 여자(요8:1-11)

모든 사람들이 자기 집으로 돌아갔는데 예수님은 감람산으로 가셨다. 예수님이 예루살렘에 들어오셨을 때, 예루살렘에서 밤을 보내신 적은 없다. 예수님은 항상 감람산으로 올라가셔서 겟세마네라는 곳에서 밤을 보내곤 하셨다. 의심의 여지없이 제자들과 함께 거기서 교제하시고 기도하셨을 것이다.

이때로부터 6개월여 후에도 예수님은 유월절 명절 때에 바로 이곳 겟세마네에 오르셨고 거기에서 체포되셨다. 가룟 유다는 예수님이 이곳에 제자들과 함께 올라가시는 것이 습관이라는 것을 알았고 그래서 예수님을 체포하려는 사람들을 그곳으로 데려왔던 것이다.

다음 날 날이 밝자 사람들은 명절이 끝난 후의 일상으로 돌아갔다. 사람들은 다시금 일상적인 제사를 위하여 성전을 찾아왔다. 그리고 예수님은 그곳에 모인 사람들을 가르치기 시작하셨다.

요한복음 8:2

아침에 다시 성전으로 들어오시니 백성이 다 나아오는지라 앉으사 그들을 가르치시더니

바로 전날, 명절 끝날에는 예수님이 '서서' 외치셨다. 그러나 다음 날에는 예수님이 앉으셨다. 다시금 랍비의 자리로 돌아오신 것이다. 선지자들이 하나님의 특별한 메시지를 전할 때, 또한 전령이 왕의 특별한 메시지를 가져올 때, 그들은 서서 외친다. 그리고 백성들은 엎드려 듣는다. 그러나 랍비들이 가르칠 때에는 앉아서 가르친다. 백성들은 서서 듣는다.

요한복음 8:3-6

3. 서기관들과 바리새인들이 음행 중에 잡힌 여자를 끌고 와서 가운데 세우고
4. 예수께 말하되 선생이여 이 여자가 간음하다가 현장에서 잡혔나이다
5. 모세는 율법에 이러한 여자를 돌로 치라 명하였거니와 선생은 어떻게 말하겠나이까
6. 그들이 이렇게 말함은 고발할 조건을 얻고자 하여 예수를 시험함이러라 예수께서 몸을 굽히사 손가락으로 땅에 쓰시니

아직 이른 아침이다. 서기관들과 바리새인들이 간음 중에 현장에서 잡힌 여자를 끌고 왔다. 물론 이 여인은 어떤 남자와 밤을 함께 보냈을 것이다. 이 사람들이 법 집행에 관심이 있는 것이 아니었다는 것을 우리는 당장 알 수 있다. 이들은 남자가 돌아가기를 기다렸다가 여자만 잡아 온 것이다.

요한은 요한복음 1장에서 율법은 모세로부터 왔고, 은혜와 진리는 예수 그리스도로 말미암아 왔다고 했다. 사람들은 예수님이 은혜와 진리로 충만한 분이심을 알고 있었다. 그래서 그 점을 들어 예수님을 딜레마에 빠뜨리려 했던 것이다. 만일 예수님이 이 여인을 살려 두라고 하신다면 그것은 모세의 율법을 정면으로 거역하는 일이 될 것이다.

　반대 측면도 생각해야 한다. 만약 예수님이 그녀를 죽이라 하신다면 "죄를 사하는 권세가 자신에게 있다"고 하신 예수님은 일종의 사기죄를 저지르는 것이 될 것이다. 결국 예수님은 돌에 맞게 될 것이다. 그런데 여기 더 심각한 문제가 있다. 로마 사람들은 유대인들에게서 돌로 사람을 쳐서 죽이는 소위 처형에 관한 결정을 내릴 권세를 유대인들에게서 빼앗아 갔다. 오직 로마의 법정에서만 어떤 사람에게 사형의 판결을 내릴 수 있는 것이다. 그러니 예수님이 그녀를 돌로 치라고 하신다면 그것은 곧장 로마의 법에 도전하는 일로 해석될 수 있는 것이다. 얼마나 교묘히 예수님을 함정에 빠뜨리려 했던 것인가?
　바로 이때, 예수님은 허리를 숙이시고 땅에 뭔가를 쓰기 시작하셨다. 한 가지 고대 필사본 중에 여기에 덧붙여진 구절이 있었다. "as though He heard them not" 다시 말해서 마치 아무 소리도 듣지 못하신 것처럼 행동하셨다는 것이다. 예수님은 그들을 거의 무시하고 계신다.

　예수님이 땅에 뭔가를 쓰실 때까지도 사람들은 계속 묻기를 마지않았다. 사람들은 예수님을 기막힌 딜레마에 빠뜨렸다고 믿고 있었고, 예수님을 빠져나갈 수 없게 밀어붙이려 했을 것이다.

요한복음 8:7

그들이 묻기를 마지아니하는지라 이에 일어나 이르시되 너희 중에 죄 없는 자
가 먼저 돌로 치라 하시고

아무도 이런 말씀이 예수님이 입에서 나올 것이라고 생각지 못했을 것
이다. "죄 없는 자"란 물론 일생동안 한 번도 죄를 짓지 않은 사람을 일컫
는 것이다. 누가 있겠는가?

요한복음 8:8

다시 몸을 굽혀 손가락으로 땅에 쓰시니

여기에서 땅에 '쓰셨다'는 단어가 헬라어에서 'kato graphin'이다. 여기
서 'kato'라는 단어는 'to cast down', 즉 '낙담시킨다' 혹은 이 용어가 법정
에서 쓰여질 때에는 '패소시킨다'라는 의미를 가지고 있다. 구체적으로 예
수님이 무엇을 거기에 쓰셨는지는 모르지만 여하튼 그곳에 쓰인 글들이
이 법정에 모인 사람들을 완전히 패소시킨 것이다. 그래서 우리들은 아
마도 이 글들이 거기에 모인 사람들의 죄를 낱낱이 기록하신 것일 거라고
생각하고 있다. 예수님이 "누구든지 죄 없는 자가 먼저 돌로 치라"고 하셨
으니까. 결국 사람들은 이 핑계, 저 핑계 대면서 돌을 놓고 돌아갔다. 예수
님이 이기신 것이다.

요한복음 8:9

그들이 이 말씀을 듣고 양심에 가책을 느껴 어른으로 시작하여 젊은이까지 하

나씩 하나씩 나가고 오직 예수와 그 가운데 섰는데 여자만 남았더라

여기 예수님의 말씀과 땅에 쓰인 글들이 합해서 그들에게 가책을 가져왔다.

요한복음 8:10-11

10. 예수께서 일어나사 여자 외에 아무도 없는 것을 보시고 이르시되 여자여 너를 고발하던 그들이 어디 있느냐 너를 정죄한 자가 없느냐

11. 대답하되 주여 없나이다 예수께서 이르시되 나도 너를 정죄하지 아니하노니 가서 다시는 죄를 범하지 말라 하시니라

이 말씀이 우리에게 보여 주는 것이 무엇인가? 그곳에 죄가 전혀 없는 분은 오직 예수님 한 분뿐이셨다는 것이다. 다시 말해서 그곳에 그녀를 향하여 돌을 던질 자격이 있으신 분은 예수님 오직 한 분뿐이셨다는 것이다. 그러나 그분은 돌을 던지는 일을 거부하고 계신 것이다. 도리어 은혜 베풀기를 기뻐하시는 것이다.

전도를 포기하게 만드는 유혹 2

- 불안

전도자 코칭 노트 워크북
Evangelist coaching note work book

전도를 포기하게 만드는 유혹
- 불안

우리가 전도를 포기하게 하는 감정의 유혹에 빠지지 않기 위해서는 그 것이 무엇인지에 대해 알아 둘 필요가 있다. 전도를 포기하게 만드는 원 인으로는 다음의 세 가지 이유가 있다.

1. 예외(돌발 상황)
2. 불안('거절하면 어떡하지?'라는 생각)
3. 슬럼프(열매가 맺히지 않을 때)

이 중 한 가지라도 이기지 못한다면 그 사람은 앞으로 나아가지 못하고 제자리걸음만 하게 된다.

2. 불안('거절하면 어떡하지?'라는 생각)

사람들은 성과가 바로 나오지 않는 행동을 싫어한다. 전도하면서 어느 정도 시간이 지나 열매가 맺힐 때도 되었는데 열매가 맺히지 않으면 이내

지치기 마련이고 의욕을 잃어버린다. 예를 들어, 보통 사람들은 5년 후 넉넉한 생활을 위해서 착실하게 저축을 하는 것보다 지금 나에게 필요한 물건을 구입하는 게 훨씬 더 매력적이라고 생각한다. 5년이라는 긴 시간을 참아야 한다는 것은 쉽지가 않다. 그러나 내가 사고 싶은 물건을 홈쇼핑에서 바로 구입하는 것만큼 매력적인 것이 없다.

'불안'이라는 유혹은 자신의 또 다른 모습이다. '내가 이렇게 노력했는데 잘 안되면 어떡하지?' '이렇게 공을 들여 열심히 기도하고 전도했는데, 교회 안 온다고 하면 어떡하지?' '오늘 전도하러 갔는데 계속 무시당하고 거절당하면 어떡하지?'라는 생각만으로도 우리는 의욕이 꺾이고 만다. 스스로 불안감을 조성해서 더 나아가지 못하고 쉽게 주저앉는 것이다.

그렇다면 '불안'이라는 유혹에 넘어가지 않을 방법이 필요하다. 네 가지 단계를 소개한다.

① 쌓이면 성과가 보이는 즐거움을 찾는다

전도는 영적인 일이라 눈에 잘 보이지 않는다. 열매가 맺히기까지는 과정과 시간이 필요하다. 그래서 우리는 전도를 지속하기 위해서 눈에 보이는 일을 만드는 것이다. 성과가 보이는 일의 경우 그 효과를 눈으로 확인할 수 있다.

전도할 때 사진을 찍고, 전도지와 용품은 무엇을 사용했으며, 결과가 어떠했는지 자료로 남기면서 지금까지 내가 전도를 얼마나 열심히 했는지 돌아보거나, 교회 홈페이지, 블로그, 페이지 등 조회수를 확인해 보면 전도 나갈 때와 나가지 않을 때의 차이도 눈으로 확인할 수 있다. 눈에 띄는 것은 좋은 자극이 될 수 있다.

② 큰 기대를 하지 않는다

전도를 하면서 믿음으로 기도하고 선포하고 열매를 바라보며 나가야 하는데, 지금 무슨 말인가? 하고 의아해할 수도 있을 것이다. 그러나 어디까지나 여기에 기록된 내용은 전도를 지속하기 위한 하나의 방법일 뿐이다.

거북이를 오래 기르는 비결을 아는가? 거북이를 오랫동안 기르는 사람은 거북이에게 큰 기대가 없다고 한다. 거북이를 집에 들여도 잠시 관심을 갖고 볼 뿐 하루의 생활은 그다지 변화가 없다. 반면 처음에는 아무 기대도 하지 않았는데 기르던 중에 흥미가 생겨서 거북이가 좋아지는 사람도 있다. 이런 경우 큰 기대를 걸지 않았기 때문에 사소한 성과에도 기쁨을 느낄 수 있는 것이다.

전도를 할 때 너무 큰 기대를 갖고 가면 실망도 크다. 자신의 행동과 성과를 비교하기 때문이다. 전도하면서 너무 큰 기대를 걸지 말고 성령의 인도하심에 맡기자. 때로는 한 명도 못 만날 수도 있고, 많이 만났지만 복음을 못 전할 수도 있다. 내가 지금 교회 홍보하는 건지, 봉사하는 건지 헷갈릴 수도 있다. 그런데 그렇게 계속해서 전도 나가다 보면 주님께서 예비한 영혼을 만나게 된다. 그때 우리는 전심을 다해 복음을 전하는 것이다. 새로운 기대를 품기도 하고, 전도 방법도 다양하게 연구하기도 한다. 그 과정은 이렇다.

성령의 능력

활발한 전도활동
새로운 전도방법 시도
좌절한 기대

③ '전도 일기'를 쓴다

효과적인 전도를 위해서 우리가 조심해야 하고, 지켜야 할 일들이 많다. 그런 까닭에 어느 정도 한계에 부딪히게 되면 '전도가 왜 이렇게 힘드냐'며 쉽게 포기해 버릴 때도 있다. 그러나 우리가 전도하는 상황들, 사소한 것이라도 전도 일기에 기록해 보자. 요즘은 SNS가 발달되어 있기에 블로그, 페이스북 같은 곳에 사진과 함께 올려놓으면 좋다. 힘들 때 이 일기를 읽으면 즐거운 기억이 되살아나 다시금 의욕이 솟아날 것이다.

④ 동역자를 만들라

전도할 때의 어려움은 누구나 다 겪는 부분이다. 그러므로 같은 마음을 품고 전도하는 동역자를 만들고 정보를 교환하며 기도 요청하고, 함께 전도 나가면서 극복해 나가는 것이 좋다. 입장을 바꿔 보면 상대방도 똑같이 느끼고 있는 셈이므로 가장 효과적인 방법으로 전환할 수 있다. 그러므로 전도 후에는 꼭 피드백을 주고받는 것이 중요하다.

이처럼 불안 요소를 발견하고, 극복하며 지속적으로 전도할 수 있는 방법을 찾게 되면 어느 정도 속력이 붙은 자전거처럼 힘껏 페달을 밟지 않아도 앞으로 나아갈 수 있게 된다. 물론 계속해서 페달을 밟지 않으면 금방 속도가 떨어지겠지만, 멈춰 있는 상태에서 페달을 밟기 시작하는 것에 비하면 쉬운 일이다.

지나친 걱정은 전도를 시작하는 데 필요한 자신감과 의욕을 떨어뜨리기 쉽고, 전도를 계속하는 데 심각한 영향을 미친다. 제일 중요한 원칙은 '걱정을 하지 마라!'가 아니라 '걱정을 효과적으로 해라!'라고 할 수 있다. 걱정을 생산적이고 문제해결적인 고민으로 바꾸는 습관이 필요하다. '만약 거절하면 어떡하지?'라는 걱정이 든다면, 초점을 바꿔 소망이나 문제해결 상태에 맞추는 것이다. '지금 내가 할 수 있는 것을 무엇일까?'라고 질문하고, 대답하고, 실천할 수 있는 것으로 바꾸는 것이다.

걱정은 생각을 먹고 자란다. 걱정을 멈추려 하지 마라. 걱정은 머리로 싸울수록 더 커지는 법이다. 생각이 아닌 활발한 움직임, 즉 전도활동을 통해 외부로 분산하고 전도에 더 힘을 쏟아 보자.

오병이어(눅9:12-17)

누가복음 9:12-13

12. 날이 저물어 가매 열두 사도가 나아와 여짜오되 무리를 보내어 두루 마을과 촌으로 가서 유하며 먹을 것을 얻게 하소서 우리가 있는 여기는 빈 들이니이다

13. 예수께서 이르시되 너희가 먹을 것을 주라 하시니 여짜오되 우리에게 떡 다섯 개와 물고기 두 마리밖에 없으니 이 모든 사람을 위하여 먹을 것을 사지 아니하고서는 할 수 없사옵나이다 하니

제자들의 태도를 보라. 그들은 우리 주님을 가르치려 들었다. 우리 주님은 우리들의 제안(Suggest)을 필요로 하지 않으신다. 우리에게 필요한 것은 다만 우리 주님께 순종하는 것이었다. 그들은 먼저 경제적인 조언자가 되려 한다. 그들은 갑자기 경제 전문가가 되었다. 하지만 그들의 작은 두뇌로써의 고민은 그들에게 전혀 도움이 되지 않았다.

누가복음 9:14-15

14. 이는 남자가 한 오천 명 됨이러라 제자들에게 이르시되 떼를 지어 한 오십

명씩 앉히라 하시니

15. 제자들이 이렇게 하여 다 앉힌 후

드디어 이들은 우리 주님께 복종하는 자리에 들어섰다. 이것이 바로 그들의 자리인 것이다. 이제 예수님께서 뭔가 하실 수 있게 되었다.

누가복음 9:16-17

16. 예수께서 떡 다섯 개와 물고기 두 마리를 가지사 하늘을 우러러 축사하시고 떼어 제자들에게 주어 무리에게 나누어 주게 하시니

17. 먹고 다 배불렀더라 그 남은 조각을 열두 바구니에 거두니라

마태와 마가 그리고 요한 역시 이 오병이어의 사건을 기록했다. 우리는 여기에서 우리 예수님께서 불가능한 일을 명령하시는 것을 본다. 우리들과 마찬가지로 제자들도 예수님께 이 교훈을 받아야 했다. 예수님이 이렇게 전혀 불가능해 보이는 일들을 우리에게 명령하시는 것은 일을 이루시는 분이 오직 하나님이시라는 것을 가르치기 위함이다.

전도를 포기하게 만드는 유혹 3
- 슬럼프

전도자 코칭 노트 워크북
Evangelist coaching note work book

전도를 포기하게 만드는 유혹
– 슬럼프

우리가 전도를 포기하게 하는 감정의 유혹에 빠지지 않기 위해서는 그 것이 무엇인지에 대해 알아 둘 필요가 있다. 전도를 포기하게 만드는 원 인으로는 다음의 세 가지 이유가 있다.

1. 예외(돌발 상황)
2. 불안('거절하면 어떡하지?'라는 생각)
3. 슬럼프(열매가 맺히지 않을 때)

이 중 한 가지라도 이기지 못한다면 그 사람은 앞으로 나아가지 못하고 제자리걸음만 하게 된다.

3. 슬럼프 - 아무런 열매가 없을 때

전도를 시작한 뒤 어려움이 닥치면 누구든 쉽게 포기하고 싶은 마음이 들기 마련이다. 어느 단계에 이르렀을 때 그런 시련을 겪느냐가 다를 뿐이지 흔들림을 겪지 않는 사람은 없다. 문제는 이것을 어떻게 극복하느냐다. 기도하면서 자신을 돌아보며 전도를 방해하는 요소가 무엇인지를 살펴보고, 부정적 마인드를 긍정적 마인드로 바꾸고, 불안한 마음을 믿음으로 바꾸는 것이 중요하다.

마음이 웅크려지면 자신도 모르게 걸음걸이에도 힘이 없고, 전하는 메시지도 힘을 잃게 된다. 마음이 긍정적이고, 성령충만 하면 자신도 모르게 당당해진다. 어떤 마음자세를 갖느냐가 행동에 변화를 유도하는 것이다. 전도에 있어서 성령충만은 당연한 것이기에 여기서는 영적인 것보다 방법론을 제시하겠다.

전도가 하기 싫을 때는 자신이 정한 최종 목표를 생각해야 한다. '내가 전도를 왜 하고 있는가, 내가 이렇게 흔들려서는 안 되지' 하며 자신을 돌아본다. '나는 무슨 일이 있어도 끝까지 전도하겠다'고 다짐하는 것도 좋은 방법이다.

그리고 다른 사람의 전도 방법을 흉내 내는 것도 좋은 방법이다. 혼자서는 도저히 생각할 수 없었던 방법을 터득할 수 있고, 나도 한번 시도해 봄으로써 생각지도 못한 좋은 결과를 얻을 수 있다. 마찬가지로 자신의 방법을 상대방에게 가르쳐 줌으로써 상대방으로부터 계속 전도할 수 있는 동기를 부여받게 된다.

전도를 잘할 수 있게 해 주는 마인드 컨트롤의 방법은 이렇다.

① 99%의 불가능보다 1%의 가능성을 생각하자.

② '나는 할 수 없어'라고 생각하기 보다는 '나도 할 수 있다'는 자신 감을 갖자.

③ 훈련을 적극적으로 받자.

④ 복음 제시, 영접기도, 말씀암송 등 자신감을 가질 수 있도록 준 비하자.

⑤ 규칙적으로 전도하자.

⑥ 구체적인 계획을 세우고 전도하자.

⑦ 지칠 때는 결과를 생각하면서 좀 더 인내하자.

⑧ 전도하면서 겪는 작은 실패, 거절감 등은 훗날 전도할 때 큰 도 움으로 여기자.

마인드 컨트롤 방법은 사람마다 다를 수 있다. 자신에게 도움이 되는 마 인드 컨트롤 목록을 작성해 보자.

잃은 양(눅15:3-7)

　이 비유 가운데 나오는 목자는 바로 우리의 큰 목자장이신 예수 그리스도를 의미한다. 그리고 우리는 그의 양이다. 우리는 이 비유 안에서 우선 두 가지 사실을 기억해야 한다. 백 마리의 양들 가운데 한 마리를 잃어버리고 아흔아홉 마리의 양을 가지고 있다면 퍼센트로 볼 때 그리 나쁜 성적은 아니다. 그런데 이 목자는 아흔아홉 마리만 데리고 돌아가려 하지 않는다. 그는 아흔아홉 마리의 양들을 들판에 두고 가서 그 잃은 양 한 마리를 기필코 찾아가지고 어깨에 메고 돌아왔다.

　우선 이것은 지상의 지역 교회를 상징하는 것은 아니라는 점을 우리가 이해해야 한다. 왜냐하면 지상의 교회에서 우리는 100퍼센트의 양들을 끝까지 보존할 수가 없다. 왜냐하면 양들의 성품과 성향이 지나치게 다르기 때문이다. 하나님께서 여러 가지 형태의 교회들을 주신 이유가 거기에 있다.

　그러나 우리 주님은 절대로 자신의 양들을 잃지 않는다는 것이다. 이것이 이 비유의 포인트이다. 왜냐하면 한 지역 교회만이 우리 주님의 교회가 아니기 때문이다. 우리 주변의 많은 교회들이 모두 주님의 교회인 것이다. 우리 주님은 회개하고 예수님을 구주로 영접한 변화받은 신자들을 절대로 잃지 않으신다. 반드시 100%의 양떼들을 천국의 우리로 들이시는 데 성공하실 것이다.

그런데 우리가 꼭 기억해야 할 것은 사람들이 한 성도가 다른 교회로 갔을 때에 그것을 주님 밖으로 나가 버린 것으로 간주한다는 것이다. 또한 거꾸로 말하면 한 교회를 섬기다가 떠나간 사람은 자신이 떠나온 곳을 교회로 생각지도 않는다. 그 교회를 기회 있을 때마다 비난한다. 그 이유는 첫째로 자신의 영혼 안에 있는 상처 때문이고, 둘째는 자기를 합리화시키기 위한 노력이다. 하지만 그것이 결국은 교회 안에 남은 사람이나, 떠난 사람이나 모두 치유되기 어려운 상처를 남기게 하는 것이다.

그러니까 우리 지역 교회들은 서로 다투거나 혹은 남을 비방할 필요가 없는 것이다. 그들이 성경의 건강한 교리에서 벗어난 이단적인 가르침을 가지고 있지 않는 한 우리는 모두 한 몸이라는 것을 기억해야 한다.

그래서 이웃 교회 목사님도 존경해야 한다. 혹시 이웃 교회의 어떤 목사님이 너무나 어렵고 힘들어 보이시거든 간혹 사랑으로 대접도 하고, 섬기기도 하라. 또한 이웃 교회의 성도들을 만나거든 우리 교회 형제들을 대하듯이 따뜻하게 대하라. 형제처럼 반가워하라. 그것이 우리 모든 교회의 머리가 되시는 우리 예수님을 기쁘시게 하는 일이다.

이 비유에서 목자가 잃었던 양을 찾아 어깨에 메고 돌아오는 모습을 보라. 우리는 구약의 대제사장들의 의복에서 에봇이라는 것이 있었음을 본다. 이 에봇은 어깨끈 부위에서 서로 앞뒤 판이 연결되도록 되어 있는 일종의 조끼라고 보시면 된다. 그런데 그 어깨에는 견장이 있었다. 두 개의 큰 보석으로 되어 있는 견장인데, 한 쪽에 여섯씩 이스라엘의 열두 지파의 이름들이 그 보석에 새겨져 있었다.

이것은 결국 대제사장은 하나님께로 나아갈 때, 이스라엘의 열두 지파를 그 어깨에 메고 나간다는 것을 의미하는 것이다. 이것 역시 우리 주님의 어깨를 보여 준다. 다시 말해서 예수님의 어깨 위에 한 나라가 메어져 있다는 것이다. 그 나라는 바로 하나님의 나라이다. 그리고 하나님의 나라는 우리들이다. 그러므로 예수님은 우리가 길을 잃을 때에 우리를 그 어깨에 메어서 인도해 주시는 것이다.

다스려야 할 대상
- 스트레스

전도자 코칭 노트 워크북
Evangelist coaching note work book

다스려야 할 대상
– 스트레스

우리는 전도를 하다보면 알게 모르게 많은 부분에서 스트레스를 받는다. 그 스트레스를 슬기롭게 대처해 나갈 때 우리는 정신적으로나 육체적으로 성장하게 된다.

쥐를 독 안에 넣고 캄캄하게 빛을 차단했더니 3분 안에 쥐는 죽었다. 똑같은 조건에서 한 가닥 빛을 비추어 주었더니 36시간이나 살았다. 무려 720배의 시간을 더 오래 산 것이다. 캄캄한 독 안에 있던 쥐는 왜 빨리 죽었을까? 체력을 다 소진해서 죽은 것이 아니라 절망해서 죽은 것이다. 절망은 우리의 생명을 앗아 간다. 쥐에게 독 안을 비춘 햇빛은 단순한 빛이 아니라 희망이었다.

사람들의 인생도 마찬가지다. 스트레스라는 뚜껑으로 내 인생을 비춰야 할 긍정의 햇빛을 막아 버리면 금세 좌절감이 밀려오고 우울해지며 삶의 의욕을 잃게 된다. 그 결과 부정적인 생각을 하고 그것이 말과 행동으로 나타나는 것이다.

오늘 이 시간부터 스트레스라는 뚜껑에 긍정의 구멍을 만들어 보자. 긍정의 희망 줄기를 쏘아 보자.

스트레스를 받지 않는 사람은 이 세상에 단 한 명도 없다. 사람들은 모두 저마다의 스트레스 저장 창고가 있어 매일같이 그곳에 스트레스를 쌓는다. 스트레스는 피해야 할 대상이 아니라 다스려야 할 대상이다. 평생 스트레스를 피할 수 없으니 다스려야 한다.

실제로 전도팀 안에서 스트레스를 많이 받기도 하고, 전도를 나가서 전도 대상자를 통해서도 스트레스를 많이 받는다. 말을 함부로 해서 감정의 골이 깊어지고, 그러한 감정 대립이 전도팀을 힘들게 만들고 무기력하게 만든다. 복음의 기쁨과 감격을 잃어버린다.

그래서 우리는 말을 할 때 상대의 감정 변화에 대한 민감한 관심이 있어야 한다. 상대가 오늘 기분이 어떤지, 기분이 좋지 않다면 어떤 이유 때문인지 관심을 갖는 것이 지혜로운 방법이다. 이제 전도팀 안에서 이렇게 말을 해 보자.

"집사님! 함께 해서 너무 좋습니다. 집사님만 보면 늘 힘이 납니다!"

"오늘 얼굴이 참 좋아 보이네요. 집사님은 늘 열정이 넘치는 것 같아요"

탕자(눅15:11-32)

이것은 잃어버린 두 아들의 비유이다. 왜 두 아들일까요? 집을 나간 것은 탕자 하나이지만, 집 안에 있으면서도 아버지를 이해 못하는 큰아들역시 잃어버린 바 된 아들이었다는 것을 우리가 발견할 수 있기 때문이다. 잘 아는 성경 내용이지만 성경말씀을 한 번 더 읽어 보자.

11. 또 이르시되 어떤 사람에게 두 아들이 있는데

12. 그 둘째가 아버지에게 말하되 아버지여 재산 중에서 내게 돌아올 분깃을 내게 주소서 하는지라 아버지가 그 살림을 각각 나눠 주었더니

13. 그 후 며칠이 안 되어 둘째 아들이 재물을 다 모아 가지고 먼 나라에 가 거기서 허랑방탕하여 그 재산을 낭비하더니

14. 다 없앤 후 그 나라에 크게 흉년이 들어 그가 비로소 궁핍한지라

15. 가서 그 나라 백성 중 한 사람에게 붙여 사니 그가 그를 들로 보내어 돼지를 치게 하였는데

16. 그가 돼지 먹는 쥐엄 열매로 배를 채우고자 하되 주는 자가 없는지라

17. 이에 스스로 돌이켜 이르되 내 아버지에게는 양식이 풍족한 품꾼이 얼마나 많은가 나는 여기서 주려 죽는구나

18. 내가 일어나 아버지께 가서 이르기를 아버지 내가 하늘과 아버지께 죄를 지었사오니

19. 지금부터는 아버지의 아들이라 일컬음을 감당하지 못하겠나이다 나를 품꾼의 하나로 보소서 하리라 하고

20. 이에 일어나서 아버지께로 돌아가니라 아직도 거리가 먼데 아버지가 그를 보고 측은히 여겨 달려가 목을 안고 입을 맞추니

21. 아들이 이르되 아버지 내가 하늘과 아버지께 죄를 지었사오니 지금부터는 아버지의 아들이라 일컬음을 감당하지 못하겠나이다 하나

22. 아버지는 종들에게 이르되 제일 좋은 옷을 내어다가 입히고 손에 가락지를 끼우고 발에 신을 신기라

23. 그리고 살진 송아지를 끌어다가 잡으라 우리가 먹고 즐기자

24. 이 내 아들은 죽었다가 다시 살아났으며 내가 잃었다가 다시 얻었노라 하니 그들이 즐거워하더라

25. 맏아들은 밭에 있다가 돌아와 집에 가까이 왔을 때에 풍악과 춤추는 소리를 듣고

26. 한 종을 불러 이 무슨 일인가 물은대

27. 대답하되 당신의 동생이 돌아왔으매 당신의 아버지가 건강한 그를 다시 맞아들이게 됨으로 인하여 살진 송아지를 잡았나이다 하니

28. 그가 노하여 들어가고자 하지 아니하거늘 아버지가 나와서 권한대

29. 아버지께 대답하여 이르되 내가 여러 해 아버지를 섬겨 명을 어김이 없거늘 내게는 염소 새끼라도 주어 나와 내 벗으로 즐기게 하신 일이 없더니

30. 아버지의 살림을 창녀들과 함께 삼켜 버린 이 아들이 돌아오매 이를 위하여 살진 송아지를 잡으셨나이다

31. 아버지가 이르되 얘 너는 항상 나와 함께 있으니 내 것이 다 네 것이로되

32. 이 네 동생은 죽었다가 살아났으며 내가 잃었다가 얻었기로 우리가 즐거워하고 기뻐하는 것이 마땅하다 하니라

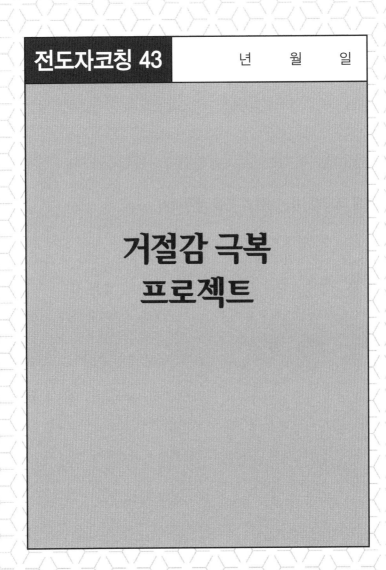

거절감 극복
프로젝트

전도자 코칭 노트 워크북
Evangelist coaching note work book

거절 대처법 (1) - 거절의 본질 파악하기

전도를 하다 보면 '거절감'에 대한 두려움이 결국 전도를 못 하게 막는 가장 큰 요인 중에 하나가 된다. 그리고 그 거절을 몇 번 겪고 나면 자신감도 사라지고, 담대함도 없어져서 그만 전도를 포기하고 만다. 그렇다면 그 거절감, 어떻게 극복할까?

가장 먼저 "거울은 먼저 웃지 않는다"의 의미를 우리가 생각해 봤으면 좋겠다. 내가 먼저 웃을 때 거울도 웃는다. 내가 찌푸리면 거울도 반드시 찌푸린다. 가만히 보면 내가 먼저 어떤 액션을 취했을 때, 이에 따라 세상의 것들도 반응하기 시작한다.

예를 들어 엘리베이터를 타는 경우, 내가 알든 모르든 먼저 인사를 하면 상대도 수줍게 인사를 하는 모습을 종종 보곤 한다. 반대로 이웃과 눈을 마주치고도 무표정한 내 태도에서는 서로 어색함만 증가할 뿐 상대가 먼저 내게 상냥하게 인사를 건네는 경우는 거의 없다.

"웃는 얼굴에 침 뱉지 못한다"는 말은 누구나일 것이다. 역시 내가 먼저 최대한 긍정적인 마인드로 상대에게 선한 영향력을 행사할 때 상대도 나와 비슷한 마음으로 반응한다는 것이다. 경직된 모습으로 상대에게 다가선다면 역시 경직됨이 되돌아올 것이고, 밝고 환한 모습과 더불어 친밀하게 다가선다면 그들 역시도 나에게 친밀하게 다가올 것이다.

자, 처음부터 잘되지 않고, 어색할 수 있겠지만 거울을 보고 활짝 웃으며 그 모습 그대로 전도 대상자에게 다가가자. 처음에는 어색하게 반응을 보일 수 있겠지만 곧 그들도 당신과 같이 활짝 웃으며 다가올 것이다.

거절 대처법 (2) - 팀 단위로 아이디어를 모으자

장애물 경주를 완주하기 위해서는 모든 장애물을 완전하게 뛰어넘어야 한다. 전도할 때도 마찬가지다. 때로는 피하는 지혜도 필요하겠지만 무조건 피한다고 해서 될 일은 아니다.

전도 대상자의 거절을 제대로 처리할 수 있다면 우리는 더 좋은 관계로 발전할 수 있을 것이다. 상대방이 타 종교이거나 교회에 대한 안 좋은 이미지를 갖고 있는 것이 거절의 형태로 나타난다. 따라서 그것에 입각해서 대처해야만 한다.

거절의 본질만 제대로 알고 있으면 전도할 때 거절감에 대한 두려움이 사라지고 의연하게 대처할 수 있을 것이다. 거절은 크게 나눠서 다음과 같은 의도를 담고 있다.

· 교회를 가지 않는 이유를 성실하게 말하고 있다.
· 교회를 가고 싶지 않은 진짜 이유를 숨기고 있다.

어느 쪽이든 지금 당장엔 교회를 가고 싶지 않다는 것이다. 적어도 거절이 나온다면 전도에 대한 관심이 첫 번째 단계로 진입했다는 증거이다. 전도자들이 전도 대상자를 만나면 그분들은 교회 갈 이유보다 교회 가지 않을 이유를 먼저 생각한다. 절대로 "당신이 말하는 것은 모든지 신뢰할 거야!" 하지는 않는다.

거절이 나온다면 질문으로 대응하면 효과적이다.

예를 들어 "다른 종교를 믿고 있어요!" 한다면 "어느 종교를 믿고 계세요?"라고 물으며 상대를 존중해 주어야 한다. 그 종교를 존중하는 게 아니라 상대방을 존중하며 궁금한 것들을 이어서 질문을 해 보자. "믿은 지 몇 년 되셨어요?" "모임에는 언제 가세요?" "믿으니까 어떤 것 같아요?"

전도하다 보면 대개 불교 신자들이 많은데 보통은 사월초파일이나 절에 가지, 평상시에 열심히 가시는 분들은 그리 많지 않았다. 또한 부모님이 불교라서 나도 불교이거나 마땅한 종교가 없어서 불교라고 둘러대는 사람들도 더러 있었다. 거절 속에 우리는 가능성을 발견할 수 있다.

거절에 대처할 때 다음의 포인트에 주의하시기 바란다.

- 거절에 당황하지 않도록 거절을 어느 정도 예측해 둔다.
- 절대로 무시하지 않는다.
- 침착하게 대응한다.
- 잘 듣고 진의를 파악한다.
- 오해를 피한다. 거절을 당신의 말로 바꿔 말함으로써 당신이 제대로 이해하고 있는지를 파악한다.
- 질문해서 문제점을 더욱 깊이 파악한다.
- 거절을 가로막지 않는다. 전도 대상자 스스로가 이야기하면서 자신의 처지가 어떤지 말하는 경우가 있다.
- 거절의 내용이 모호한 경우에는 단어를 음미하면서 문제점을 파악한다.
- 상대방의 마음을 이해하고 있다는 사실을 전한다.
- 거절에 동의할 필요는 없다. 다만 논쟁이 되지 않도록 주의한다.
- 인정할 것은 인정하고, 말할 것은 말할 줄 아는 용기를 가진다.
- 거절에 대한 겁쟁이가 되거나 기분 나빠하거나 하지 않고 건설적인 태도로 대하며 복음 전할 기회를 노린다.
- 정중하게 듣고 배려하는 마음을 잊지 않는다.
- 가만히 귀를 기울이고 핑계를 대지 않는다.

전도를 하다 보면 다양한 사람들의 다양한 거절을 경험하게 된다. 그래서 현장이 답이고 길이다. 만나는 모든 사람을 전도할 수 없으며, 모든 거절을 다 처리할 수도 없다. 다만 최선을 다하는 것이 중요하다. 적어도 전도 대상자가 나를 신뢰하게끔 거절에 대응해야 한다. 전도는 장기전이다. 공격적인 언어와 행동은 절대 해선 안 되고 지속적인 관계형성으로 복음을 전할 수 있어야 한다.

주눅 들지 않기

전도를 하다 보면 전도 대상자가 사회적 지위가 높거나 의사, 판사, 사업가 등을 만나면 주눅들 때가 있다. 전도자는 사람을 만나 가르치는 자가 아니다. 엄밀히 말하면 전도자는 때를 얻든지 못 얻든지 복음을 전파하는 자이다. 지식을 전달하는 것도 아니다. 전도 대상자를 만나서 그들의 삶을 듣고 마음이 열렸을 때 예수 그리스도를 전하는 것이다.

전도를 잘하려면 성경적 지식도 풍부하면 좋겠지만 꼭 그렇지 않아도 된다. 미리 겁부터 먹지 말기 바란다. 전도 대상자를 만나 보면 그들이 우리들을 만나는 건 단순히 성경적 지식이나 각종 은사와 능력 때문에 만나는 것이 아니다. 전도를 하기 위해서는 그렇게 많은 지식을 필요로 하지 않는다. 복음은 초등학생이 들어도 알 수 있는 것이어야 한다.

사회적 지위가 높거나 경제적으로 크게 성공한 사람들을 만났을 때도 성경지식이 중요하다고 생각하는 전도자들이 있다. 절대 그렇지 않다. 이런 분일수록 공허함을 갖는 사람이 있고, 자기의 얘기를 들어 줄 사람이 필요하다.

사람들이 인정하는 자리에 올라가기까지 얼마나 많은 우여곡절이 있었을까? 그 얘기를 우리는 먼저 들어야 한다. 대화에 공감하고 다시 질문하면서 우리는 그들의 마음을 여는 것이다. 성공한 사업가에게서 배울 수 있는 지식들이 얼마나 많이 있겠는가? 토크쇼 진행자처럼 적절하게 질문하면서 대화를 잘 이끌면 된다. 그 핵심에는 항상 예수 그리스도 복음이 있어야 한다.

그러기 위해서는 성경지식이 많아야 한다. 말을 잘해야 한다는 부담감은 버려라. 먼저 잘 들어 주면 된다. 좋은 전도자가 되기 위한 첫 걸음은 상대방의 얘기를 충분히 듣는 일이다.

한 가지 더 추가하자면, 그런 분들을 만나게 될 때 목회자와 함께 가라. 또는 전도를 잘하시는 분들을 모시고 가라. 실제 현장에서 어떻게 대화를 하고, 어떻게 복음을 전하는지 옆에서 볼 수 있다. 책에서 배우고 들어서 아는 내용과 다를 수 있다. '백문이 불여일견'이라고 했다. 지식적으로 아는 것보다 옆에서 한 번 보는 경험이 더 크게 도움이 된다.

부자와 나사로(눅16:19-31)

한쪽은 없는 것 없이 호화롭게 연락하는 사람이고, 한쪽은 상처가 벌어져서 피가 흐르고 그 상처가 덧나서 고름이 질질 흐르는 고통에 일그러진 모습이다. 우리가 늘 배워 온 대로 부자의 상에서 떨어지는 것이란 그의 손을 닦아 낸 빵 조각을 말하는 것이다. 기름진 음식을 맨손으로 먹고 그 손을 닦아 바닥에 던진 그 빵 조각이 나사로의 음식이다. 그리고 그의 벌어진 상처를 개들이 와서 핥고 있다. 인간적으로 목불인견의 참상이다. 어쩌면 이 개들이 사람들보다 더 자비로운지도 모르겠다. 나사로는 아마 이 개에 대해서는 전혀 관여치 않았을 것이다.

하지만 이제 이 거지 나사로에게 가장 축복된 시간이 왔다. 그 육체의 고통으로부터 완전히 해방되는 시간이 온 것이다. 그러나 같은 시간이 이 부자에게는 끔찍한 고통의 시작점이 되었다.

누가복음 16:22
이에 그 거지가 죽어 천사들에게 받들려 아브라함의 품에 들어가고 부자도 죽

어 장사되매

여러분이 여기 예수님의 비유를 자세히 보신다면 흥미로운 점을 하나 발견하실 것이다. 그것은 거지와 부자가 동시에 죽었는데, 거지의 장례식에 대한 언급은 전혀 없고, 부자의 경우만 장사, 즉 장례식에 대한 언급이 있다는 사실이다. 분명 이 거지는 장례 절차도 없이 그저 가마니 같은 것으로 뚤뚤 말아서 예루살렘 밖의 힌놈 골짜기 즉 끝없이 불이 타오르는 쓰레기 하치장에 던져 버렸을 것이다. 그의 시체는 완전히 불타 버리고 말았다. 하지만 부자는 그 시체를 오늘날로 말하면 장례식장에서 제대로 처리해서 입관하고 좋은 옷을 입히고 그리고 좋은 무덤에 장사를 지냈을 것이다. 글쎄, 장례비용이 얼마나 들었을까? 그러나 그것은 오직 그들이 남겨 놓은 시체에 관한 일들일 뿐이다. 그 겉옷을 벗어던진 그들 내면의 영적 존재의 길은 그 겉옷의 결말과는 완전히 다르다.

우리는 예수님의 이 비유에서 죽음이 절대 끝이 아니라는 것을 배운다.

누가복음 16:23-24

23. 그가 음부에서 고통 중에 눈을 들어 멀리 아브라함과 그의 품에 있는 나사로를 보고

24. 불러 이르되 아버지 아브라함이여 나를 긍휼히 여기사 나사로를 보내어 그 손가락 끝에 물을 찍어 내 혀를 서늘하게 하소서 내가 이 불꽃 가운데서 괴로워하나이다

여기에서 우리는 한 가지 중요한 영적인 사실을 배운다. 구약 성경에 의하면 예수님의 부활 이전에 죽은 사람은 모두다 '음부', 즉 '스올 혹은 하데스'라고 불리는 땅속의 어떤 공간으로 내려갔다. 그러나 예수님의 이 비유에서 우리는 그 '음부'가 두 개의 공간으로 나뉘어 있다는 것을 배운다. 한쪽은 불꽃 가운데에서 고통을 받고, 다른 한쪽은 아브라함의 품에서 위로를 받는 곳이었다. 우리 예수님이 죽으셨을 때에도 이 음부에 내려가셨다고 되어 있다. 예수님은 그 음부에 내려가셔서 그중 아브라함의 품에서 우리 예수님의 구속을 기다리던 사람들을 데리고 올라오셨다고 바울이 말했다.

예수님의 이 비유에서 부자는 음부의 뜨거운 불꽃 가운데 던져졌고, 나사로는 아브라함의 품에서 예수님의 부활을 기다리는 축복된 존재가 되었다. 얼마나 육체의 일과 상반되는 현실인가? 부자는 그 뜨거운 불꽃 가운데에서 아브라함을 올려다보며 나사로를 시켜 손가락 끝에 물 한 방울만 적셔서 자기 혀에 대어 달라고 간청하고 있다. 하지만 아브라함의 대답은 냉정했다.

누가복음 16:25

아브라함이 이르되 얘 너는 살았을 때에 좋은 것을 받았고 나사로는 고난을 받았으니 이것을 기억하라 이제 그는 여기서 위로를 받고 너는 괴로움을 받느니라

여기에서 우리는 죽음 이후의 사람의 현실에 대한 몇 가지 정보를 얻게 된다. 우선 부자는 이 땅에서의 자신의 삶에 대한 기억을 가지고 있었다.

성경은 진실한 우리 자신이 우리의 육체가 아니고 우리 속에 있는 영혼이라는 것을 가르친다. 육체는 다만 그 속에 있는 영혼이 어떤 존재인가를 나타내는 표현의 방편에 불과하다는 것이다. 그래서 바울은 이 육체를 '장막'이라고 비유한다. 예수님은 하늘로 가실 때에 우리를 위하여 처소를 예비하러 가신다고 하셨다. 그 처소는 바로 우리가 영원히 입게 될 우리의 새로운 육체일 것이다. 그러나 진짜 우리는 바로 우리의 육체 속에 있는 그 영혼이다. 그리고 그 영혼은 우리의 육체의 옷을 벗은 후에도 이 세상에서의 우리의 삶에 대하여 기억한다.

누가복음 16:26

그뿐 아니라 너희와 우리 사이에 큰 구렁텅이가 놓여 있어 여기서 너희에게 건너가고자 하되 갈 수 없고 거기서 우리에게 건너올 수도 없게 하였느니라

다음으로 예수님은 음부 안의 두 장소는 서로 큰 구렁텅이를 사이에 두고 있어서 양쪽으로 서로 옮겨 갈 수 없음을 보여 준다. 연옥 같은 곳은 전혀 없다. 처음부터 음부면 음부, 아브라함의 품이면 아브라함의 품, 둘 중 하나였을 뿐이다. 죽은 후에는 어떤 변화도 불가능하다.

이 부자가 기억할 수 있었던 것은 자신의 삶이 전부가 아니었다.

누가복음 16:27-28

27. 이르되 그러면 아버지여 구하노니 나사로를 내 아버지의 집에 보내소서

28. 내 형제 다섯이 있으니 그들에게 증언하게 하여 그들로 이 고통 받는 곳에

오지 않게 하소서

그는 아직도 이 땅에 살아 있었던 그의 가족들을 기억했다. 아마도 그 형제들은 자신이 살았던 것과 같은 삶을 살고 있었을 것이다. 그래서 그는 그 가족들이 자기가 온 그곳에 오지 않기를 바라고 있다. 우리는 이 부자의 마음을 읽어야 한다. 우리가 살아 있는 동안 이 이야기를 들을 수 있었다는 것이 얼마나 축복인가?

누가복음 16:29

아브라함이 이르되 그들에게 모세와 선지자들이 있으니 그들에게 들을지니라

베드로는 이렇게 말했다.

베드로후서 1:3

그의 신기한 능력으로 생명과 경건에 속한 모든 것을 우리에게 주셨으니 이는 자기의 영광과 덕으로써 우리를 부르신 이를 앎으로 말미암음이라

우리는 우리를 부르신 자를 앎으로 구원을 받는다. 그 지식은 바로 하나님께서 우리에게 이미 주신 말씀을 말미암는 것이다. 이 부자는 자신의 이 땅에 남아 있는 가족들을 걱정하고 있다. 그러나 그들에게 이미 말씀이 주어져 있다. 우리는 이 사실을 기억해야 한다.

누가복음 16:30

이르되 그렇지 아니하니이다 아버지 아브라함이여 만일 죽은 자에게서 그들에게 가는 자가 있으면 회개하리이다

하지만 이 부자는 논쟁을 걸어온다. 죽은 자 가운데서 살아오는 자가 있다면 그들이 더 잘 들을 것이라는 말이다. 그러나 아브라함의 대답은 "No"이다.

누가복음 16:31

이르되 모세와 선지자들에게 듣지 아니하면 비록 죽은 자 가운데서 살아나는 자가 있을지라도 권함을 받지 아니하리라 하였다 하시니라

예수님의 이 말씀은 실제로 나타났다. 바로 이 말씀 후에 예수님은 베다니의 나사로를 죽은 자 가운데서 살리셨다. 그러나 예수님이 그를 죽은 자 가운데서 살리심으로 인하여 바리새인들은 더욱 예수님을 죽이려 했다. 죽은 자가 다시 살아난다 하더라도 믿지 않기로 결심한 사람들의 마음은 바뀌지 않았다. 이것이 예수님의 가르치심이다. 어떤 이벤트가 있으면 여러분이 변화될 거라고 주장하지 마라. 하나님의 말씀의 가르치심 앞에서 변화되지 않는다면 어떤 기적이나 사건 혹은 충격적인 어떤 일로도 진정한 변화는 없을 것이다. 문제는 믿지 않기로 뜻을 정한 여러분 자신에게 있는 것이다.

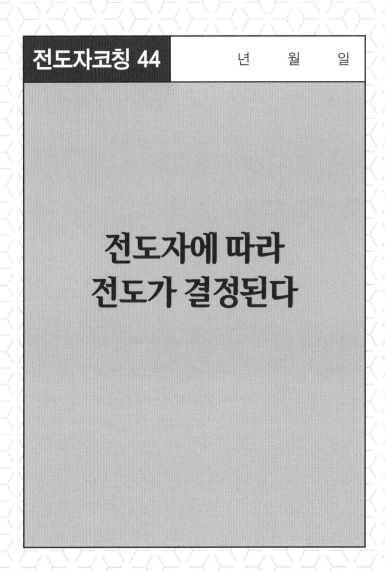

전도자코칭 44	년 월 일

전도자에 따라
전도가 결정된다

전도자 코칭 노트 워크북
Evangelist coaching note work book

전도자에 따라 전도가 결정된다

가끔씩 전화로 대출이라든지 금융, 보험 등을 판매하는 경우가 있다. 이 상품은 어떤 점이 좋고, 왜 필요한지에 대해 설명을 해 준다. 그런데 보이스 피싱이 많다 보니 아무리 좋은 상품이라도 과연 이것을 믿을 수 있을까 하는 생각이 먼저 든다.

수화기 너머로 열심히 설명을 하고, 친절하게 안내를 해도 100퍼센트 믿지는 않는다. 왜냐하면 어차피 상품을 파는 목적으로 우리를 이용하고 있으니 말이다. 요즘에는 너무나 거짓된 것이 많아서 쉽게 받아들이기 어렵다.

그런데 나는 얼마 전 보험을 통째로 ○○보험으로 옮겼다. 그 이유는 아주 간단하다. 손해가 있다는 것을 알면서도 계속 갖고 있는 것보다 옮기는 것이 나중에 유리하다는 것을, 믿을 수 있는 사람이 정확하게 설명을 해 주었기 때문이다.

마찬가지로 우리가 상품을 결정하는 데 중요한 한 가지 요인이 있다. 그 것은 바로 믿을 만한 사람이라고 생각되면 구매하게 된다. 누가 소개를 해 줬거나 내가 잘 알고 있는 사람이라면 조금 안심이 되고 물건을 의심 없이 사게 된다. 그러므로 물건을 파는 사람이 중요하다. 이 사람이 신뢰가 안 되면 물건도 믿지 못하게 된다. 물건보다 그 물건을 파는 사람이 더 중요하다는 것이다.

홈쇼핑, 인터넷 쇼핑몰에서 물건을 살 때도 마찬가지다. 물건을 보지 않은 상태에서, 그것을 구매한다는 것은 누구나 주저하게 되고 어렵다. 거짓과 사기가 많기 때문이다. 그래서 우리는 댓글을 잘 읽어 보고, 다른 사이트와도 비교를 해 본다. 그리고 물건을 파는 회사의 신뢰도를 확인하고 믿을 만한 회사라고 판단되면 물건을 구매한다. 신뢰는 요즘처럼 거짓이 많은 사회에서 최고의 재산이다. 그래서 회사는 소비자들에게 신뢰감을 심어 주려고 얼마나 노력하는지 모른다.

그렇다면 이제 우리는 전도에 대해 생각해 보자. 전도를 받아들이는 중요한 요인 중에 하나가 바로 전도자이다. 전도자가 믿을 수 없으면 그가 전하는 전도의 메시지도 믿을 수 없다. 아무리 상품이 좋아도 판매자가 믿을 수 없으면 절대 구매하지 않는다.

누가 전도하는가가 중요하다. 전도자에 따라 전도가 결정된다. 물론 가장 중요한 건 성령의 역사이다. 전도를 위해서는 우선 전도자와 대상자가 신뢰 관계를 형성해야 한다. 평소에 좋은 관계를 가지고 신뢰하는 사람이 전도한다면 상대방이 마음을 열기 쉽다. 물론 시간은 오래 걸릴 수 있다. 그러나 비록 짧은 시간이라 할지라도 전도자의 인격에서 신뢰가 느껴지면 우리가 전하는 복음에도 관심을 갖게 될 것이다.

전도는 정직하게 전해야 한다. 당장 전도가 안 되어도 정직한 전도자와 정직하게 전하는 복음은 나중에 힘을 발휘한다. 마치 정직하게 물건을 만들면 소비자는 그것을 알고, 그 회사를 믿어 주듯이 우리가 전하는 복음을 정직하게 전하고 전도자가 좋은 이미지를 주었다면 전한 복음이 언젠가는 빛을 발휘하게 될 것이다.

전도자를 통해 하나님을 보게 되고 하나님을 믿고 싶은 마음이 들게 될 것이다. 그러므로 전도자가 매우 중요하다. 신뢰할 만한 인격을 지니도록 노력하자.

바울 회심(행9:1-19)

사도행전 9:1-9

1. 사울이 주의 제자들에 대하여 여전히 위협과 살기가 등등하여 대제사장에게 가서

2. 다메섹 여러 회당에 가져갈 공문을 청하니 이는 만일 그 도를 따르는 사람을 만나면 남녀를 막론하고 결박하여 예루살렘으로 잡아오려 함이라

3. 사울이 길을 가다가 다메섹에 가까이 이르더니 홀연히 하늘로부터 빛이 그를 둘러 비추는지라

4. 땅에 엎드려져 들으매 소리가 있어 이르시되 사울아 사울아 네가 어찌하여 나를 박해하느냐 하시거늘

5. 대답하되 주여 누구시니이까 이르시되 나는 네가 박해하는 예수라

6. 너는 일어나 시내로 들어가라 네가 행할 것을 네게 이를 자가 있느니라 하시니

7. 같이 가던 사람들은 소리만 듣고 아무도 보지 못하여 말을 못하고 서 있더라

8. 사울이 땅에서 일어나 눈은 떴으나 아무것도 보지 못하고 사람의 손에 끌려 다메섹으로 들어가서

9. 사흘 동안 보지 못하고 먹지도 마시지도 아니하니라

여기에서 우리는 하나님께서 우리에게 말씀을 주실 때의 신비한 현상을 보게 된다. 하나님은 많은 사람들 가운데 특정한 사람에게만 은밀히 말씀하신다. 바울은 사흘 동안 갑자기 아무것도 보지 못하는 깊은 어두움에 사로잡혔다. 하나님은 이때, 바울로 하여금 이제까지 그가 바라보던 모든 것을 중단하고 오직 하나님만, 그리고 하나님의 조명 안에서 자신의 지난날들을 다시 바라보기를 원하신 것이다. 아마도 이 시간이 바울에게 있어서 지난날의 모든 가치관들이 송두리째 무너져 내린 그 시간이 아니었을까?

하나님은 사도행전에 들어와서 아주 다양하게 사람들을 사용하고 계신 것을 보여 주신다. 처음엔 사도들을 쓰셨다. 그들의 가르침으로 교회가 세워졌고, 그들의 손으로 민간에 많은 표적과 기사가 일어났다. 그러나 그다음엔 집사님들을 사용하셨다. 그들은 여러분과 다를 바 없는 평신도들이었다. 그러나 그들을 통하여 하나님은 우리가 상상할 수 없는 일들을 행하셨다. 그리고 오늘 본문에는 다시 다메섹의 아나니아라는 사람이 나온다. 이 사람은 사도들 중 하나도 아니었고, 또한 집사도 아니었다. 그는 다만 그리스도를 따르는 제자들 중 하나였을 뿐이다.

우리는 하나님의 역사하심의 방법이 매우 다양하다는 사실을 흥미롭게 바라본다. 맹인의 눈을 뜨게 하시는 예수님의 방법은 다 달랐다. 그렇게 하심으로써 하나님은 우리가 하나님의 역사하심을 어떤 패턴의 박스 안에 넣는 것을 금지하시는 것이다. 오늘은 처음으로 사도도 집사도 아닌 단순한 평신도이자 그리스도의 제자였던 한 사람을 사용하신다.

사도행전 9:10-13

10. 그때에 다메섹에 아나니아라 하는 제자가 있더니 주께서 환상 중에 불러 이르시되 아나니아야 하시거늘 대답하되 주여 내가 여기 있나이다 하니

11. 주께서 이르시되 일어나 직가라 하는 거리로 가서 유다의 집에서 다소 사람 사울이라 하는 사람을 찾으라 그가 기도하는 중이니라

12. 그가 아나니아라 하는 사람이 들어와서 자기에게 안수하여 다시 보게 하는 것을 보았느니라 하시거늘

13. 아나니아가 대답하되 주여 이 사람에 대하여 내가 여러 사람에게 듣사온즉 그가 예루살렘에서 주의 성도에게 적지 않은 해를 끼쳤다 하더니

예수님께서 자신이 직접 하실 수 있고, 또한 그렇게 하시는 것이 훨씬 효과적일 것이라는 생각을 갖게 하는 자리에서 한 무명의 제자를 찾으셔서 그를 사용하신다는 모습을 절대 놓쳐서는 안 된다. 아마 하나님께서 쓰실 수 있는 도구들 중에 인간이 가장 골치 아픈 도구가 아닐까? 이유도 많고 핑계도 많고 불평도 원망도 많으니까. 그러면서 순종은 정말 잘 안 한다. 아나니아도 여기에서 "주여 이 사람에 대하여 내가 여러 사람에게 듣사온즉…" 소문이 주님의 말씀보다 더 우선이 되는가? 사람들이 뭐라고 하는 것이 주님이 말씀하시는 것보다 더 신뢰가 될 수 있을까?

사도행전 9:14-15

14. 여기서도 주의 이름을 부르는 모든 사람을 결박할 권한을 대제사장들에게서 받았나이다 하거늘

15. 주께서 이르시되 가라 이 사람은 내 이름을 이방인과 임금들과 이스라엘 자

손들에게 전하기 위하여 택한 나의 그릇이라

예수님은 아나니아에게 바울에 대한 예수님의 기대를 가르쳐 주셨다. 예수님은 여기에서 바울이 3중적인 사명을 받았다는 사실을 말씀하신다. 첫째는 물론 이방인을 위한 것이다. 우리가 아는 대로 바울은 길리기아 다소 출신으로 헬라적 배경을 가진 사람이었다. 그는 나면서부터 로마의 시민권을 가지고 났다. 그러므로 그는 이방인들을 선교하기에 아주 적합한 조건을 가진 사람이었던 것이다. 둘째는 왕들을 위한 것이다.

그가 로마의 시민이라는 자격 조건이 그에게 무슨 법적인 문제가 생기면 바로 황제에게 상소할 수 있는 자격이 되었고, 그것이 결국 로마의 왕들 앞에 설 수 있는 권리를 갖게 한 것이다. 그리고 세 번째가 이스라엘 자손들 앞에 복음을 전하는 것이다. 그가 14세 되던 해에 그의 부모는 그를 예루살렘으로 유학을 보냈다. 거기 가말리엘의 문하생으로서, 그러니까 당대 최고의 학생으로서 그는 자랐던 것이다.

아마 누구든지 교회를 처음 나오는 사람에게 이런 식으로 전도를 한다면 오늘날 여러분은 아무도 얻지 못할지도 모른다.

사도행전 9:16
그가 내 이름을 위하여 얼마나 고난을 받아야 할 것을 내가 그에게 보이리라 하시니

우리는 대개 전도를 할 때, 예수를 믿으면 복을 많이 받을 것이라고 말

한다. 물론 복을 받았다. 그러나 모든 사람들이 다 같은 복을 받는 것은 아니다. 바울의 경우는 그가 예수를 믿음으로 말미암아 많은 해를 받아야 할 것이라고 하셨다.

아나니아가 이 말씀을 접했을 때, 얼마나 당황스러웠겠는지 생각해 보았는가? 지금 사울이라는 존재 자체가 엄청난 공포의 대상이고 또한 다루기 힘든 상대이다. 게다가 그런 사람에게 예수님을 믿음으로써 많은 고생을 하게 될 것이라는 소식을 전해야 한다는 것은 정말 쉽지 않은 임무이다.

사도행전 9:17

아나니아가 떠나 그 집에 들어가서 그에게 안수하여 이르되 형제 사울아 주 곧 네가 오는 길에서 나타나셨던 예수께서 나를 보내어 너로 다시 보게 하시고 성령으로 충만하게 하신다 하니

흥미로운 사실은 빌립은 이 은사를 갖지 못했었다. 그래서 베드로와 요한이 지원을 나왔었다. 그러나 여기 아나니아라는 무명의 성도는 그 은사를 갖고 있었다.

이제 사울이라는 청년의 구체적인 변화의 모습들이 묘사되고 있다.

사도행전 9:18-19

18. 즉시 사울의 눈에서 비늘 같은 것이 벗어져 다시 보게 된지라 일어나 세례를 받고

19. 음식을 먹으매 강건하여지니라 사울이 다메섹에 있는 제자들과 함께 며칠 있을새

이것은 정말 충격적인 변화이다. 며칠 전만 해도 자신이 죽이려던 사람들과 지금 그는 함께 유숙하고 있는 것이다. 그는 그들의 부류가 되었고, 또한 그들과 함께 행동하고 있다. 물론 바울은 이 순간에 자신에게 일어나고 있는 모든 일들을 다 이해하고 있었던 것은 아니었을 것이다. 그러나 그는 제자들과 함께 거하기 시작했다. 뿐만 아니라 그는 즉시 예수님에 대해서 전파하기 시작했다.

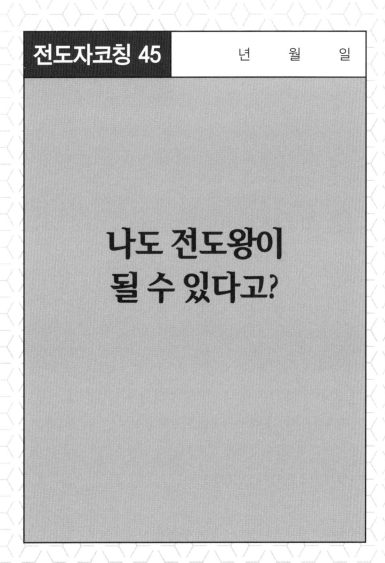

전도자코칭 45	년 월 일

나도 전도왕이
될 수 있다고?

전도자 코칭 노트 워크북
Evangelist coaching note work book

나도 전도왕이 될 수 있다

미국의 대표적인 탄산음료 시장의 강자는 코카콜라와 펩시콜라다. 코카콜라는 부동의 우위를 점하면서 전 세계 탄산음료 시장의 최강자로 자리 잡았다. 하지만 영원한 강자란 없듯 펩시콜라가 무서운 속도로 코카콜라를 위협하기 시작했다. 결국 2005년, 100년 동안 부동의 1위 자리를 고수하던 코카콜라는 펩시에 그 자리를 내주면서 녹다운되었다.

펩시콜라의 성공비결은 1등을 무작정 따라 하지 않았던 데 있다. 때로는 경쟁 상대를 비방하고 때로는 회유하면서 타사와 차별화를 꾀했다. 매일같이 변화하는 펩시콜라의 광고는 사람들을 감성적으로 파고들며 펩시의 저력을 느끼게 했다. 남들과 다른 나만의 전략을 짜야 성공할 수 있다는 사실을 단적으로 보여 준 사례이다.

지금 차분히 앉아서 자신의 장점과 단점을 떠올려 보라. 그리고 자신의 단점을 어떻게 바꾸고 싶은지, 장점을 어떻게 활용하면 전도를 잘할 수 있을지 고민해 보라.

전도에서 중요한 것은 '내가 전도 대상자에게서 믿을 수 있는 좋은 사람'이 되는 것이다. 또 한 가지 추가한다면 '필요한 사람'이 되는 것이다. 그렇게 하기 위한 첫 번째 조건이 상대의 감성을 자극하여 그의 마음을 얻는 것이다. 즉 마음을 사로잡아 전도 대상자가 나서서 나를 찾게 만들어야 한다는 의미다.

우선 우리 전도왕이라고 불리는 분 가운데 한 명을 선정하여 그를 따라 해 보자. 그의 장점과 단점이 무엇인지를 파악하고, 전도를 어떻게 하는지를 분석해 보고, 차별화된 나만의 전도 전략을 만들 수 있어야 한다. 펩시콜라가 코카콜라를 위협할 수 있었던 것도 오랜 시간 코카콜라를 분석한 후 차별화된 전략들을 사용했기 때문이다.

물론 이때 주의해야 할 점이 있다. 무조건 전도왕을 따라 하기만 해서는 안 된다는 사실이다. 전도팀이나, 전도왕들을 벤치마킹하면서 시대의 흐름과 감각을 키우고 전도 대상자들이 어떠한 부분에서 무엇을 원하는지 아는 것도 중요하지만, 새로운 전도 전략에 대한 아이디어에 대한 고민이 필요하다.

남들이 하는 것을 베끼는 데 급급하다 보면 어느 정도 수준까지는 도달할지 모르지만 언젠가는 도태될 수밖에 없고, 어려움이 닥쳤을 때 스스로 돌파할 수 있는 능력이 없어 끝내 무너질 수 있다. 교회마다 전도자들마다 환경과 상황이 다르다. 하나님께서 우리를 사용하실 때는 똑같은 방법으로 사용하시는 것이 아니라 나에게 가장 맞는 방법을 택하여 사용하신다.

자신이 원하는 것을 얻기 위해 스스로 노력하려는 의지가 없고, 오로지 남들이 하는 대로만 따라 해서는 절대 다른 사람의 마음을 움직일 수 없다. 전도왕을 보고 배울 점과 차별화할 나만의 전도 방법을 찾아보자.

어느 전도왕의 일과

① 말보다는 행동이 우선이다

전도자는 단순히 말을 잘하기보다 비언어적인 커뮤니케이션을 잘해야 한다. 화법이 그렇게 중요하지 않다는 것이다. 전도왕은 얼굴에 늘 왠지 모를 자신감과 웃음이 가득하다. 전도왕의 특징이 있다. 항상 말보다는 행동을 먼저 선택한다는 것이다.

② 점심은 전도 대상자와 함께한다

사람은 누구나 자신이 좋아하는 사람들과 식사하기를 원한다. 하지만 전도왕은 항상 점심식사를 새로운 사람들과 하는 것을 원칙으로 한다. 새로운 사람을 만나 점심을 먹으면서 이런저런 이야기를 나누다 보면 어느새 친한 친구처럼 가까운 느낌이 들게 된다. 이때 교회, 전도에 관한 이야기는 자제하고 취미, 관심사 등 가벼운 이야기로 대화를 이끌어 간다.

③ 동호회 모임에 참석한다

전도왕은 동호회 모임에 빠짐없이 참석한다. 자신과 같은 취미를 가지고 있는 동호회나 동창회 모임 등의 행사에 꾸준히 얼굴을 내비치고 열정적으로 참석한다. 이렇게 참석하면서 좀 더 다양한 커뮤니티를 형성하고 사람들과 어울리며 많은 정보를 공유하고 좋은 아이디어를 얻게 된다.

④ 밤은 나만의 전도 계획을 세우고 기도하는 시간으로 활용한다

밤은 하루의 고단함을 풀어 주는 휴식의 시간으로 잠들기 전 오늘 전도 했던 일들을 돌아보고 기도하면서 하나님이 주시는 아이디어를 구하고 영혼을 위해 기도한다. 가능하면 메모를 남겨두거나 전도 일기를 쓴다.

하나님에 대하여

요한복음 1:18

본래 하나님을 본 사람이 없으되 아버지 품 속에 있는 독생하신 하나님이 나타

내셨느니라

시편 139:7-10

7. 내가 주의 영을 떠나 어디로 가며 주의 앞에서 어디로 피하리이까

8. 내가 하늘에 올라갈지라도 거기 계시며 스올에 내 자리를 펼지라도 거기 계

시니이다

9. 내가 새벽 날개를 치며 바다 끝에 가서 거주할지라도

10. 거기서도 주의 손이 나를 인도하시며 주의 오른손이 나를 붙드시리이다

요한복음 20:27-29

27. 도마에게 이르시되 네 손가락을 이리 내밀어 내 손을 보고 네 손을 내밀어

내 옆구리에 넣어 보라 그리하여 믿음 없는 자가 되지 말고 믿는 자가 되라

28. 도마가 대답하여 이르되 나의 주님이시요 나의 하나님이시니이다

29. 예수께서 이르시되 너는 나를 본 고로 믿느냐 보지 못하고 믿는 자들은 복되도다 하시니라

시편 19:1-4

1. 하늘이 하나님의 영광을 선포하고 궁창이 그의 손으로 하신 일을 나타내는도다
2. 날은 날에게 말하고 밤은 밤에게 지식을 전하니
3. 언어도 없고 말씀도 없으며 들리는 소리도 없으나
4. 그의 소리가 온 땅에 통하고 그의 말씀이 세상 끝까지 이르도다 하나님이 해를 위하여 하늘에 장막을 베푸셨도다

시편 53:1

어리석은 자는 그의 마음에 이르기를 하나님이 없다 하도다 그들은 부패하며 가증한 악을 행함이여 선을 행하는 자가 없도다

디모데전서 2:4

하나님은 모든 사람이 구원을 받으며 진리를 아는 데에 이르기를 원하시느니라

시편 121:1-3

1. 내가 산을 향하여 눈을 들리라 나의 도움이 어디서 올까
2. 나의 도움은 천지를 지으신 여호와에게서로다
3. 여호와께서 너를 실족하지 아니하게 하시며 너를 지키시는 이가 졸지 아니하시리로다

이사야 41:10

두려워하지 말라 내가 너와 함께 함이라 놀라지 말라 나는 네 하나님이 됨이라

내가 너를 굳세게 하리라 참으로 너를 도와주리라 참으로 나의 의로운 오른손

으로 너를 붙들리라

전도팀,
아이디어를 모으자
- 브레인스토밍(brainstorming)

전도자 코칭 노트 워크북
Evangelist coaching note work book

전도팀, 아이디어를 모으자
– 브레인스토밍(brainstorming)

전도팀 안에서도 꾸준한 아이디어 회의가 필요하다. 아이디어를 모으는 방법 가운데 하나로 '브레인스토밍'이 있다. 브레인스토밍이란? 일정한 테마에 관하여 회의 형식을 채택하고, 구성원의 자유발언을 통한 아이디어의 제시를 요구하여 발상을 찾아내려는 방법이다.

원리는,
· 아이디어가 생각날 때마다 바로 발언하고 기록한다.
· 아이디어는 많을수록 좋다.
· 다른 사람의 아이디어를 비판하지 않는다.
· 자유분방한 아이디어일수록 좋다.

심리학자 테일러 등은 다섯 명이 함께 브레인스토밍을 실시했을 경우와 다섯 명이 각각 단독으로 아이디어를 생각할 경우 결과를 서로 비교했다. 그 결과 아이디어의 질과 양 두 가지 면에서 혼자 생각한 경우가 낫다는 사실을 발견했다. 이는 브레인스토밍의 효과가 높다고 알고 있는 통념을 뒤집는 결과다.

'전도축제에 열매 맺기를 위한 아이디어'라는 주제로 다섯 명이 모인다면 "강사를 좋은 분 섭외하자" "경비를 좀 줄이자" "직접 현장에서 전도할 수 있게끔 하자" 등의 누구나 알 수 있는 제안만 나오기 십상이다. 아무래도 여러 명이 모여 의견을 나누다 보면 다른 사람들의 눈치를 보게 되어 자유롭게 발언하기가 힘들기 때문이다. 다시 말해 발언에 억제가 걸린 셈인데, 이렇게 다른 사람이 신경 쓰여서 스스로 억제하는 것을 '사회적 억제'라고 한다.

모두가 모인 자리에서는 '나만 이런 바보 같은 생각을 하고 있지는 않을까?' '아무도 찬성하지 않을 거야' 같은 생각 때문에 전혀 새로운 아이디어가 떠오르지 않을 수 있다. 참신한 아이디어가 이 때문에 빛을 못 본 경우가 많다.

이러한 단점을 해결하기 위해서는 처음부터 모든 사람이 머리를 맞대고 '브레인스토밍'을 하기보다는, 먼저 주제에 대해 각자 생각하는 것이 좋다. 그러고 나서 다음 날 다시 모여 아이디어를 발표한다. 이렇게 하면 개인도 충분히 생각할 시간을 갖고 자기 의견에 확신을 갖게 되어 자유롭게 발언한다. 결국 질 높은 아이디어를 얻을 수 있다.

Tip 처음에는 각자 생각을 하고, 그다음에 다시 모여 의견을 나누는 것이 효과적이다.

예수님에 대하여

요한복음 14:6

예수께서 이르시되 내가 곧 길이요 진리요 생명이니 나로 말미암지 않고는 아버지께로 올 자가 없느니라

요한일서 5:11-13

11. 또 증거는 이것이니 하나님이 우리에게 영생을 주신 것과 이 생명이 그의 아들 안에 있는 그것이니라

12. 아들이 있는 자에게는 생명이 있고 하나님의 아들이 없는 자에게는 생명이 없느니라

13. 내가 하나님의 아들의 이름을 믿는 너희에게 이것을 쓰는 것은 너희로 하여금 너희에게 영생이 있음을 알게 하려 함이라

요한복음 10:28-29

28. 내가 그들에게 영생을 주노니 영원히 멸망하지 아니할 것이요 또 그들을 내 손에서 빼앗을 자가 없느니라

29. 그들을 주신 내 아버지는 만물보다 크시매 아무도 아버지 손에서 빼앗을 수 없느니라

베드로후서 1:16

우리 주 예수 그리스도의 능력과 강림하심을 너희에게 알게 한 것이 교묘히 만든 이야기를 따른 것이 아니요 우리는 그의 크신 위엄을 친히 본 자라

고린도전서 15:3-8

3. 내가 받은 것을 먼저 너희에게 전하였노니 이는 성경대로 그리스도께서 우리 죄를 위하여 죽으시고

4. 장사 지낸 바 되셨다가 성경대로 사흘 만에 다시 살아나사

5. 게바에게 보이시고 후에 열두 제자에게와

6. 그 후에 오백여 형제에게 일시에 보이셨나니 그 중에 지금까지 대다수는 살아 있고 어떤 사람은 잠들었으며

7. 그 후에 야고보에게 보이셨으며 그 후에 모든 사도에게와

8. 맨 나중에 만삭되지 못하여 난 자 같은 내게도 보이셨느니라

빌립보서 2:5-11

5. 너희 안에 이 마음을 품으라 곧 그리스도 예수의 마음이니

6. 그는 근본 하나님의 본체시나 하나님과 동등됨을 취할 것으로 여기지 아니하시고

7. 오히려 자기를 비워 종의 형체를 가지사 사람들과 같이 되셨고

8. 사람의 모양으로 나타나사 자기를 낮추시고 죽기까지 복종하셨으니 곧 십자

가에 죽으심이라

9. 이러므로 하나님이 그를 지극히 높여 모든 이름 위에 뛰어난 이름을 주사

10. 하늘에 있는 자들과 땅에 있는 자들과 땅 아래에 있는 자들로 모든 무릎을 예수의 이름에 꿇게 하시고

11. 모든 입으로 예수 그리스도를 주라 시인하여 하나님 아버지께 영광을 돌리게 하셨느니라

팀 조직의 중요성

전도자 코칭 노트 워크북
Evangelist coaching note work book

팀 조직의 중요성

혼자 하는 개인전도도 중요하지만 교회는 팀을 이루어서 조직을 세우며, 지속적으로 전도를 할 수 있어야 한다. 사람이 개인으로 일할 때와 집단으로 일할 때 그 모습은 어떠할까? 우리는 이 특성을 이해하고 전도팀의 조직을 세워 나가야 할 것이다.

사람은 집단으로 일할 때 태만해지는 경향이 있다고 한다. 특히 구성원별로 역할이 명확히 구분되지 않을 경우 그런 경향이 더욱 강해진다고 한다. 전도팀을 세워 놓고 조직에 따른 역할 분담이 명확해야 한다는 것이다.

줄다리기 실험이 이 사실을 증명해 준다. 혼자서 줄을 당길 때와 각각 2, 3, 8명이 줄을 당길 때 힘을 비교했는데, 혼자서 당길 때 힘을 100으로 한다면 2인 그룹일 때 1인당 힘은 93이었고, 3인 그룹일 때는 85, 8인 그룹일 때는 절반 이하인 49로 나타났다.

사람의 수가 많을수록 한 사람의 힘은 현저히 약해짐을 알 수 있다. 이는 집단을 이루는 순간 개인의 책임이 분산된다고 생각하기 때문이다.

또 다른 연구자는 집단으로 소리를 지르는 콘테스트를 통해 동일한 현상을 발견했다. 이 실험에서 6인 그룹의 목소리는 혼자일 때에 비해 20~30퍼센트 정도 약해졌다.

물론 함께하면 적은 힘으로 많은 일을 할 수 있겠지만 자칫 팀 안의 조직에 있어서 역할 분담이 명확하게 이루어지지 않으면 개인은 태만해지며 그 전도팀은 무기력해질 수 있다.

이 현상은 심리학자 링겔만이 발견해서 '링겔만 효과'라고도 하며, '사회적 태만'이라고도 한다. 자기 혼자라면 젖 먹던 힘까지 다해 줄을 당기지만, 집단을 이루는 순간 '나 혼자일 때만큼 힘들지 않아도 다른 사람이 잘해 줄 테니 괜찮다'라는 마음 때문에 태만해진다.

예를 들어 전도팀에서, 전도자별로 전도목표를 명확하게 정했다면 개개인의 성적이 눈에 보이기 때문에 필사적으로 전도를 한다. 그러나 전도팀원이 20명이라 가정한다면, 5명씩 네 팀으로 나누어 한 팀에 몇 명씩 목표를 세운다면, 결과는 눈에 띄게 적을 것이다.

성경에 대하여

고린도전서 1:18

십자가의 도가 멸망하는 자들에게는 미련한 것이요 구원을 받는 우리에게는 하나님의 능력이라

히브리서 4:12-13

12. 하나님의 말씀은 살아 있고 활력이 있어 좌우에 날선 어떤 검보다도 예리하여 혼과 영과 및 관절과 골수를 찔러 쪼개기까지 하며 또 마음의 생각과 뜻을 판단하나니

13. 지으신 것이 하나도 그 앞에 나타나지 않음이 없고 우리의 결산을 받으실 이의 눈 앞에 만물이 벌거벗은 것 같이 드러나느니라

디모데후서 3:15-17

15. 또 어려서부터 성경을 알았나니 성경은 능히 너로 하여금 그리스도 예수 안에 있는 믿음으로 말미암아 구원에 이르는 지혜가 있게 하느니라

16. 모든 성경은 하나님의 감동으로 된 것으로 교훈과 책망과 바르게 함과 의로

교육하기에 유익하니

17. 이는 하나님의 사람으로 온전하게 하며 모든 선한 일을 행할 능력을 갖추게

하려 함이라

전도자코칭 48	년 월 일

전도자 네트워킹
(Networking)

전도자 네트워킹(Networking)

전도는 혼자 할 수도 있고, 혼자 할 수 있어야만 한다. 그러나 혼자의 일이 아니다. 이걸 깨닫지 못하면 전도에 실패할 수밖에 없다. 전도는 믿음의 동역자가 필요하고, 교회 간의 긴밀한 협력이 필요하다. 어떤 사람은 씨를 뿌리는 역할을 하고 어떤 사람은 심는 일을 한다. 또 어떤 사람은 거두기도 한다. 그러나 이런 과정들은 결코 혼자 할 수 없다. 한 영혼이 하나님께로 돌아오기 위해서는 수많은 사람들의 동역이 필요하다.

자녀양육을 생각하면 쉽게 이해할 수 있다. 자녀는 아빠나 엄마 혼자 키울 수 없다. 학교를 보내서 선생님들의 돌봄이 필요하고, 친구들과의 관계, 친척들과의 관계도 중요하다. 적어도 한 아이가 성인으로 성장해서 자립하기까지는 수많은 사람들의 도움이 필요하다. 이처럼 어린 영혼을 전도해서 성장시키기까지는 보이지 않는 많은 동역자들이 필요한 것이다.

이런 동역자 의식을 갖게 되면 전도가 훨씬 쉬워진다. 그리고 동역자 의식이 있는 교회 간의 긴밀한 협력이 필요하다. 교회 간의 네트워킹을 통해 전도용품, 전도 방법, 전도 장소, 전도 대상 등을 공유하면서 전도 장소와 시간 겹쳐서 불편함을 주지 않도록 하며, 전도 대상자들도 공유하면서 최고의 전도 전략을 세운다.

그리고 개척교회(미자립교회)라면 전도축제, 교회 행사 계획하는 게 쉬운 일은 아니다. 그럴 땐 서로 행사에 참여하면서 힘을 실어 준다. 사실 빈자리만 채워도 큰 힘이 된다. 교회 간의 협력하는 아름다운 모습들이 주변 사람들에게 좋은 이미지를 심어 줄 수 있다. 이것이 바로 주님이 원하시는 모습 아닐까.

지금 교회에 다니고 있는 사람들도 알고 보면 이전에 누군가에게서 복음을 들었던 사람들이다. 전도는 개인이나 교회를 위한 전도가 아니라 하나님 나라를 위한 전도이다. 한 영혼이 전도되어 예수님을 믿고 어느 교회에 정착하든 중요한 건 예수 믿고 구원받는 것 아닌가.

이것만 기억하면 전도하면서 실족하거나 그만두는 일은 없을 것이다. 열심히 전도를 할 것이다. 그리고 때가 되면 하나님께서 열매 맺게 하실 것이다. 전도의 열매가 나에게만 맺혀야 한다는 생각 때문에 전도가 어렵게 다가온 것은 아닌지 생각해 보라. 전도는 하나님 나라를 위한 것이다.

죄에 대하여

로마서 3:23-24

23. 모든 사람이 죄를 범하였으매 하나님의 영광에 이르지 못하더니

24. 그리스도 예수 안에 있는 속량으로 말미암아 하나님의 은혜로 값없이 의롭다 하심을 얻은 자 되었느니라

전도서 7:20

선을 행하고 전혀 죄를 범하지 아니하는 의인은 세상에 없기 때문이로다

요한복음 16:8-9

8. 그가 와서 죄에 대하여, 의에 대하여, 심판에 대하여 세상을 책망하시리라

9. 죄에 대하여라 함은 그들이 나를 믿지 아니함이요

요한일서 3:4

죄를 짓는 자마다 불법을 행하나니 죄는 불법이라

야고보서 4:17

그러므로 사람이 선을 행할 줄 알고도 행하지 아니하면 죄니라

로마서 3:10-12

10. 기록된 바 의인은 없나니 하나도 없으며

11. 깨닫는 자도 없고 하나님을 찾는 자도 없고

12. 다 치우쳐 함께 무익하게 되고 선을 행하는 자는 없나니 하나도 없도다

예레미야 17:9-11

9. 만물보다 거짓되고 심히 부패한 것은 마음이라 누가 능히 이를 알리요마는

10. 나 여호와는 심장을 살피며 폐부를 시험하고 각각 그의 행위와 그의 행실대로 보응하나니

11. 불의로 치부하는 자는 자고새가 낳지 아니한 알을 품음 같아서 그의 중년에 그것이 떠나겠고 마침내 어리석은 자가 되리라

로마서 6:23

죄의 삯은 사망이요 하나님의 은사는 그리스도 예수 우리 주 안에 있는 영생이니라

히브리서 9:27

한번 죽는 것은 사람에게 정해진 것이요 그 후에는 심판이 있으리니

요한계시록 20:12-15

12. 또 내가 보니 죽은 자들이 큰 자나 작은 자나 그 보좌 앞에 서 있는데 책들이 펴 있고 또 다른 책이 펴졌으니 곧 생명책이라 죽은 자들이 자기 행위를 따라 책들에 기록된 대로 심판을 받으니

13. 바다가 그 가운데에서 죽은 자들을 내주고 또 사망과 음부도 그 가운데에서 죽은 자들을 내주매 각 사람이 자기의 행위대로 심판을 받고

14. 사망과 음부도 불못에 던져지니 이것은 둘째 사망 곧 불못이라

15. 누구든지 생명책에 기록되지 못한 자는 불못에 던져지더라

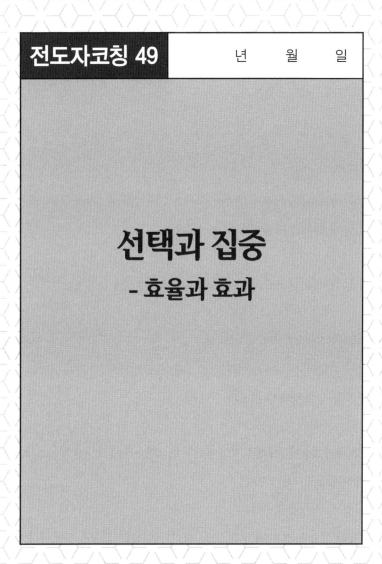

전도자코칭 49	년 월 일

선택과 집중

- 효율과 효과

전도자 코칭 노트 워크북
Evangelist coaching note work book

선택과 집중
- 효율과 효과

현대경영학의 창시자로 평가받는 피터 드러커(Peter Ferdinand Drucker)는 '효율과 효과'에 관해 이렇게 정의했다.

"효율이란 일을 제대로 하는 것이고 효과란 올바른 일을 하는 것이다"

효과를 설명하면서 말한 '올바른'이라는 단어에 주목할 필요가 있다. 모든 일이 아니라 올바른 일이라고 강조했다. 드러커의 명언에 빗대어 전도를 다음과 같이 정의해 보겠다.

"전도에서 효율이란 동일한 시간 속에서 더 많은 사람을 만나는 것이고, 효과란 적합한 사람을 만나는 것이다"

적합한 사람은 예비된 영혼 또는 태신자(믿음으로 작정하여 마음에 품고 돌보는 전도 대상자)라고 말할 수 있다. 이것이야말로 첫 번째 전도를 잘하는 비결이다. 전도하다가 지쳐 포기하시는 분들을 보면 효율만 생각한 나머지 누구라도 만나 보려고 한다. 물론 그 마음도 귀하다. 우리는 사람을 가려서도 안 되기 때문이다. 그러나 열매를 맺기 위해서는 '선택과 집중'이 반드시 필요하다. 그래야 재방문해야 할지, 연락을 계속해야 할지 등 계획을 세울 수 있기 때문이다.

전도자는 무조건 많은 사람을 만나야 한다는 압박감이 있다. 그러나 때로는 좋은 관계가 형성된 분, 가능성이 있는 분들에게 집중할 필요가 있다. 우리가 만나는 모든 사람에게 복음을 전파해야 한다. 그러나 우리가 진짜 집중해야 할 영혼이 있다면 놓치지 말아야 한다. 스스로에게 질문을 해 보라. 지금 만나야 할 영혼, 집중해야 할 영혼은 누구인지?

구원에 대하여

요한복음 10:10

도둑이 오는 것은 도둑질하고 죽이고 멸망시키려는 것뿐이요 내가 온 것은 양으로 생명을 얻게 하고 더 풍성히 얻게 하려는 것이라

요한복음 1:29

이튿날 요한이 예수께서 자기에게 나아오심을 보고 이르되 보라 세상 죄를 지고 가는 하나님의 어린 양이로다

이사야 53:4-6

4. 그는 실로 우리의 질고를 지고 우리의 슬픔을 당하였거늘 우리는 생각하기를 그는 징벌을 받아 하나님께 맞으며 고난을 당한다 하였노라

5. 그가 찔림은 우리의 허물 때문이요 그가 상함은 우리의 죄악 때문이라 그가 징계를 받으므로 우리는 평화를 누리고 그가 채찍에 맞으므로 우리는 나음을 받았도다

6. 우리는 다 양 같아서 그릇 행하여 각기 제 길로 갔거늘 여호와께서는 우리 모

두의 죄악을 그에게 담당시키셨도다

로마서 5:6-8

6. 우리가 아직 연약할 때에 기약대로 그리스도께서 경건하지 않은 자를 위하여 죽으셨도다

7. 의인을 위하여 죽는 자가 쉽지 않고 선인을 위하여 용감히 죽는 자가 혹 있거니와

8. 우리가 아직 죄인 되었을 때에 그리스도께서 우리를 위하여 죽으심으로 하나님께서 우리에 대한 자기의 사랑을 확증하셨느니라

베드로전서 2:24-25

24. 친히 나무에 달려 그 몸으로 우리 죄를 담당하셨으니 이는 우리로 죄에 대하여 죽고 의에 대하여 살게 하려 하심이라 그가 채찍에 맞음으로 너희는 나음을 얻었나니

25. 너희가 전에는 양과 같이 길을 잃었더니 이제는 너희 영혼의 목자와 감독 되신 이에게 돌아왔느니라

고린도후서 5:21

하나님이 죄를 알지도 못하신 이를 우리를 대신하여 죄로 삼으신 것은 우리로 하여금 그 안에서 하나님의 의가 되게 하려 하심이라

베드로전서 3:18

그리스도께서도 단번에 죄를 위하여 죽으사 의인으로서 불의한 자를 대신하셨

으니 이는 우리를 하나님 앞으로 인도하려 하심이라 육체로는 죽임을 당하시고 영으로는 살리심을 받으셨으니

로마서 4:25
예수는 우리가 범죄한 것 때문에 내줌이 되고 또한 우리를 의롭다 하시기 위하여 살아나셨느니라

로마서 5:9-11
9. 그러면 이제 우리가 그의 피로 말미암아 의롭다 하심을 받았으니 더욱 그로 말미암아 진노하심에서 구원을 받을 것이니

10. 곧 우리가 원수 되었을 때에 그의 아들의 죽으심으로 말미암아 하나님과 화목하게 되었은즉 화목하게 된 자로서는 더욱 그의 살아나심으로 말미암아 구원을 받을 것이니라

11. 그뿐 아니라 이제 우리로 화목하게 하신 우리 주 예수 그리스도로 말미암아 하나님 안에서 또한 즐거워하느니라

로마서 5:18-19
18. 그런즉 한 범죄로 많은 사람이 정죄에 이른 것 같이 한 의로운 행위로 말미암아 많은 사람이 의롭다 하심을 받아 생명에 이르렀느니라

19. 한 사람이 순종하지 아니함으로 많은 사람이 죄인 된 것 같이 한 사람이 순종하심으로 많은 사람이 의인이 되리라

히브리서 10:19-20

19. 그러므로 형제들아 우리가 예수의 피를 힘입어 성소에 들어갈 담력을 얻었나니

20. 그 길은 우리를 위하여 휘장 가운데로 열어 놓으신 새로운 살 길이요 휘장은 곧 그의 육체니라

고린도전서 15:3-4

3. 내가 받은 것을 먼저 너희에게 전하였노니 이는 성경대로 그리스도께서 우리 죄를 위하여 죽으시고

4. 장사 지낸 바 되셨다가 성경대로 사흘 만에 다시 살아나사

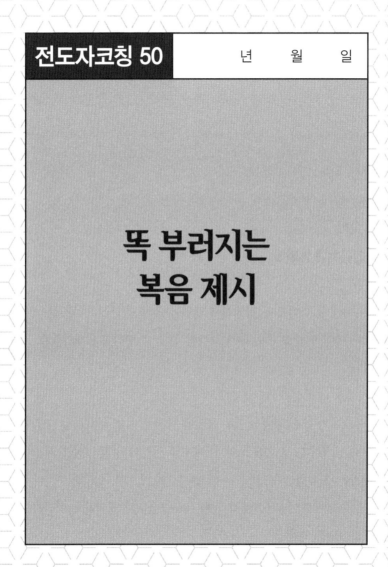

전도자코칭 50 　　　년　　　월　　　일

똑 부러지는
복음 제시

전도자 코칭 노트 워크북
Evangelist coaching note work book

똑 부러지는 복음 제시

복음 제시를 잘하고 싶다면 다음 3대 핵심 원칙만 기억하자.

1. 간결하게 말하라

복음 내용을 조리 있게 정리해서 말했는지, 필요 없는 이야기를 하고 있는 것은 아닌지 한 번쯤 생각해 보아야 한다. 간결하게 말하는 데도 원칙이 있다.

그렇다면 뺄 것이 없다는 것은 무엇을 말하는가. 복음 내용을 수집할 때에는 모든 것이 다 중요해 보인다. 하지만 시간이 정해져 있기 때문에 모든 내용을 다 말할 수는 없다. 따라서 시간에 맞추어 꼭 알려 주어야 하는 내용만 추려야 한다. 평소 복음 전할 내용들을 일목요연하게 정리하는 습관을 들이도록 하자.

2. 듣고 싶은 이야기에서 필요한 이야기로

복음 메시지를 전하기 위해서 내가 하고 싶은 이야기를 먼저 하는 것이 아니라 상대방이 듣고 싶어 하는 이야기를 먼저 해 주는 것이다. 상대가 듣고 싶은 이야기를 듣게 되면 상대방이 도중에 딴생각을 하거나 관심을 잃지 않게 될 것이다.

3. 알기 쉽게 전달하라

복음 메시지의 핵심 사항은 어려운 이야기를 알기 쉽게 전달하는 데 있다. 쉽고 재미나게 말하되 예를 들어서 설명하는 것이 좋다. 대상자에 맞추어 예를 들면 아주 쉽게 상대방을 이해시킬 수 있다. 여기서 주의할 점은 예를 들 때는 의미가 맞아야 하며, 동감을 끌어낼 수 있는 것이어야 한다.

그리고 반드시 예상 질문을 파악해서 그 답을 준비하고, 그 답 또한 정확하게 전달할 수 있어야 한다.

믿음에 대하여

사도행전 4:12

다른 이로써는 구원을 받을 수 없나니 천하 사람 중에 구원을 받을 만한 다른 이름을 우리에게 주신 일이 없음이라 하였더라

요한복음 14:6

예수께서 이르시되 내가 곧 길이요 진리요 생명이니 나로 말미암지 않고는 아버지께로 올 자가 없느니라

마가복음 13:21-23

21. 그때에 어떤 사람이 너희에게 말하되 보라 그리스도가 여기 있다 보라 저기 있다 하여도 믿지 말라
22. 거짓 그리스도들과 거짓 선지자들이 일어나서 이적과 기사를 행하여 할 수만 있으면 택하신 자들을 미혹하려 하리라
23. 너희는 삼가라 내가 모든 일을 너희에게 미리 말하였노라

고린도후서 11:13-15

13. 그런 사람들은 거짓 사도요 속이는 일꾼이니 자기를 그리스도의 사도로 가장하는 자들이니라

14. 이것은 이상한 일이 아니니라 사탄도 자기를 광명의 천사로 가장하나니

15. 그러므로 사탄의 일꾼들도 자기를 의의 일꾼으로 가장하는 것이 또한 대단한 일이 아니니라 그들의 마지막은 그 행위대로 되리라

히브리서 9:27

한번 죽는 것은 사람에게 정해진 것이요 그 후에는 심판이 있으리니

결신으로의
초대 기술
- 말하는 속도

결신으로의 초대 기술
- 말하는 속도

일반적인 얘기를 나눈 후 복음 제시까지 하고 나서 가장 중요한 영접기도가 남았다. 전도 대상자에게 강력하게 영접기도를 하게 하려면, 말하는 속도도 중요하다.

심리학자 후지하라 다케히로는 어떤 주제어를 정한 뒤 말하는 속도에 따른 반응들을 실험을 했다.

① Fast: 평균보다 빠른 속도로 반대 의견을 들려준다.
② Medium: 평균 속도로 반대 의견을 들려준다.
③ Slow: 평균보다 느린 속도로 반대 의견을 들려준다.

당시 테이프로 들은 실험 대상자들은 다시 설문에 대한 생각을 말하고, 동시에 테이프의 목소리에 호감을 느끼거나 신뢰할 수 있는지 여부 등 '전달하는 사람의 인상'에 관한 항목도 평가했다.

그 결과 이 실험에서 테이프에서 들리는 목소리만으로 말하는 사람에 대한 인상을 평가한 결과, Slow 조건이 Midium 조건보다 '신뢰할 수 있다'는 의견이 많았다. 말하는 속도를 천천히 조절함으로써 상대가 그 이야기를 주의해서 듣고, 그렇게 함으로써 신뢰감을 얻은 것이다.

여기서 우리는 빠른 속도로 말하거나 보통 어조로 말하는 것보다는 천천히, 느린 어조로 말하는 것이 상대방을 쉽고 강한 인상을 남길 수 있음을 알 수 있다. 그 외에 Fast 조건은 다른 두 가지 조건보다 '과격하다', '활동적이다', '적극적이다', '강하다'고 인식했다.

이 결과를 참고한다면, 전도 대상자들에게 복음을 전하고 영접기도 할 때 복음 내용과 기도 내용을 충분히 이해시키려면 느린 어조로 말하고, 만약 내용보다는 전도자인 '나'에 대한 인상을 강하게 남기고 싶다면 빠르고 적극적인 어조가 가장 적절하다.

> **Tip** 전도 전략에 따라 말하는 속도를 조절하라. 처음 전도 나가서 '나'에 대해서 강한 인상을 남기고 싶을 때는 빠른 어조로, 복음 제시나 영접기도 할 때는 느린 어조로 말하는 것이 좋다.

믿음으로 얻어지는 결과들

마태복음 16:15-16

15. 이르시되 너희는 나를 누구라 하느냐

16. 시몬 베드로가 대답하여 이르되 주는 그리스도시요 살아 계신 하나님의 아들이시니이다

로마서 10:9-10

9. 네가 만일 네 입으로 예수를 주로 시인하며 또 하나님께서 그를 죽은 자 가운데서 살리신 것을 네 마음에 믿으면 구원을 받으리라

10. 사람이 마음으로 믿어 의에 이르고 입으로 시인하여 구원에 이르느니라

요한복음 1:12-13

12. 영접하는 자 곧 그 이름을 믿는 자들에게는 하나님의 자녀가 되는 권세를 주셨으니

13. 이는 혈통으로나 육정으로나 사람의 뜻으로 나지 아니하고 오직 하나님께로부터 난 자들이니라

요한복음 3:14-16

14. 모세가 광야에서 뱀을 든 것 같이 인자도 들려야 하리니

15. 이는 그를 믿는 자마다 영생을 얻게 하려 하심이니라

16. 하나님이 세상을 이처럼 사랑하사 독생자를 주셨으니 이는 그를 믿는 자마다 멸망하지 않고 영생을 얻게 하려 하심이라

요한계시록 3:20

볼지어다 내가 문 밖에 서서 두드리노니 누구든지 내 음성을 듣고 문을 열면 내가 그에게로 들어가 그와 더불어 먹고 그는 나와 더불어 먹으리라

골로새서 2:12

너희가 세례로 그리스도와 함께 장사되고 또 죽은 자들 가운데서 그를 일으키신 하나님의 역사를 믿음으로 말미암아 그 안에서 함께 일으키심을 받았느니라

갈라디아서 2:20

내가 그리스도와 함께 십자가에 못 박혔나니 그런즉 이제는 내가 사는 것이 아니요 오직 내 안에 그리스도께서 사시는 것이라 이제 내가 육체 가운데 사는 것은 나를 사랑하사 나를 위하여 자기 자신을 버리신 하나님의 아들을 믿는 믿음 안에서 사는 것이라

히브리서 11:6

믿음이 없이는 하나님을 기쁘시게 하지 못하나니 하나님께 나아가는 자는 반드시 그가 계신 것과 또한 그가 자기를 찾는 자들에게 상 주시는 이심을 믿어야 할지니라

일단 시작하라

전도자 코칭 노트 워크북
Evangelist coaching note work book

목표는 작고, 구체적으로

전도를 하기 위해 우리는 목표를 세운다. 어떻게 하면 목표를 효과적으로 세울 수 있을까? 언제 달성할지 모르는 목표를 향해 무작정 노력하기는 무척이나 힘들고, 언제 닿을지 알 수 없는 모호한 목표는 그 효과가 미약하다.

풀코스 마라톤에서는 바로 앞에 보이는 전신주를 목표로 한 코스씩 완주하면서 끝까지 달린다고 한다. 배구선수 김연경의 경기를 보면서 방송 카메라에 수시로 잡힌 건 검지를 세우며 "하나만!" "하나만!" 외치는 모습이었다. 그 하나가 결국 팀의 승리를 가져왔다. 이처럼 큰 목표 아래 작은 목표를 만들어 놓고, 작은 목표를 몇 개씩 완수하면서 큰 목표를 이루어 나가는 방식이 좋다.

교회를 개척하고 세워 나가면서의 목표는 '한 사람'이었다. 우리 전도축제의 목표는 딱 '한 사람'이라고 늘 강조하며, 한 사람만 와도, 한 사람만 정착해도 대성공이라고 했다. 그 한 사람이 여러 명이 되었다. 목표를 향해 달리는 과정이 힘들다면 목표를 이루면 당신에게 돌아올 보상을 상세히 생각하라. 이 빈자리가 채워졌을 때의 모습, 성도들이 가득 찬 모습, 주일 예배 때마다 분주한 모습들. 확실한 동기부여가 된다.

Tip 장기간의 목표라고 해도 단기간에 완성할 수 있는 작은 목표들로 나누어라. 목표 달성의 순간이 앞당겨진다.

일단 시작하라

전도를 시작하기 전에 당연히 기도를 해야 할 것이다. 영혼에 대한 거룩한 부담과 사랑의 마음을 달라고 간절히 기도하고 성령의 충만함을 입어야 한다. 그리고 전도 대상자의 마음을 열게 해달라고 기도하는 것이 먼저 필요하다. 아무리 철저히 준비해도 성령께서 도와주셔야 하니까 그러기 위해서는 먼저 내가 영적으로 충만하고, 하나님의 능력을 받아야 한다. 영혼을 사랑하는 마음으로 다가서지 않으면 힘들다. 기도할 때 전도자 자신을 위해 몇 가지 꼭 기도제목으로 삼을 내용이 있다. 구원의 확신을 달라고 기도해야 한다. 또한 말씀에 충만하고 성령에 전적으로 의지할 수 있도록 기도하기 바란다. 사탄의 계략을 알게 하고 하나님의 자녀 됨을 확신하면서 전도를 감사함으로 하게 해 달라고 기도해야 한다. 왜냐하면 전도는 신이 나서 기쁨으로 해야 한다. 그래야 지혜가 생기기 때문이다. 어떤 상황에도 굴하지 말고 전도한다는 것 자체만으로도 즐거운 것이고, 행복한 것임을 느끼게 해 달라고 기도하기 바란다.

일단 전도자가 행복하지 않으면 전도는 힘들다. 상대방이 전도자를 볼 때 즐겁고 행복한 모습으로 보여야 하기 때문이다. 그렇지 않으면 복음을 받아들이기 어렵다. 왜냐하면 복음 자체가 기쁜 소식이기 때문이다. 그런데 복음을 가지고 전하는 자가 즐겁지 않거나, 기쁨과 감사가 넘치지 않으면 복음은 역사하기 힘들다. 가능한 전하는 복음 내용과 전도자가 일치되면 좋다. 그럴 때 복음의 역사가 일어난다. 이런 상태가 될 때까지 충분히 기도하기 바란다. 주님과 지속적인 교제를 가져야 한다. 이제 이렇게 기도로 준비하여 성령의 충만함이 있다면 전도 대상자를 만나러 나가야 한다. 구체적인 전도 계획표와 일정표를 만들면 도움이 된다. 전도 대상자를 메모장에 적고 구체적인 일정을 정해서 실천에 옮겨 보자. 그래서 일단은 시작하는 게 중요하다. 사탄은 여러 가지 일로 시작을 미루게 한다. 여기에 넘어가면 안 된다. 시작하다 보면 방법이 생기고 지혜가 떠오른다.

필자는 '전도팀활성화프로젝트팀'을 결성해서, 이곳에 와서 받은 훈련이 아니라, 교회를 찾아가서 전도팀을 훈련시키고 이다. 그런데 그 교회의 상황과 배경을 잘 모르기 때문에 처음에는 어려움이 있다. 그렇지만 일단 현장 전도를 시작한다. 주변 사람들의 반대로 쫓겨날 때도 있고 위치가 너무 안 좋아서 옮길 때도 있다. 그런데 그렇게 몇 번 하다 보면 가장 좋은 전도 장소를 찾게 되고, 가장 좋은 전도용품과 방법, 전략들을 찾게 된다. 중요한 건, 일단 시작하는 것이다. 계획이 너무 길면 안 된다. 마음이 있다면 실천해야 한다. 전도를 못 나갈 이유는 항상 있었다. 그런데 생각해 보면 전도 못 나갈 이유는 하나도 없다. 현장에 나가 보면 답이 있다. 일단 시작해 보자. 다양한 방법을 사용하여 전도 대상자와 만나자. 현장 가운데 역사하시는 하나님을 믿고 담대하게 복음을 전하기 바란다. 첫 술에 배부르지 않다. 여러 가지 사탄의 방해 작전이 있겠지만 이것을 알고 영적 전쟁이라는 걸 잊지 말아야겠다. 전도를 나가 보면 알 수 있는 복음의 능력을, 체험하게 될 줄 믿는다.

그리스도인의 삶

고린도후서 5:17

그런즉 누구든지 그리스도 안에 있으면 새로운 피조물이라 이전 것은 지나갔으니 보라 새 것이 되었도다

빌립보서 3:13-14

13. 형제들아 나는 아직 내가 잡은 줄로 여기지 아니하고 오직 한 일 즉 뒤에 있는 것은 잊어버리고 앞에 있는 것을 잡으려고
14. 푯대를 향하여 그리스도 예수 안에서 하나님이 위에서 부르신 부름의 상을 위하여 달려가노라

골로새서 3:10

새 사람을 입었으니 이는 자기를 창조하신 이의 형상을 따라 지식에까지 새롭게 하심을 입은 자니라

요한일서 3:3

주를 향하여 이 소망을 가진 자마다 그의 깨끗하심과 같이 자기를 깨끗하게 하느니라

에베소서 5:3-4

3. 음행과 온갖 더러운 것과 탐욕은 너희 중에서 그 이름조차도 부르지 말라 이는 성도에게 마땅한 바니라

4. 누추함과 어리석은 말이나 희롱의 말이 마땅치 아니하니 오히려 감사하는 말을 하라

요한복음 15:16

너희가 나를 택한 것이 아니요 내가 너희를 택하여 세웠나니 이는 너희로 가서 열매를 맺게 하고 또 너희 열매가 항상 있게 하여 내 이름으로 아버지께 무엇을 구하든지 다 받게 하려 함이라

베드로전서 2:2

갓난 아기들 같이 순전하고 신령한 젖을 사모하라 이는 그로 말미암아 너희로 구원에 이르도록 자라게 하려 함이라

요한일서 5:4-5

4. 무릇 하나님께로부터 난 자마다 세상을 이기느니라 세상을 이기는 승리는 이것이니 우리의 믿음이니라

5. 예수께서 하나님의 아들이심을 믿는 자가 아니면 세상을 이기는 자가 누구냐

마태복음 10:32-33

32. 누구든지 사람 앞에서 나를 시인하면 나도 하늘에 계신 내 아버지 앞에서 그를 시인할 것이요

33. 누구든지 사람 앞에서 나를 부인하면 나도 하늘에 계신 내 아버지 앞에서 그를 부인하리라

마가복음 10:44-45

44. 너희 중에 누구든지 으뜸이 되고자 하는 자는 모든 사람의 종이 되어야 하리라

45. 인자가 온 것은 섬김을 받으려 함이 아니라 도리어 섬기려 하고 자기 목숨을 많은 사람의 대속물로 주려 함이니라

마태복음 4:3-4

3. 시험하는 자가 예수께 나아와서 이르되 네가 만일 하나님의 아들이어든 명하여 이 돌들로 떡덩이가 되게 하라

4. 예수께서 대답하여 이르시되 기록되었으되 사람이 떡으로만 살 것이 아니요 하나님의 입으로부터 나오는 모든 말씀으로 살 것이라 하였느니라 하시니

골로새서 3:15-17

15. 그리스도의 평강이 너희 마음을 주장하게 하라 너희는 평강을 위하여 한 몸으로 부르심을 받았나니 너희는 또한 감사하는 자가 되라

16. 그리스도의 말씀이 너희 속에 풍성히 거하여 모든 지혜로 피차 가르치며 권면하고 시와 찬송과 신령한 노래를 부르며 감사하는 마음으로 하나님을 찬양하고

17. 또 무엇을 하든지 말에나 일에나 다 주 예수의 이름으로 하고 그를 힘입어

하나님 아버지께 감사하라

전도자 코칭 노트
워크북

ⓒ 이지훈, 2023

개정판 1쇄 발행 2023년 9월 10일
　　　　3쇄 발행 2024년 7월 25일

지은이　　이지훈
펴낸이　　이기봉
편집　　　좋은땅 편집팀
펴낸곳　　도서출판 좋은땅
주소　　　서울특별시 마포구 양화로12길 26 지월드빌딩 (서교동 395-7)
전화　　　02)374-8616~7
팩스　　　02)374-8614
이메일　　gworldbook@naver.com
홈페이지　www.g-world.co.kr

ISBN　979-11-388-2265-7 (03230)